LA VIE À EN MOURIR

LA VIE À EN MOURIR

Lettres de fusillés
(1941-1944)

Préface de François Marcot

Lettres choisies et présentées
par Guy Krivopissko

Conseiller éditorial:
Denis Peschanski

TALLANDIER

CHEZ LE MÊME ÉDITEUR

COLLECTION « ARCHIVES CONTEMPORAINES »

Lettres de Drancy, introduction historique de Denis PESCHANSKI, textes choisis et présentés par Antoine SABBAGH, 2002.

Moscou-Paris-Berlin. Télégrammes chiffrés du Komintern (1939-1941), textes choisis et présentés par Bernhard BAYERLEIN, Mikhaïl NARINSKI, Brigitte STUDER et Serge WOLIKOW, sous la responsabilité éditoriale de Denis PESCHANSKI, 2003.

Le Crime de Soleilland (1907). Textes choisis et présentés par Jean-Marc BERLIÈRE, 2003.

18, rue Dauphine – 75006 Paris

SOMMAIRE

VOIX D'OUTRE-TOMBE

François Marcot

Préfacer un recueil de dernières lettres de fusillés ? Comment ne pas être saisi par l'émotion et quelque peu terrifié par une telle responsabilité ! Ces sentiments sont partagés par tous ceux qui ont contribué à la publication de cet ouvrage. La raison en est simple et s'exprime en peu de mots. Ces lettres figurent parmi les plus forts témoignages que l'écriture humaine nous ait légués. La lecture et la relecture des dernières lettres nous font pleurer.

De quel droit pouvons-nous lire, publier ou commenter ces ultimes messages de condamnés, quand ils sont destinés aux parents, aux époux, aux proches qu'ils aimaient ? Du droit et du devoir de fraternité humaine : ces dernières lettres s'adressent à nous parce qu'elles disent la vie de ces hommes et de ces femmes, ce qui compte alors face à la mort, paroles d'hommes sur la vie de l'homme. Ces lettres s'adressent à nous, aussi, parce que les condamnés ont explicitement voulu que le sens de leur engagement, de leur vie, de leur mort nous soit connu.

Surmontons l'émotion et l'appréhension de toucher à ce qui contient une part de sacré. Quoique de nature particulière, ce sont aussi des documents d'histoire : à ce titre, ils relèvent du même traitement que les autres. Pour les comprendre, soixante ans après leur rédaction, il faut les replacer dans leur contexte historique : qu'est-ce qui conduit les condamnés à mort devant un peloton d'exécution ? Qui les fusille ?

Fusilleurs et fusillés

L'armée allemande ayant, en juin 1940, remporté la victoire militaire en France, Hitler choisit de traiter avec un gouvernement français plutôt que d'imposer sa domination directe. La France ne constitue que l'un des fronts de la guerre qu'il a entreprise contre l'Angleterre, puis, à l'Est, contre l'URSS. Pour cela, Hitler a besoin d'une autorité française qui lui garantisse une occupation paisible et rentable. Le maréchal Pétain et son gouvernement lui offrent cette opportunité. Pétain est persuadé que l'Allemagne va gagner la guerre et qu'il faut collaborer avec elle pour bénéficier de bonnes conditions de paix dans la future Europe allemande. Par ailleurs, il souhaite reconstruire une nouvelle France, selon les principes de la Révolution nationale, et avec des pratiques de répression et d'exclusion que l'occupant saura exploiter à son profit. Suivant les conditions de l'armistice du 22 juin 1940, le gouvernement de Vichy accepte de collaborer avec les Allemands pour lutter contre les Français qui reprendraient le combat. Dès l'été 1940, les autorités nazies sanctionnent durement les résistants isolés qui s'attaquent aux troupes d'occupation: quatorze exécutions de juin 1940 à mai 1941. Toutefois, leur préoccupation principale est de laisser à Vichy la responsabilité de la répression, à la fois pour des raisons d'efficacité et pour s'épargner l'impopularité de mesures dont ils pensent qu'elles seront mieux acceptées si elles sont prises par les autorités françaises.

Le temps de la lutte armée

La situation change radicalement au cours de l'été 1941, après l'invasion allemande de l'Union soviétique (22 juin 1941). La nouvelle stratégie de lutte armée communiste débute, le 21 août, au métro Barbès-Rochechouart, avec l'exécution de l'aspirant de marine Alfons Moser par Pierre Georges, le futur colonel Fabien. Durant les semaines suivantes, d'autres attentats sont commis contre des officiers allemands, à Paris puis en province. La réaction de l'occupant, sur l'ordre direct d'Hitler, est immédiate: des otages sont exécutés. Il s'agit de venger les morts et d'intimider la population française pour la dissuader de protéger les « coupables ». Berlin réclame l'exécution de cent otages pour un Allemand tué. Très vite, les forces d'occupation découvrent que des communistes sont à l'origine de ces actions, mais elles ne parviennent pas à les identifier immédiatement. Le choix des otages en dit long sur la vision qu'ont du monde les nazis et les officiers du commandement militaire en France : ils sont choisis parmi les communistes et les juifs, eux que les affiches désignent comme responsables du « complot judéo-communiste ». Les principaux massacres ont lieu le 22 octobre 1941, à Châteaubriant, à Nantes et à Paris (quarante-huit otages)[1], le 24 octobre, à Souges près de Bordeaux (cinquante otages), et le 15 décembre, quatre-vingt-quinze otages, dont soixante-dix au mont Valérien, près de Paris, et vingt-cinq en province[2].

Du côté de Vichy, dans un contexte de radicalisation du régime, on choisit de participer à la répression. Cet engagement prend une forme qui bafoue tous les principes d'un État de droit : la loi dite du « 14 août 1941 », antidatée, permet de punir de façon rétroactive les communistes, qui pourront ainsi être jugés et fusillés pour un acte commis avant la promulgation de la loi. Des « sections spéciales[3] » sont instituées, qui peuvent condamner à mort, sans appel. Par ailleurs, Vichy accepte de participer à la désignation des otages détenus dans le camp français de Choisel (Châteaubriant) : ils sont livrés aux Allemands et fusillés les 22 octobre et 15 décembre 1941. Cet engagement de Vichy tient autant à la nature répressive et au caractère d'exclusion du régime qu'à son anticommunisme et à son antisémitisme. Il relève aussi de la stratégie de collaboration dans le cadre d'un nouvel ordre européen : face à l'occupant, l'État français veut affirmer son existence en assurant lui-même la répression contre ses ressortissants.

Le Parti communiste qui se lance dans la lutte armée – et qui persévère, malgré la répression qui s'abat sur les communistes, combattants ou otages – poursuit un double objectif. D'une part, les communistes veulent réintroduire la France dans la guerre et refusent de céder face au chantage à la prise d'otages : en contrai-

[1] Voir les lettres *infra*, pp. 65-92.
[2] Voir les lettres *infra*, pp. 107-115.
[3] Voir *infra*, p. 355

gnant les Allemands à une violente répression, ils mettent fin à la fiction d'une occupation «correcte» et rendent l'occupant odieux aux yeux de la population. D'autre part, en montrant la solidarité de Vichy avec les Allemands, le PCF veut détacher la masse des Français d'un régime complice des crimes nazis. Durant les premiers mois, cette stratégie est mal acceptée par les militants communistes et le parti se garde bien de la revendiquer ouvertement. Mais, peu à peu, la dynamique « action-répression-solidarité » accomplit son œuvre. Même si, dans un premier temps surtout, l'opinion française n'approuve pas les exécutions de soldats allemands, qui provoquent de sanglantes représailles, elle condamne bien davantage les fusilleurs nazis et le gouvernement qui collabore avec eux.

On a compris, en effet, que pour les Allemands, pour Vichy et pour les communistes, la question essentielle, l'enjeu fondamental, c'est l'opinion de la population française. Conscient de ce qu'il risque de perdre, Vichy ne veut plus livrer directement d'otages aux occupants, mais il n'ose pas condamner les exécutions, et s'en trouve discrédité. Parmi les Allemands, un véritable débat a lieu. Constatant que les exécutions massives d'otages dressent la population contre ses troupes, le commandant militaire en France, Otto von Stülpnagel, les condamne ouvertement et propose des mesures moins voyantes. Désavoué par Berlin, il demande à être relevé de ses fonctions en janvier 1942. À partir du printemps 1942, ce sont désormais les services de la SS (la Sipo-SD[1]) qui prennent en charge la lutte contre la Résistance.

Cette répression s'intensifie avec la généralisation de la lutte armée sur le territoire français. D'abord entreprise par les communistes de la région parisienne, elle s'étend à tout le territoire et, progressivement, à toutes les organisations de la Résistance. Les condamnations à mort visent essentiellement les combattants jugés coupables d'avoir versé le sang allemand.

---

[1] Voir *infra*, p. 354.

Jusqu'en 1942, cette lutte est principalement le fait des communistes, qui sont condamnés à mort à ce titre, ou bien comme otages. À partir de 1942, et surtout de 1943, les autres mouvements de la Résistance, l'Armée secrète et les FFI (Forces françaises de l'Intérieur[1]), se lancent dans une lutte armée de plus en plus directe. Dès lors, la répression atteint également leurs membres. Depuis le début, les agents des réseaux de renseignements, accusés d'espionnage au profit d'une nation ennemie, sont traduits devant les tribunaux allemands. La lutte armée, menée d'abord sous la forme d'une guérilla urbaine, s'étend au monde rural avec l'apparition des maquis au début de 1943 et gagne tout le territoire à partir de l'automne 1943.

Les occupants s'efforcent de rendre leur répression plus discrète, déportant les résistants en Allemagne au lieu de les juger en France. Cette manière de faire est encouragée par le décret *«Nacht und Nebel»* («Nuit et Brouillard»), signé à Berlin, le 7 décembre 1941, par le maréchal Keitel, chef du haut commandement des forces armées (OKW). Il prévoit le transfert direct en Allemagne des auteurs d'actes délictueux commis contre le Reich en Europe de l'Ouest, sans donner à leurs familles la moindre nouvelle d'eux. Les Allemands entendent ainsi éviter la multiplication de procès qui risque de révéler l'existence d'une résistance sur le territoire et d'engendrer des martyrs. Cela n'empêche pas quelques grands procès publics, très médiatisés, tel celui des «Jeunesses communistes» (sept condamnations à mort le 6 mars 1942)[2], celui de la Maison de la chimie (vingt-sept condamnations à mort, le 14 avril 1942)[3], le procès dit de «l'Affiche rouge» (vingt-trois condamnations à mort, le 17 février 1944)[4]...

Partout en France, les tribunaux allemands continuent à condamner à mort; mais il s'agit désormais de procès à huis-clos, l'effet d'exemplarité des héros devenus des martyrs étant jugé contre-productif. On peut estimer à plusieurs milliers le nombre de résistants de France (français et étrangers) fusillés après condamnation.

---

[1] Voir *infra*, pp. 347 et 349.

[2] Voir les lettres *infra*, pp. 142-149.

[3] Voir les lettres *infra*, pp. 151-158.

[4] Voir les lettres *infra*, pp. 287-300.

Par ailleurs, même ralenties, les exécutions d'otages se poursuivent. Le plus souvent, les victimes sont des communistes en détention préventive : quatre-vingt-huit fusillés, le 11 août 1942, au mont Valérien, cent seize fusillés, le 21 septembre, à Souges (Bordeaux) et au mont Valérien, cinquante fusillés le 6 octobre 1943 au mont Valérien[1]..., soit environ un millier de 1940 à 1944. On note que, dans leurs dernières lettres, les communistes désignés comme otages se considèrent comme des combattants, au même titre que les condamnés à mort après jugement, ce qui en dit long sur le niveau de combativité des membres du PCF.

Vichy, de son côté, poursuit sa collaboration dans la lutte contre les résistants. Le régime met sa police au service de l'occupant par les accords Bousquet-Oberg de l'été 1942, puis du printemps 1943. En échange de moyens accrus, la police française s'est engagée à lutter contre les résistants, à coopérer avec la police allemande et à livrer ceux qui ont entrepris des actions contre l'armée allemande. Nombre de ces résistants seront ensuite déportés ou fusillés. La police se montrant de moins en moins coopérative, Vichy crée, le 30 janvier 1943, la Milice, une police parallèle d'État qui, de plus en plus fréquemment, agit en dehors de tout cadre légal. Le 30 décembre 1943, son chef, Joseph Darnand, est nommé secrétaire général au Maintien de l'ordre : à ce titre, il commande à toutes les forces de police et de gendarmerie. Devenu, en février 1944, secrétaire d'État à l'Intérieur, Darnand accède donc au rang de ministre[2]. Avec lui, l'État français tend à se réduire à sa fonction policière au service de l'occupant contre les « terroristes ».

Le choix de la Résistance

« Terroristes », « tueurs » ou « bandits »... ainsi sont désignés les résistants par les Allemands et par Vichy : une véritable guerre des mots oppose ces derniers aux premiers qui, pour leur part, se présen-

---

[1] Voir les lettres *infra*, pp. 248-258.

[2] Darnand s'est également engagé en octobre 1943 dans la *Waffen SS*, avec le grade de *Sturmbannführer* (commandant) et il a, à ce titre, prêté serment à Hitler.

tent comme des « combattants de la Résistance », des « patriotes » ; plus tard, ils prendront le nom de « maquisards ».

À la fin du XXe siècle, le sens du terme « terroriste » est devenu si confus que quelques précisions ne sont peut-être pas inutiles. Les résistants refusent ce nom et, d'un point de vue sémantique, il faut leur donner raison. Si le « terroriste » est celui qui prend délibérément pour cible des innocents et des membres de la population civile afin de les impressionner par un effet de « terreur », alors, de toute évidence, les résistants ne sont pas des terroristes. D'un bout à l'autre de la période, ils se sont attaqués aux forces d'occupation, incarnées par les soldats allemands, et aux collaborateurs à leur service. Leur objectif a toujours été de protéger la population française et de gagner son indispensable soutien. Les pressions qu'ils exercent sur elle, notamment les menaces de châtiments en cas de dénonciation, relèvent d'une stratégie de défense, non de terreur. Les victimes innocentes ne furent tuées qu'en raison d'erreurs ou du fait d'individus agissant de leur propre initiative – et relevant dès lors de tribunaux clandestins : la Résistance a puni certains de ses combattants. En cela, elle se distingue donc des nazis, dont le mode d'occupation est celui de la terreur, de Vichy, qui leur a livré des otages, et de la Milice, dont certaines actions de représailles ont été délibérément menées contre des populations innocentes.

Pour beaucoup de résistants, le passage à la lutte armée n'a pas été facile, pas même pour les communistes, qui en ont pourtant été les pionniers. Toute leur culture politique se fondait en effet sur l'action de masse et sur le rejet des violences individuelles. Il en a été de même pour tous les autres. Accepter la violence exercée par l'État, sa police et son armée est une chose ; s'autoriser à user de la violence, à commettre des « attentats » ou à tuer en est une autre. Il a souvent fallu aux hommes de la Résistance un long mûrissement, une vraie révolution intérieure, tant culturelle que morale, avant d'y parvenir. À un chrétien, à un républicain, de quelque tendance qu'il fût, toute l'éducation morale et civique interdisait l'usage de la violence individuelle. Il a fallu, pour ces hommes, trouver une légitimité supérieure qui justifiât, dans leur conscience et devant les Français, la validité de leur engagement.

Nous devons nous arrêter sur cette notion d'engagement, notamment l'engagement de ceux qui ont pris part à la lutte armée. Ils nous intéressent tout spécialement puisqu'ils sont les principales victimes des condamnations à mort. Mis à part pour quelques « têtes brûlées », très minoritaires, cet engagement n'a pas été facile : pour les raisons culturelles et morales que nous avons dites, mais aussi parce qu'ils ont su très tôt qu'ils risquaient leur vie, qu'ils encouraient la torture et, par-dessus tout, craignaient de parler. Imagine-t-on ce qu'il faut de volonté et de raisons d'agir pour risquer sa vie quand la passivité est si facile, voire naturelle ?

Les raisons d'agir des hommes sont toujours multiples ; les résumer reviendrait à nier leur personnalité. Nous évoquerons plus loin les valeurs au nom desquelles ils se sont engagés dans le combat, car ils en font foi dans leurs derniers messages. Insistons pour l'instant sur le choix de la lutte armée. Du point de vue d'une *éthique de conviction*[1], ce choix se justifie pleinement : pour des êtres qui condamnent la barbarie et le totalitarisme nazi, qui luttent pour la liberté de leur patrie et le respect de la personne humaine, se battre personnellement est un devoir moral dont l'authenticité est garantie par le risque encouru. Du point de vue d'une *éthique de responsabilité*, ce choix a été parfois contesté : à quoi bon se battre avec des armes dérisoires, alors que les Alliés vont, un jour ou l'autre, libérer la France et l'Europe ? N'était-il pas plus raisonnable d'attendre ?

Observons d'abord que le choix ne se pose pas dans les mêmes termes pour tous : l'urgence créée par la « solution finale », en 1942, laisse peu d'espoir de survie aux juifs s'ils doivent attendre encore longtemps l'intervention alliée. De fait, les résistants juifs de la FTP-MOI ou de l'Organisation juive de combat[2] considèrent que s'ils sacrifient leur destin personnel, c'est pour la survie de leur peuple.

[1] Dans *Le Savant et le Politique* (1919), le sociologue allemand Max Weber distingue les deux maximes qui subordonnent « toute activité orientée selon l'éthique » : *l'éthique de conviction*, qui se préoccupe du principe moral présidant à l'action, sans prendre en compte son résultat ; l'*éthique de responsabilité*, selon laquelle seules comptent les conséquences prévisibles de nos actes.

[2] Voir *infra*, p. 349.

Rappelons que l'enjeu de la lutte armée ne se situe pas uniquement – et probablement pas même principalement – sur le terrain militaire: il s'agit de mobiliser l'opinion, que Vichy et les occupants s'efforcent de maintenir dans l'acceptation de la défaite et de l'ordre nouveau. Ceux qui ont fait le choix de la lutte armée ont mis en valeur son intérêt stratégique: il s'agit d'abord de s'entraîner avant les combats de la Libération et d'y préparer la population; ensuite, de retenir en France les troupes allemandes dans un climat de guerre et non d'occupation paisible, pour affaiblir le front de l'Est; enfin, après les débarquements de Normandie (6 juin 1944) et de Provence (15 août 1944), de faciliter la progression des troupes alliées par une entrée en action généralisée, et de hâter ainsi la Libération.

Toutefois, la lutte armée dépasse le cadre immédiat de la guerre: en faisant participer la France à sa propre libération, même de façon modeste, les résistants pouvaient espérer redonner au pays une identité et une fierté nationales propres à assurer son indépendance vis-à-vis de ses alliés, et aussi sa reconstruction morale et démocratique. Telle est, en tout cas, la conviction de ceux qui, au moment de leur exécution annoncée, évoquent dans leurs derniers messages cet avenir qui ne sera pas le leur.

« Bonheur à tous... »

Que nous disent les dernières lettres de ceux qui aimaient tant la vie ? Non pas l'unité de la personne humaine – on perçoit trop de déchirures ou de contradictions pour qu'il puisse en être ainsi – mais son unicité. Les auteurs de ces lettres, ces condamnés, sont à la fois des héros et des gens simples. Les gens simples peuvent devenir des héros, il leur « suffit » d'être fidèles à leurs convictions, d'oser mener un combat que d'autres se contentent d'approuver, en espérant le succès sans en accepter les risques. Devenus des martyrs, les héros sont aussi des gens simples. Ils écrivent d'abord à leur maman, à leur papa, à celui ou à celle qu'ils aiment, à leurs enfants. Tel est l'homme, telle est la femme. Ainsi, Joseph Epstein, dirigeant des FTP de la région parisienne, dont le rôle fut décisif dans la lutte armée, adresse à son fils ces lignes, quelques instants avant de mourir :

> « Quand tu seras grand, tu liras cette lettre de ton papa. Il l'a écrite 3 heures avant de tomber sous les balles du peloton d'exécution. Je t'aime tellement, mon petit garçon, tellement, tellement. Je te laisse seul avec ta petite maman chérie. Aime-la par-dessus tout. [...] Tu es tout maintenant pour elle. Donne-lui toute la joie. Sois bon et courageux.
>
> « Je tomberai courageusement, mon petit Microbe chéri, pour ton bonheur [et celui] de tous les enfants et de toutes les mamans. Garde-moi un tout petit coin dans ton cœur. [...] Mes derniers instants. Je ne pense qu'à toi, mon petit garçon chéri et à ta maman bien-aimée. Soyez heureux, soyez heureux dans un monde meilleur, plus humain[1]. » (Joseph Epstein, 11 avril 1944)

Au moment de mourir, le héros est un fils ou une fille, un mari ou une femme, un père ou une mère. L'histoire, qui est l'histoire des hommes et des femmes, doit reconnaître et redire cette réalité première. Notre émotion à leur écoute ne tient-elle pas aussi à ce que nous partageons avec eux ces amours fondamentales ?

À ceux qu'il aime, le condamné confie son amour, sa raison de vivre et de lutter, il raconte ses dernières heures ou fait un dernier legs. Il rappelle un passé commun, il évoque un futur qui ne sera pas le sien. Il parle de lui, il parle beaucoup des autres : les Français, les chrétiens, les communistes, les gens. Nous.

Il dit aussi sa raison de vivre devenue brusquement son espoir en mourant. Il célèbre d'abord l'amour de la patrie qui submerge tout, amour de la patrie vécu comme respect et défense des valeurs de la communauté. Ainsi ce sentiment peut-il être partagé par les étrangers, juifs, internationalistes... : « Je ne suis qu'un soldat qui meurt pour la France. » (Célestino Alfonso, Espagnol) ; « Vive la France, Vive la liberté ! » (Joseph Epstein, juif émigré de Pologne). Dans l'amour de la patrie viennent se fondre et s'exprimer les autres croyances et espérances : la foi en Dieu, la construction du communisme, l'espoir d'une société plus libre et plus juste.

---

[1] Voir *infra*, pp. 311-313.

« Je viens d'être confessé et pars, muni des Saints-Sacrements. Soyez courageux et fiers…

« Adieu papa, toi qui m'as toujours montré le chemin de l'honneur et de l'honnêteté. Sois fier de moi car, toi aussi, tu auras donné à la France un fils et notre sacrifice ne sera pas inutile […] Notre sacrifice, je crois, ne sera pas inutile, car il donnera à la France, le jour de la victoire, le droit d'être, elle aussi, fière de ses fils[1]. » (Julien Ducos, 19 février 1944)

« La mort ne m'impressionne nullement. Je savais depuis toujours que la lutte exigeait des sacrifices et je les ai tous consentis sans hésiter. Il vaut mieux perdre la Vie que les raisons de vivre. La libération de notre France et l'affranchissement des travailleurs ont été mes raisons de vivre. Je meurs pour elles avec la certitude de notre prochaine victoire.

« Courage ! Je confie les petits au peuple de France. Je leur laisse un nom et un exemple honorables[2]. » (Robert Beck, 5 février 1943)

La fidélité du condamné à son engagement s'exprime par un mot : honneur. Ce mot rayé de notre vocabulaire, l'engagement résistant en deviendrait proprement indicible et impensable. Honneur, fierté, devoir… autant de mots qui rythment les dernières lettres, autant de valeurs et de sentiments qui relient l'individu à sa famille et à la société. C'est parce qu'il a été fidèle à son honneur que le père demande à ses enfants ou que l'enfant demande à ses parents d'être fiers de lui. La fierté de la personne ne peut exister qu'à condition d'être reconnue par la famille, et la fierté familiale qu'à condition d'être reconnue par la société. D'où la lancinante supplique adressée aux survivants de raconter, de dire ce pour quoi ils sont morts.

« Mon Hélène, tu dois savoir un jour pourquoi ton papa est mort à vingt et un ans, pourquoi il s'était sacrifié […] Ne baisse pas la tête parce que ton papa est fusillé[3]. » (Marcel Bertone, 17 avril 1942)

---

[1] Voir *infra*, pp. 281-282.
[2] Voir *infra*, pp. 198-200.
[3] Voir *infra*, pp. 156-158.

«Refais ta vie en gardant au cœur le souvenir impérissable de celui qui t'a aimée jusqu'à son dernier souffle. Élève notre fils chéri dans l'esprit qui fut celui de toute ma vie, qu'il devienne un homme libre, épris de justice, attaché à la défense des faibles, ce sera la meilleure vengeance[1].» (Jean Poulmarch', 22 octobre 1941)

Là est leur fierté: ne pas être mort banalement. Tous, ou presque, au moment de mourir, veulent dire pourquoi. Intellectuels ou gens de peu de culture, d'Honoré d'Estienne d'Orves, avec son expression recherchée, à Jean-Pierre Timbaud, au français incertain, les condamnés se placent délibérément dans la transcendance de leur mort. Et les circonstances dans lesquelles s'écoulent ces derniers instants font songer à d'autres martyres: le jugement de l'ennemi qui condamne au nom d'un ordre barbare, le temps de la méditation avant la mort annoncée, le peloton d'exécution avec ses fusils pointés sur les hommes attachés comme au pilori.

Leurs idéaux sont à la fois universels et ancrés dans le temps, le milieu du XXe siècle. Pour ceux qui croient en Dieu, la foi chrétienne est un amour partagé; inculquée par les parents, elle unit les époux et consacre les relations familiales. Elle est aussi vécue selon les formes et la symbolique de la religion traditionnelle: la prière qui relie à Dieu et par lui aux hommes, le chapelet, la confession, la communion, les derniers sacrements. Ceux qui ont refusé les derniers secours de l'Église le proclament avec une fierté qu'expliquent les âpres combats menés pour la défense de la laïcité.

À tous ceux qui croient pouvoir lire le communisme français à travers le seul prisme de la Russie stalinienne, il faut opposer ces lettres. L'engagement des jeunes communistes, plus encore que celui des anciens, traduit une dimension patriotique très forte, vécue avec une émotion intense et nullement contradictoire avec des sentiments internationalistes. Par ailleurs, les références à la lutte internationale, au communisme, à l'Union soviétique doivent évidemment être replacées dans le temps où cette passion communiste, pour illusoire qu'elle fût, s'ancrait dans un idéal dont ils croyaient voir se dessiner les linéaments. Nous savons. Pas eux. Les comprendre suppose l'appréhension de ce que recouvrait leur idéal: l'espoir

[1] Voir *infra*, pp. 88-90.

d'un monde meilleur, plus juste, plus fraternel. C'est bien ce qu'ils nous disent. Certes, en ce temps déjà, la réalité de l'Union soviétique était toute différente, mais que cela ne fasse pas sombrer dans le confusionnisme des valeurs — et des réalités — qui a conduit certains à rejeter toute idéologie ou à stigmatiser d'un même élan le communiste avec le milicien au service des nazis. Tout les oppose dans leurs choix et dans leur vision du monde : rejet du racisme, liberté de la personne humaine, justice sociale… et c'est bien ce qui permet de comprendre l'engagement des chrétiens aux côtés des communistes, et parfois avec eux. Il n'empêche que certains fourvoiements sont pathétiques !

Comment ne pas relever un certain nombre de fulgurances dans ces derniers propos sur le monde à construire :

> « Ce sont les Français qui me livrent, mais je crie “Vive la France”, les Allemands qui m'exécutent, et je crie “Vive le peuple allemand et l'Allemagne de demain[1].” » (Guido Brancadoro, 30 avril 1942)
>
> « Je suis sûr que ma mort ne sera pas inutile, qu'elle servira à construire un monde où il y aura du pain pour tous et aussi des roses[2]. » (Fernand Zalkinow, 9 mars 1942)
>
> « Je me considère un peu comme une feuille qui tombe de l'arbre pour faire du terreau. La qualité du terreau dépendra de celle des feuilles. Je veux parler de la jeunesse française, en qui je mets tout mon espoir[3]. » (Jacques Decour, 30 mai 1942)
>
> « C'est une France jeune et forte qui sortira de la lutte et peut-être cette guerre verra enfin l'union des peuples européens se réaliser. C'était mon rêve le plus cher. Je ne le verrai pas, mais j'espère que d'autres le verront[4]. » (Charles Boizard, 18 avril 1944)

---

[1] Voir *infra*, pp. 161-162.
[2] Voir *infra*, pp. 144-149.
[3] Voir *infra*, pp. 174-178.
[4] Voir *infra*, pp. 314-317.

Quelle vérité dans ces dernières lettres ? Peut-on dire qu'avant de mourir ces hommes ont idéalisé leur vie ? Oui, si l'on revient à la signification première de l'expression : ils ne l'ont pas transformée, ils lui ont donné un sens, du sens. La vérité de ces lettres tient à leur existence et à leur forme même. Les condamnés *sont* alors ce qu'ils écrivent. Ils tiennent leur rôle, celui qu'ils s'assignent à eux-mêmes, ils parlent en tant que fils, époux, père, frère, Français, chrétien, juif, ouvrier, communiste, soldat… Leur rôle est de donner un sens à leur vie et à leur mort, mais aussi, et dans le même temps, de confier une mission aux survivants, celle de vivre dans le bonheur. Leurs exhortations aux mères et aux épouses à être heureuses après et sans eux sont évidemment les plus bouleversantes.

« Un plus grand bonheur avant de mourir serait d'avoir la certitude que tu rencontres, pour refaire ta vie, un compagnon aussi loyal et désireux de faire ton bonheur que celui que j'ai été, c'est mon plus cher désir, ne regrettant que notre bonheur perdu[1]. » (Louis Coquillet, 17 avril 1942)

« J'espère qu'aux côtés d'un autre homme tu auras plus de chance. J'espère que ce sera un homme honnête et bon pour ma Rosita[2]. » (Marcel Langer, 13 mars 1943)

« Quand de nouveau la vie reprendra en toi, quand son rythme aura dépassé le rythme de mon souvenir, songe une dernière fois à moi et tourne-toi délibérément vers l'avenir ; sois heureuse dans les bras d'un autre[3]. » (Félicien Joly, 15 novembre 1941)

Rares sont ceux qui réclament l'oubli :

« Oubliez-moi le plus que vous pourrez et priez pour moi, mes pauvres chéris[4]. » (Pierre Martinet, 20 mai 1944)

Aspiration à disparaître ou conjuration du sort ? Qui saura s'il s'agit d'une figure de style ?

---

1 Voir *infra*, pp. 151-156.
2 Voir *infra*, pp. 224-226.
3 Voir *infra*, pp. 99-103.
4 Voir *infra*, pp. 323-325.

Les condamnés proclament leur courage et presque tous demandent aux survivants d'en faire preuve. Leur propre courage est garant de celui de ceux et celles qui se trouveront abandonnés, et avec quelle dignité l'expriment-ils souvent !

«C'est avec un grand courage que j'affronterai le destin. Il faut, ma chère femme et vous tous, avoir aussi beaucoup de courage. Je sais que le choc de ma séparation sera dur à chacun. Mais il faudra surmonter cette dure épreuve sans aucune défaillance, car tu dois résister[1].» (Arthur Brunet, 25 septembre 1941)

«Ma pauvre chérie, je dois mourir. Je souhaite de le faire avec courage, en chrétien et en Français. Je te demande d'être toujours très courageuse ; aie toujours confiance en Dieu et reste bonne Française. Élève nos deux petits dans ces nobles sentiments[2].» (Jehan de Launay, 27 octobre 1942)

Qui saura jamais la part de courage vécu et de peur conjurée ? L'exaltation et la répétition des derniers adieux, des derniers baisers épistolaires laissent le lecteur désarmé et interdit. Restons au seuil de ces confidences, elles ne nous sont pas destinées.

Quel choc brutal que celui de la vie et de la mort ! Certains vivent leur mort annoncée dans un état d'exaltation qui laisse entrevoir l'intensité de leur foi et l'ivresse des derniers moments :

«Ma chère petite Maman [...] Excuse-moi de ne pas t'écrire plus longuement, mais nous sommes tous tellement joyeux que cela m'est impossible [...] Je t'aime, je t'embrasse, mais les mots ne peuvent dépeindre ce que je ressens [...] J'aime tout le monde et vive la vie. Que tout le monde vive heureux ! Marcel[3].» (Marcel Rayman, 21 février 1944)

Les condamnés demandent souvent pardon. Jamais pour leur engagement dans la Résistance. Pardon de devoir abandonner ceux avec lesquels ils avaient encore du bonheur à partager, pardon de n'avoir pas donné toute la joie qu'ils auraient voulu. Les dernières attentions matérielles témoignent du souci de l'avenir des êtres aimés et abandonnés, ces derniers legs sont aussi les objets symboliques qui

---

[1] Voir *infra*, pp. 59-61.
[2] Voir *infra*, pp. 187-191.
[3] Voir *infra*, pp. 294-295.

assureront la survivance du condamné : des abricotiers, des volumes de la Pléiade, une chevalière en or, une mèche de cheveux… et la dernière lettre elle-même.

Cette dernière lettre, c'est un dernier combat. Il est mené avec soi-même, avec ceux que l'on aime, avec ses camarades, pour garder « courage », pour demeurer « fier », pour être « digne ». Dernière lettre, dernière victoire contre les fusilleurs. Cette dernière lettre, ce peut être aussi l'arme ultime. Communiquée à la Résistance, elle est diffusée clandestinement aux Français qui subissent l'occupation. Ainsi en est-il de la dernière lettre d'Henri Fertet, élève de seize ans du lycée Victor-Hugo, fusillé à la citadelle de Besançon le 16 septembre 1943. Recopiée à la main par de longues chaînes anonymes, dactylographiée en de multiples exemplaires, imprimée par les journaux clandestins, lue par Maurice Schumann à la radio de Londres, elle suscite une émotion profonde.

Le délégué départemental du ministère de l'Information de Vichy décrit, le 8 octobre 1943, peu avant de démissionner d'une fonction dont il estime qu'elle est devenue impossible, l'état de l'opinion publique dans le Doubs : « La sentence rendue par les tribunaux allemands contre ces dix-sept jeunes gens[1] a provoqué partout un sentiment d'horreur et on a tendance à les considérer comme des martyrs, malgré les nombreux crimes commis par eux contre des Français. Leurs tombes disparaissent sous des montagnes de fleurs[2]. »

Tous ou presque chantent le bonheur de vivre. Missak Manouchian, le poète communiste arménien :

> « Bonheur à ceux qui vont nous survivre et goûter la douceur de la Liberté et de la Paix de demain… Le peuple allemand et tous les autres peuples vivront en paix et en fraternité après la guerre qui ne durera plus longtemps. Bonheur à tous[3]... »

[1] En réalité, sur dix-sept condamnés, seize ont été exécutés, André Montavon, citoyen suisse, bénéficiant d'une grâce dans le cadre d'un échange de prisonniers germano-helvétique.

[2] Voir les photographies de la fosse commune dans le cahier hors-texte, nos 21 et 22.

[3] Voir *infra*, pp. 287-289.

Henri Fertet, le jeune lycéen chrétien :

> «Je meurs pour ma patrie, je veux une France libre et des Français heureux, non pas une France orgueilleuse et première nation du monde, mais une France travailleuse, laborieuse et honnête. Que les Français soient heureux, voilà l'essentiel. Dans la vie, il faut savoir cueillir le bonheur[1].»

Adressés d'outre-tombe et d'outre fosses communes, ces propos nous saisissent. La société que les résistants ont contribué à détruire fut celle de l'oppression, et il n'est pas besoin de grandes phrases pour dire qu'ils ont combattu pour leur liberté et pour celle de leurs enfants – c'est-à-dire la nôtre. Même si notre société n'a rien de commun avec celle contre laquelle ils se sont levés, là où nous sommes, pourtant, les derniers écrits des fusillés s'adressent à nous : qu'avons-nous fait de la société qu'ils nous ont léguée ? Qu'avons-nous fait de leur idéal de solidarité ? Quelle signification avons-nous donnée à leur mort ?

François Marcot est professeur d'histoire contemporaine à l'université de Besançon, conseiller historique du musée de la Résistance et de la Déportation de Besançon.

---

[1] Voir *infra*, pp. 243-245.

PRÉSENTATION

Guy Krivopissko

Derniers mots écrits avant la mort annoncée, les lettres de fusillés durant la Seconde Guerre mondiale n'ont jamais été publiées sous la forme qu'offre le présent recueil. Objets sacrés de mémoires familiales ou de groupes, citations démonstratives de discours politiques ou d'ouvrages scolaires, ces matériaux d'une rare authenticité n'étaient pas considérés comme des archives sensibles pour apprendre, pour comprendre l'histoire de la Résistance française et de ses acteurs.

Ces dernières lettres ont été écrites en France[1], entre l'été 1941 et l'été 1944, par des Français, des immigrés ou des étrangers, incarcérés dans les prisons ou les camps de l'occupant ou de l'État français. Nos recherches ne nous ont pas permis de découvrir, jusqu'à présent, de lettres de personnes exécutées entre l'été 1940 et l'été 1941, ainsi qu'entre l'été 1944 et le 9 mai 1945, date de reddition des dernières poches allemandes en France.

---

[1] On y a joint la lettre de France Bloch-Sérazin (*infra*, pp. 213-215), décapitée à Hambourg le 12 février 1943, en hommage aux résistantes qui, pour n'avoir pas été exécutées en France, ont payé un très lourd tribut dans les prisons et les camps du système concentrationnaire nazi. On lira aussi la lettre de Jean Braillon (pp. 276-277), fusillé en Brandebourg le 2 octobre 1944, cas exemplaire d'un travailleur forcé entré en résistance au cœur même du Reich.

Suivant les us et coutumes de l'époque, les auteurs de ces derniers messages sont fusillés par les Allemands, guillotinés par les Français[1]. Opposants au nouvel ordre établi ou exclus de la communauté nationale, ils ont été arrêtés, pour l'essentiel, par les forces de police françaises, remarquablement organisées à l'échelle nationale. Dans tous les cas, ces internés sont accusés ou suspectés de porter atteinte aux intérêts de l'Allemagne, de s'opposer à la Révolution nationale et à la politique collaborationniste de Vichy, ou les deux à la fois. Ils peuvent être incarcérés après une condamnation par un tribunal militaire allemand ou une cour française, notamment les juridictions d'exception créées par Vichy (« sections spéciales » et Tribunal d'État[2]). Ils peuvent aussi être détenus sans jugement, comme internés administratifs ou comme otages. À partir du second semestre de 1941, la pratique des otages entre en vigueur[3] ; elle est censée enrayer la montée de la Résistance – liée notamment à l'entrée en guerre de l'URSS et au lancement de la guérilla urbaine par les communistes –, en frappant de terreur la population et en suscitant la crainte chez les résistants eux-mêmes. Suivant les circonstances, on peut donc être exécuté pour le combat que l'on a mené ou pour celui poursuivi par d'autres résistants.

Dans les camps et les prisons, sans grande illusion, otages et condamnés à mort vivent et espèrent la grâce, un revirement de la guerre, l'évasion pour reprendre le combat… et résistent à la déshumanisation et au découragement. Cependant, l'annonce de l'exécution dans les quelques heures qui suivent est toujours brutale. Dans le même temps, mais ce n'est pas systématique, les geôliers proposent les services d'un prêtre et le nécessaire pour rédiger des messages d'adieux, trois au maximum. En appui sur un genou, un coin de table ou le couvercle d'une tinette, dans une baraque, une cellule voire une ancienne guinguette au bord d'un étang[4], sous le regard des autres – ceux qui vont survivre ou les camarades avec

---

[1] Avec quelques exceptions, comme Jean Nicoli, décapité à Bastia, ou Louis Sabatié, fusillé par la Milice à Toulouse. Voir *infra*, pp. 226-231 et 279-280.

[2] Voir *infra*, p. 355.

[3] Voir *supra*, p. 11.

[4] Voir la lettre de Maurice Pillet écrite le 15 décembre 1941 à La Blisière, lieu-dit près de Châteaubriant, *infra*, pp. 114-116.

lesquels il va mourir –, le condamné, sous le choc, souvent affaibli par les privations et les tortures, inscrit plus ou moins difficilement ses derniers mots.

De l'enveloppe-lettre à la simple feuille, les formats sont multiples, mais c'est toujours la trace du même crayon de guerre sur le papier grossier de ces temps de pénurie. Conscients du caractère éphémère de cet ultime message, un certain nombre de condamnés conseillent aux leurs de reproduire immédiatement la lettre reçue. Parfois, elle devient testament, un acte et règle la succession de quelques biens. Les mots sont inscrits dans la hâte des préparatifs : il faut ramasser ses affaires, préparer sa valise. La mine court sur la feuille dans la fébrilité à se rassasier du peu de temps qui reste, dans la délivrance de l'incertitude, la sérénité de l'inéluctable. Et puis, il faut faire face : conserver sa dignité, essence de l'engagement en Résistance, pour soi, pour ceux qui restent, particulièrement les camarades de geôle. Être à la hauteur d'un événement qui, par ses conséquences, dépasse sa propre existence. Une dernière fois, vaincre l'ennemi, la parole libre et insolente aux lèvres et au bout du crayon, debout, les yeux grands ouverts, emplis de l'espoir d'un autre monde. Il faut attester que l'on peut aimer « la vie à en mourir »…

Une fois rédigées, ces dernières lettres sont soumises à la censure. L'original – ou une copie caviardée, manuscrite ou dactylographiée – est transmis par les autorités allemandes aux familles, plusieurs jours, voire plusieurs semaines après l'exécution. Certains condamnés, méfiants ou avertis de ces procédés, préfèrent rédiger cette correspondance à l'insu des autorités et la confier aux bons soins d'un camarade de cellule, d'un aumônier ou d'un gardien – qui peut être aussi bien français qu'allemand. Parfois, c'est un fossoyeur ou un passant qui recueille le billet jeté à l'extérieur de la prison ou sur la route, lors du transport vers le lieu d'exécution. Plus rarement, lors d'une visite, un gardien autorise une étreinte entre époux ou entre père et enfants : une poche décousue, une doublure trouée reçoivent alors le précieux message. Par précaution, d'autres encore glissent un ou plusieurs billets dans les revers des vêtements ou dans les interstices d'objets usuels, empilés dans la valise à rendre à la famille[1].

Ces conditions diverses dans lesquelles les dernières lettres sont écrites et transmises se sont pas sans effet sur leur forme et sur leur contenu. L'âge, la situation familiale et sociale, le rapport antérieur au langage oral et écrit (dans les rapports sociaux comme dans la sphère privée) sont autant d'éléments qui expliquent le caractère unique de chaque lettre et dessinent le portrait singulier de leurs auteurs. Issus de toutes les couches de la société, ils appartiennent à des familles de pensée très diverses : confessionnelles, philosophiques et politiques. Ils forment un kaléidoscope : celui des refus qui motivent l'entrée en Résistance. Soldats sans uniforme, volontaires et rebelles, ils sont engagés dans une guerre d'un type particulier, qui se mène sur tous les fronts : militaire, économique et social, politique et intellectuel. Cette part unique et irréductible de chacun, mise à nu dans chaque message d'adieu, n'empêche pas l'expression de traits et de sentiments communs à tous. Jusqu'au dernier instant, ils portent une attention particulière, délicate, aux êtres chers, ils sont soucieux du devenir matériel de la famille, de l'éducation des enfants, ils se sentent investis du devoir de les réconforter. Ces lettres déclinent à l'infini le chant de l'amour, de l'amitié et de la fraternité. Passionnel et mystique, un même attachement les unit à la France. Chacune de ces correspondances force l'admiration par la sérénité qui habite les condamnés en ce temps suspendu, entre l'annonce de l'application de la sentence et son exécution. Avec l'aide ou non d'un prêtre – certains se font baptiser –, ils vont en paix avec eux-mêmes et avec le monde. Ils sont invulnérables. Géants « appuyés contre le ciel », selon le vers de René-Guy Cadou[2], croyants et incroyants disent l'éternité, une vision commune de l'homme, une foi dans son avenir.

---

[1] Sur la censure et les affaires des morts, voir *infra*, p. 357.

[2] Vers des *Fusillés de Châteaubriant*, poème dédié par René-Guy Cadou, instituteur en Bretagne en 1941, aux otages du 22 octobre 1941 (voir *infra*, pp. 65-92). Il est publié en 1946 dans le recueil *Pleine Poitrine*.

Après chaque exécution, les autorités militaires allemandes et les autorités civiles françaises adressent des messages d'intimidation aux familles et aux proches. Il leur est rappelé que toute divulgation des lettres, toute manifestation, tout rassemblement sont interdits. Très vite, l'occupant et Vichy perçoivent la réprobation, voire l'hostilité, que l'annonce des exécutions suscite dans la population; ces sentiments sont vivifiés par la lecture de dernières lettres de fusillés dans la presse clandestine ou dans les émissions en français – sur la BBC ou les autres radios libres. La terreur que l'occupant croit semer crée des martyrs et féconde de nouveaux combattants, ainsi que l'expriment si justement le poème *Avis* de Paul Éluard et *Le Chant des partisans*: «Ami si tu tombes, un ami sort de l'ombre à ta place...» Car, loin d'obtempérer, nombre de familles de fusillés, isolément ou collectivement, trouvent les canaux pour diffuser le dernier message reçu. En cela, bien souvent, elles ne font que respecter avec courage les dernières volontés du résistant exécuté. Les lettres sont lues dans le cercle familial et amical: les parents, les proches, les connaissances du voisinage et du lieu de travail, les autres familles de fusillés, rencontrées au cimetière. Elles sont recopiées et offertes aux uns et aux autres.

Très tôt, alors qu'elles mettent en place des structures de solidarités envers les familles des internés et des fusillés, les organisations de la Résistance collectent non seulement les dernières lettres à des fins de propagande immédiate (tracts, journaux clandestins, récits adressés à Londres) mais aussi pour l'enseignement des générations futures. Ce sont notamment de ces sources que Louis Aragon, alias «François la Colère», s'inspire pour écrire *Ballade de celui qui chanta dans les supplices*, *La Rose et le Réséda,* et surtout *Le Témoin des martyrs,* chronique macabre de ces temps, éditée en brochure par le mouvement «Libération» en 1943. À la Libération, ce réseau de solidarités donne naissance à l'Association nationale des familles de fusillés, coprésidée par Mathilde Gabriel-Péri, épouse de Gabriel Péri, et par M. Legros, père de l'un des cinq lycéens de Buffon. Sous son impulsion, la collecte des dernières lettres s'intensifie. Le même souci anime d'autres associations constituées pour la sauvegarde de la mémoire de lieux de répression, telle l'Amicale des camps de Châteaubriant-Voves-Rouillé ou l'association Souvenir de la Résistance et des fusillés du fort de Bondues… Les travaux du Comité d'histoire de la Deuxième Guerre mondiale, présidés par Henri Michel, et la création de musées de la Résistance et de la Déportation, depuis les années 1960, invitent ces associations et nombre de familles à déposer dans les collections publiques leurs archives intimes, à des fins de recherche, d'enseignement et d'éducation civique.

Le présent ouvrage s'inscrit dans cette démarche. Il présente la synthèse d'un premier travail de recensement des messages d'adieux présents dans les collections publiques françaises. Près de cinq cents lettres, écrites par trois cent cinquante condamnés – des inconnus pour la majorité – ont été collectées auprès de treize musées et centres d'archives, mais aussi de quelques particuliers. Le choix final de chaque texte relève de critères personnels, donc subjectifs. Il est, cependant, le résultat de sélections qui, fidèles au corpus initial, proposent aux lecteurs une écoute polyphonique de la Résistance et des résistants. Quelques critères ont présidé à cette construction : rendre compte à parité des quatre années de guerre sur l'ensemble du territoire national ; montrer toute l'ampleur de la terreur développée par les maîtres du moment et la diversité des voies, des modes et des formes de résistance à cette oppression ; dessiner l'infinie diversité des hommes et des femmes qui, face aux bourreaux, étaient alors le visage de la France. Puisse cet ouvrage offrir une connaissance renouvelée de la Résistance française et de ses valeurs humanistes et universalistes : elle fut le socle fondamental d'un nouveau droit international affirmé, en 1948, par la Déclaration universelle des droits de l'homme. Avec respect et gratitude pour chaque famille de fusillé, avec une pensée pour ces milliers de résistants, célèbres ou inconnus, suicidés, massacrés, morts au combat ou en déportation, dont nous ne lirons jamais de dernière lettre.

Guy Krivopissko est professeur d'histoire, conservateur du musée de la Résistance nationale.

N.B. : Les textes originaux ont été respectés ; l'orthographe et la ponctuation ont été corrigées lorsqu'il s'agissait de détails, dans un souci de lisibilité. On n'a par ailleurs pas suivi la règle dactylographique d'époque consistant à écrire les noms propres en majuscules. En revanche, le style des auteurs a été maintenu, avec quelques adjonctions entre crochets pour faciliter la compréhension. La seule exception est la lettre de Jean-Pierre Timbaud[1], otage fusillé à Châteaubriant le 22 octobre 1941, dont l'orthographe est quasi phonétique ; entré très jeune dans le monde du travail, il n'avait pratiquement pas été scolarisé.

Ce dernier document ainsi que plusieurs autres et des photographies sont reproduits dans un cahier iconographique central. Il rend compte de la matérialité du document, en même temps qu'il apporte à l'émotion qui se dégage de ces ultimes messages.

Chaque lettre est suivie de notices biographiques. Nous ne disposons pas toujours d'informations très développées sur les fusillés, sur leurs actes, sur leur arrestation et sur leur mort. En outre, le choix a été fait de donner la parole, à côté de grandes figures souvent célébrées, aux simples soldats de la Résistance et aux victimes anonymes de la répression. Enfin, les organisations et mouvements cités, les questions particulières liées à la censure des lettres, à la transmission des affaires du mort, aux problèmes de succession, font l'objet d'annexes en fin de volume. Il y est systématiquement fait renvoi par des notes infrapaginales.

---

[1] Voir *infra*, pp. 91-92.

1941

Robert à son fils
Prison de Fresnes (Seine[1]) – 8 août 1941

Prison de Fresnes, le 8 août 1941

Mon Bobby bien-aimé,

Ne pleure pas, mon Bobby, la pensée de tes larmes m'ôte de mon courage.

Mon Dieu ! quand je pense à ton enfance si tourmentée déjà ; quand je pense aux larmes que tu as déjà versées pour moi ; quand je pense que, si jeune, je ne te reverrai plus.

Mais non, je te reverrai, mon Bobby. Dieu nous réunira plus tard, quand tu auras aussi accompli ta tâche sur la terre et je le prierai pour qu'elle te soit moins lourde que la mienne ne l'a été. Et pour cela, je veux aussi te donner des conseils. Travaille, mon Bobby, sois aussi instruit en toutes choses que tu le pourras. Dans quelques années, tu choisiras ta voie. Fais-le posément, en t'interrogeant, en t'interrogeant longuement sur tes goûts, sur tes aptitudes et suis le chemin choisi avec opiniâtreté. Sois doux et bon, mon Bobby, on ne l'est jamais assez. Je ne l'ai pas été toujours assez avec toi et je le regrette aujourd'hui de toute mon âme. Pourtant, tu sais combien ton Papa t'aime et je pense que, dans ton souvenir, c'est cet amour qui l'emportera sur tout le reste.

---

[1] Aujourd'hui Val-de-Marne.

Profite, mon Bobby, de ma douloureuse expérience. Il faut, avec l'aide de Dieu, choisir un chemin et s'y tenir.

J'ai voulu faire trop de choses, j'ai eu trop d'ambitions contradictoires. J'ai eu pourtant et par-dessus tout celle de vous rendre heureux. Je n'y suis pas parvenu parce que je n'ai pas suffisamment écouté Dieu.

Ce ne sera pas ton cas, mon Bobby, n'est-ce pas ? Et ne te laisse pas accabler par le chagrin. D'autres plus jeunes que moi sont morts dans cette guerre, et pourvu que ma disparition ne vous laisse pas trop malheureux, je voudrais tant avoir, en cet instant, la certitude que tu vivras courageusement d'abord, puis joyeusement.

Il faut te dire, mon Bobby, que la mort n'est qu'une séparation momentanée et qu'on se retrouve ensuite ; j'en ai non pas seulement la foi, mais la certitude.

Tu seras un bon petit Français, tu seras fier de ton Papa, qui, jusqu'au bout, aura fait son devoir, non seulement pour la Patrie, mais pour vous trois !

Car c'est bien à vous trois que je pensais quand je me suis engagé dans cette voie périlleuse et glorieuse.

Tu consoleras ta maman, tu lui répéteras la *[mot censuré]* en lui disant que je suis toujours là, près de vous, plus près que je ne le suis en ce moment.

Peut-être te sera-t-il donné, si tu travailles bien et si Dieu t'aide, d'être dans vingt ou trente ans un des hommes qui relèvera *(sic)* la France, qui fera que je ne serai pas mort en vain.

Mais on ne meurt jamais en vain. C'est parce que trop de Français disaient et pensaient le contraire que nous avons connu la défaite avec toutes ses effroyables conséquences.

Je voudrais te dire tant de choses et tu es encore si jeune mon Bobby. Et c'est à toi – que ton frère et ta mère ne soient pas fâchés – que je pense avec le plus de tendresse. Je t'ai eu si peu avec moi, mon Bobby. Depuis que nous avons habité Meaux, j'ai eu si peu d'heures à vivre avec toi.

Maintenant ce ne sera plus la même chose, tu ne [me] verras pas, mais je serai près de toi, Dieu le permettra, j'en suis sûr. Si mes prières sont entendues et elles le seront, tu seras protégé, mon Bobby.

Sois courageux, comme un soldat, sois fier de moi et, dès que [tu] le pourras, sois gai. Il ne faut pas penser à moi dans la tristesse, car ma seule souffrance est la pensée de votre tristesse.

Comme je serais libéré de mon unique chagrin, si j'étais certain, mon Bobby, que tu surmonteras rapidement ta peine et que tu me donneras la joie de vivre en pensant à moi avec tendresse, mais sans douleur.

Je te bénis, mon Bobby, en demandant à Dieu de t'accorder sur terre à toi, toute innocence, ce que sa justice m'a refusé.

Toute ma pensée va vers toi, je te serre sur mon cœur, je t'embrasse de toute mon âme.

Ton père qui t'aime,

Robert.

Sois fort, sois courageux, sois bon.

VIVE LA FRANCE.

Robert pourrait être Robert Peletier, fusillé le 9 août 1941 à la Vallée-aux-Loups (Châtenay-Malabry), chemin dit de « l'Orme mort ». Cette hypothèse se fonde sur l'annotation manuscrite de l'Association des familles de fusillés : « fusillé le 9 août 1941 à Sceaux ».

Henri Gautherot à ses parents
Paris, hôpital de la Pitié-Salpêtrière[1] – 19 août 1941

La Pitié, le 19 août 1941

Mes Chers Parents,

Je vous envoie cette lettre pour vous expliquer qu'à l'heure où vous lirez cette lettre, je serai parti pour un long voyage, car demain, mardi à six heures, c'est la dernière sortie. J'espère que vous ne souffrirez pas trop de cette disparition, le destin est tragique, il faut que vous soyez, comme moi, forts et courageux, pas une larme de trop je n'ai versée.

Ma petite Maman chérie, je te demande pardon du chagrin que je vais te causer, je n'ai pas besoin de te dire que je ne mérite pas cela, ton cœur de mère le sait déjà, mais je ne veux pas que tu souffres trop de ma disparition. Il faut être aussi forte que moi, que l'approche de la mort ne fait pas trembler. Un Français sait mourir, surtout un innocent. J'ai demandé pour les derniers moments un prêtre, je ne partirai donc pas comme un chien puisque j'aurai les sacrements de l'Église. J'espère que, dans ton malheur, tu seras contente, ma petite Maman, de savoir qu'un prêtre m'a aidé à passer le cap final de la vie à vingt et un ans. Maman, je serai toujours près de toi. Promets-moi sur mon âme que tu seras forte pour permettre à notre cher petit Bébert[2] de devenir un homme. Reçois, ma petite Maman, les gages de mon affection qui jamais n'a failli à ton égard.

---

1 Henri Gautherot, blessé par balles, est interné à l'hôpital de la Pitié. Voir la notice *infra*.

2 Robert, le frère cadet d'Henri.

Mon petit Papa, pour toi c'est autre chose, tu es un soldat, tu sais que je pars sans faiblesse et sûr de mon innocence. Je saurai mourir comme meurt un Français. Quant à mon logement et [à] mes meubles, prenez-les pour vous, ou vendez-les, mais j'espère qu'en souvenir de moi, vous les garderez. Si bénéfices il y a, je demande à ce que mon petit Bébert les reçoive. Mon Cher Père, je vais te quitter en t'embrassant bien fort, et je compte sur toi pour soutenir Maman et pour faire savoir que, jusqu'au bout, j'ai été un vrai Français. Je n'ai eu, ni pendant le jugement, ni après, ni au moment du départ une seule défaillance. Je viens de recevoir l'absolution d'un prêtre et je vais recevoir la communion. Dis à Tante Marcelle que je vais mourir avec le Bon Dieu et en pensant beaucoup à elle.

Mon petit Bébert chéri, rappelle-toi souvent de ton grand frère et sois très courageux. Aide Maman à soutenir sa douleur, sois son aide, son soutien, remplace-moi auprès d'elle. Ne trahis pas la confiance que j'ai mise en toi. Tu es maintenant un petit homme, sois un grand Français. Je te prie de dire à tous mes amis et aux tiens que je suis mort courageusement. Cher petit Bébert, je t'embrasse du plus profond de mon cœur et emmène avec moi un très doux souvenir de notre vie familiale.

Dites à notre chère famille que ma pensée est partie longuement sur chacun d'eux et que je vous prie de les embrasser tous.

Votre fils qui vous demande pardon de la peine qu'involontairement il vous cause.

Henri Gautherot.

Henri Gautherot, né en 1920, est ouvrier métallurgiste. Il habite Gentilly (Seine, auj. Val-de-Marne). Ce catholique pratiquant est également un responsable local de la Jeunesse communiste. Membre actif de l'organisation devenue clandestine, il est responsable de la protection de la manifestation organisée par la JC le 13 août 1941 sur les Grands-Boulevards, entre la place de la République et la porte Saint-Martin. Il est blessé alors qu'il détourne un revolver allemand dirigé sur un jeune manifestant, Pierre Daix. Appréhendé en compagnie de son camarade Samuel Tyzelman[1], il est interné à l'Hôtel-Dieu, puis à la Pitié-Salpêtrière. Le 19 août 1941, Samuel et Henri, transporté sur une civière, sont emmenés par les Allemands dans la Vallée-aux-Loups (Châtenay-Malabry), chemin dit de « l'Orme mort ». Henri est fusillé et achevé au pistolet après Samuel.

Samuel Tyzelman à sa famille
Paris, prison de la Santé – 19 août 1941

Pour vous mes très chers parents et pour toi ma chère sœur,
De Samuel

Paris, Prison de la Santé, le 19 août 1941,
[1] heure et demie du matin

Très chers parents et très chère sœur,

Ceux-ci seront certainement les derniers mots que j'écrirai : mes dernières pensées vont à vous. Si, dans ma vie, je vous ai parfois fait quelques misères, pardonnez-moi, d'ailleurs je suis sûr que vous m'avez déjà pardonné.

Je vous demanderai surtout une chose à laquelle, je suis sûr, vous ne me refuserez pas de m'obéir *(sic)*, surtout, en quelque sorte, que ce sont mes dernières volontés. Soignez-vous bien et élevez bien Fleur[2] et faites que ce soit vraiment une bonne fille, digne des excellents parents que vous avez toujours été. N'oubliez pas que Fleur n'a que

[1] Voir la lettre suivante.
[2] La sœur de Samuel Tyzelman.

vous au monde, reportez donc sur elle toute l'affection que vous avez eue pour moi et gardez-vous bien d'être malades ; que voulez-vous, quand le sort est contre vous et qu'il n'[y] a rien à faire, on ne peut des fois qu'être [dé]passé et se plier aux coups de la destinée.

Vous transmettrez tous mes adieux à toute la famille, oncles, tantes, cousins et cousines et vous m'excuserez auprès d'eux si je n'ai pas toujours été correct avec eux. Vous transmettrez aussi mes adieux à tous les voisins et vous direz au concierge que je lui pardonne s'il n'a pas été très chic avec moi ces derniers temps. Vous transmettrez aussi mes adieux à tous les amis. Comme vous le voyez, j'ai beaucoup pensé à tout le monde dans mes derniers moments.

Vous verrez, dans mes affaires de camping, il y a une tente qu'il faudra rendre ; elle appartient au copain qui est prisonnier et qui fumait toujours de gros cigares : tu dois te souvenir de lui, car pendant la guerre, quand il est venu en permission, il dînait chez nous. N'oubliez surtout pas de transmettre un adieu au cousin qui est prisonnier en Allemagne, car c'était un bon gars. Je ne vois plus grand-chose à vous dire, si ce n'est que, jusqu'au dernier moment, je penserais à vous. Encore une fois, soignez-vous bien afin de vous garder pour Fleur. Bonjour à tout le monde ou plutôt adieu.

Tous mes baisers pour toi maman, pour toi papa et pour toi Fleur.

Je vous adore.

Votre fils.

Adieu.

Samuel.

Lettre reproduite dans le cahier iconographique, n°s 1 à 4.

Samuel Tyzelman, dit Titi, est né en 1919 à Pulawy (Pologne), dans une famille juive d'ouvriers casquettiers. Il a trois ans quand ses parents émigrent en France et s'installent à Paris, dans le 18e puis dans le 3e arrondissement. Toute la famille est naturalisée en 1939. Très bon élève, Samuel doit cependant commencer à travailler à l'âge de quinze ans dans l'atelier paternel. Le jeudi, il fréquente le patronage laïque. Adolescent, il pratique le sport au sein des clubs du Yask[1] et il milite à la Jeunesse communiste (JC), où il fait la connaissance de Charles Wolmark, Étienne Wallach et Georges Ghertman. À l'été 1941, membre des premiers groupes des « bataillons de la jeunesse[2] », il assume avec Ghertman la direction de la JC des 3e, 4e et 10e arrondissements. Au début d'août 1941, il fait partie, avec Wallach et Wolmark, d'un groupe qui récupère 25 kg d'explosifs dans une carrière de Clichy-sous-Bois. Il est arrêté le 13 août 1941 sur les Grands-Boulevards, lors d'une manifestation organisée par la Jeunesse communiste, alors qu'il tentait de secourir son ami Henri Gautherot, blessé par balles[3]. Les deux jeunes gens sont fusillés par les Allemands le 19 août 1941, dans la Vallée-aux-Loups (Châtenay-Malabry), chemin dit de « l'Orme mort ». Le 21 août 1941, à la station de métro Barbès-Rochechouart, Pierre Georges (futur colonel Fabien) abat l'aspirant de marine Alfons Moser. Le soir même, il déclare à ses amis : « Titi est vengé. »

---

[1] Organisation sportive et culturelle animée par la section juive de la Main-d'œuvre immigrée (MOI), organisation du PCF.

[2] Une des organisations du PCF clandestin, voir *infra*, p. 347.

[3] Sur Henri Gautherot et les circonstances de l'arrestation, voir la lettre précédente.

Honoré d'Estienne d'Orves à Paul Fontaine[1]
Prison de Fresnes (Seine[2]) – 28 août 1941

Jeudi 28 août

Mon cher Paul,

Dès fin mai, j'avais décidé que, si je devais être fusillé, c'est à toi que j'écrirais pour faire mes adieux aux amis que j'ai dans la marine.

Et voici que, depuis ces trois mois, tu t'es occupé de moi activement. Je t'en remercie du fond du cœur et te prie de transmettre mes respectueux sentiments à l'Amiral Darlan[3]. Je me sens uni de cœur avec vous et cela m'est un grand réconfort.

J'ai tant aimé la Marine, tant pour l'intérêt de la vie de bord et les joies qu'elle m'a procurées, que pour l'amitié des camarades et l'affection des hommes. Je ne l'ai pas quittée, je n'ai pas quitté le «Duquesne», le 10 juillet 1940, sans un profond déchirement. Mais ce bateau, comme toute l'escadre, était démilitarisé[4]. Notre Gouvernement ne me paraissait plus indépendant. Continuer la lutte,

---

[1] Le capitaine de frégate Paul Fontaine, dit «Pépin», vieil ami de D'Estienne d'Orves, sert au cabinet de l'amiral Darlan. Il œuvre pour obtenir la grâce de son camarade.

[2] Aujourd'hui Val-de-Marne.

[3] François Darlan (1881-1942): amiral de la flotte en 1939, ministre de la Marine du gouvernement Pétain en juin 1940, il est, de février 1941 à avril 1942, vice-président du Conseil, ministre des Affaires étrangères et de l'Intérieur, et successeur désigné du maréchal. Il conserve ensuite le commandement en chef des forces armées. Rallié au débarquement des Alliés en Afrique du Nord (8 novembre 1942), il est assassiné le 24 décembre suivant.

[4] L'escadre française en rade d'Alexandrie, dont le croiseur *Duquesne* sur lequel servait d'Estienne d'Orves, a été désarmée en juillet 1940, suite à un accord entre les amiraux français Godfroy et britannique Cunningham.

c'était pour moi suivre la voie qui nous avait été tracée. J'ai cherché le moyen de le faire sous le drapeau français ; je suis parti pour la Somalie. Quand j'ai vu que les opérations y étaient suspendues, j'ai rejoint les Forces françaises libres[1]. Ce que je veux te dire, c'est que là, comme tous les camarades avec qui je me suis trouvé, je n'ai fait que servir la France et cela d'une façon très indépendante. Nos hôtes nous comprenaient parfaitement et n'influençaient sur nous en aucune façon. Pour venir en France, j'ai eu à vaincre une forte opposition, je n'y ai été poussé par personne que par moi.

Je crois, Mon Vieux Pépin, avoir, dans tout ce que j'ai fait, servi la France et la France seule. Je pense que mes amis le comprendront, et qu'on voudra bien me considérer comme mort pour Elle. C'est mon plus cher désir.

Je voudrais t'en dire beaucoup plus sur la destinée que je souhaite à la France : je suis persuadé que nous voyons l'un et l'autre sa rénovation dans la même voie.

Tu serais bon de faire demander par Fatou[2] aux Autorités allemandes les noms des marins bretons[3] condamnés dans mon affaire. Ce sont tous d'excellents patriotes et ils méritent qu'on s'occupe d'eux. Un vieux ménage en particulier (75 ans) a maintenant fini sa peine. Tâchez de les faire renvoyer chez eux[3].

Je n'arrive pas à continuer à écrire, car on nous a mis dans la même cellule, les deux camarades qui doivent être fusillés demain et moi, et nous passons notre temps à nous raconter des blagues.

---

[1] Sur les Forces françaises libres, voir *infra*, p. 349.

[2] L'amiral Fatou était commissaire de la Marine pour le gouvernement de Vichy en zone occupée jusqu'au 13 avril 1941.

[3] Les membres du réseau « Nemrod » (voir *infra*) : les époux Clément (le « vieux ménage » cité), qui fournissaient la cache à Chantenay-sur-Loire ; Jean-François Follic, patron du *Marie-Louise*, qui assurait les liaisons avec l'Angleterre, et les membres de son équipage, dont Jean Le Gigan et Pierre Cornec ; Jean-Jacques Le Prince, radio pressenti du réseau. La plupart seront déportés en Allemagne.

Aussi je te dis adieu, mon Pépin, mon frère. Je te charge de mon affection pour Pouchette, pour Marcel et sa femme, et de ma profonde amitié pour tous nos amis. Plus tard, tu verras Éliane et ma sœur[1].

Je t'embrasse.
Vive la France.

Honoré.

D'Estienne d'Orves écrit trois autres lettres : à sa sœur Catherine, à l'abbé Stock, aumônier militaire allemand, enfin à sa femme Éliane. Jusqu'au matin de son exécution, il conserve une photographie de son épouse et de ses cinq enfants, prise à Quimper en juin 1941. Au verso, il écrit ces lignes :

À mes enfants chéris, je rends cette photographie qui m'a rendu heureux pendant tout ce mois d'août 1941, et qui les a mis, pour ma plus grande joie, en face de moi.

29/8/41

Papa.

Photographie reproduite dans le cahier iconographique, nº 5.

Le comte Henri Louis Honoré d'Estienne d'Orves est né en 1901 à Verrières-le-Buisson (Seine, auj. Essonne), dans une famille d'aristocrates catholiques. Polytechnicien, il embrasse la carrière d'officier de marine. En juin 1940, lieutenant de vaisseau, il se trouve sur le croiseur Duquesne, *en rade d'Alexandrie. Son escadre ayant été désarmée, il décide, avec sept officiers et une cinquantaine de marins, de rejoindre les Forces françaises libres du général de Gaulle.*

[1] L'épouse d'Honoré d'Estienne d'Orves, Éliane, et sa sœur aînée, Catherine Régnier.

Arrivé à Londres en septembre 1940, après un long périple à travers l'Afrique, il est promu capitaine de frégate et nommé à la tête du 2e bureau des Forces navales françaises libres, puis affecté à l'Amirauté britannique, où il est chargé de développer le renseignement sur le territoire français à partir d'un réseau embryonnaire, « Nemrod ». Passé en France en décembre 1940, il est trahi par son radio Geissler, alias Marty, et arrêté à Nantes le 21 janvier 1941. La cour martiale le condamne à mort pour « espionnage » avec huit membres de son réseau le 23 mai 1941. Il est fusillé le 29 août au mont Valérien, avec Maurice Barlier et Yan Doornik, deux officiers de la France libre fondateurs de « Nemrod ».

Honoré d'Estienne d'Orves est fait compagnon de la Libération le 30 octobre 1944. Le premier groupe FTP[1]*, en 1942, porte son nom, et Louis Aragon dédie dans la clandestinité son poème* La Rose et le Réséda *à « Gabriel Péri et Honoré d'Estienne d'Orves comme à Guy Môquet et Gilbert Dru ».*

Alfred Delattre à sa famille
Prison Saint-Nicaise, Arras (Pas-de-Calais)
8 septembre 1941

8 septembre 1941

Chers Parents, femme, enfants, Amis[2],

À l'heure où je vous écris, c'est un pénible instant, car on vient de nous annoncer que notre recours en grâce a été rejeté. On doit être

[1] Sur les Francs-Tireurs et Partisans, voir *infra*, p. 349.

[2] Cette lettre est en fait adressée aux beaux-parents d'Alfred Delattre, qui gardent ses enfants depuis l'arrestation de son épouse Aline. Voir la notice *infra*.

exécutés à 8 h, aussi nous avons demandé l'autorisation de vous écrire ces derniers mots.

Chers parents, embrassez bien ma chère Aline et surtout prenez bien soin d'elle, il faut lui donner du courage.

Oui, je sais, il en faudra beaucoup à mes chers Petits enfants, les voilà sans leur Père, aussi à l'heure de mourir, je vous demande de prendre bien soin d'eux, faites qu'ils ne soient pas des Petits malheureux et qu'ils soient fiers de leur papa qui marche à la Mort avec la tête haute d'un Français, d'un vrai Français qu'il a toujours été; nous aurons du courage jusqu'au bout et vous, tous, Parents, Amis.

N'oubliez jamais ceux qui vont tomber, faites que leur famille ne soit pas dans la misère.

C'est la demande d'un homme dont les minutes sont comptées, quel malheur pour ma chère femme à son âge de perdre son mari, mais dites-lui qu'il faut qu'elle ait du courage pour les chers Petits qui vont perdre leur Papa.

Chers parents, c'est dur pour moi que de vous écrire cela, mais il le faut, Monsieur *(sic)* l'aumônier Français et Allemand sont à côté de nous, vous comprenez, en ce moment il faut penser aux enfants, aussi faites pour le mieux et que ma femme chère Aline, lorsqu'elle sera libre, fasse sa volonté.

Amis, c'est toujours le même homme qui est ici, soyez fiers de lui. J'ai demandé que tout ce qu'il me reste dans ma cellule vous soit rendu intact pour vous avoir un dernier souvenir de celui qui ne sera plus. Maintenant, je vais vous quitter pour toujours.

Adieu Parents. Amis. Enfants. Amis. Adieu la vie. Recevez le Meilleur Baiser de celui qui va Mourir. Il est 7 h, encore une heure.

Mille baisers à tous.

Alfred Delattre, né en 1908, est marié et père de quatre enfants. Mineur, il habite Harnes (Pas-de-Calais). Depuis 1929, c'est l'un des militants communistes les plus actifs de la région. Il intègre à la fin 1940, avec Léon Brun, l'Organisation spéciale[1]*, dans un groupe*

[1] Une des organisations du PCF clandestin, voir *infra*, p. 351.

d'une trentaine de membres mis en place par Charles Debarge. Il participe à l'atelier clandestin d'impression installé dans la cave de Debarge, qui rédige et fabrique tracts et journaux, dont La Vérité. *Le groupe récupère des armes et 150 kg de dynamite, et mène plusieurs actions de sabotage, généralement infructueuses, contre l'appareil de production minier. Après la grève des mineurs du Nord - Pas-de-Calais (mai-juin 1941*[1]*), il est activement recherché par la police. Alfred Delattre est arrêté le 6 août 1941 par la* Feldgendarmerie *avec trois autres camarades. L'arrestation de sa femme, Aline, suit le 19 août. Condamné à mort le 28 août, il est fusillé dans les fossés de la citadelle d'Arras le 8 septembre, en compagnie d'un autre mineur de Harnes, Marcel Delfly, et d'un métallurgiste d'Hénin-Liétard, André Lefebvre.*

Éric Texier à sa femme
Paris, prison du Cherche-Midi – 17 septembre 1941

Prison du Cherche-Midi, le 17 au soir

Ma chère Jeanne,

Je t'ai fait une lettre hier, je n'ai pas voulu te le dire jeudi 11, je suis repassé devant le tribunal militaire de Saint-Cloud car, la première condamnation ayant paru trop minime au Gouverneur, jeudi, j'ai été condamné à mort. Ce soir, on est venu nous chercher dans notre cellule, pour être fusillés demain matin. C'est la dernière fois que je t'écris. Je ne vais pas m'étendre trop longuement, car il ne faut

[1] Voir *infra*, la notice d'Arthur Loucheux, p. 65.

pas s'attendrir et [il faut] conserver tout son courage. Je sais qu'une séparation pareille est dure, mais sois forte et courageuse, et vis pour élever notre fils et en faire un homme.

Tu n'auras pas à rougir de moi, ni lui non plus, plus tard.

Tu voudras bien avertir tous nos parents et tu leur diras que je suis mort pour que la France soit libre et qu'il n'y ait plus de guerre.

Je mourrai avec courage, malgré que je suis accusé d'actes que je n'ai pas commis. La police d'Argenteuil aura du sang sur les mains. Le camarade Gandon[1] est fusillé avec moi. Nous serons enterrés aussitôt au cimetière d'Ivry, je te demande par la suite de me faire transporter à Argenteuil aussitôt que tu pourras, Rémi et Marguerite et tous nos parents pourront ainsi y assister. Tu ne pourras le faire probablement qu'après la guerre, afin que tous les amis puissent y être sans crainte, car mon corps appartient aussi à la cause pour laquelle je meurs.

Je te quitte ma chère Jeanne, encore une fois sois courageuse, ne te livre pas au désespoir, Alain t'aidera.

Respecte ma mémoire et mon idéal.

Embrasse bien notre fils qui aura une plus belle vie que moi, embrasse bien tous nos parents et ma mère, et toi, ma chère Jeanne, reçois mes plus tendres baisers.

Adieu. « VIVE LA FRANCE » et l'idéal pour lequel je meurs. Je conserve ta lettre sur moi.

Adieu aux voisins et amis.

Éric.

[1] Raymond Gandon, né en 1898, ouvrier argenteuillais, militant syndicaliste et communiste, membre de l'Organisation spéciale.

Éric Texier est né en 1902 à Verteillac (Dordogne). Ouvrier métallurgiste, ajusteur de profession, il milite à la CGTU et au PCF. De 1934 à 1939, il est l'un des dirigeants de la région Morbihan-Finistère du PCF et, à Quimper, le secrétaire à la fois de la cellule communiste locale et du syndicat CGTU (puis réunifié) des Métaux. Dès l'été 1940, revenu à Argenteuil, en région parisienne, il agit au sein du PCF clandestin. Il est arrêté par la police française le 20 août 1941. Condamné par le tribunal militaire allemand de Saint-Cloud pour « avoir favorisé l'ennemi par des menées communistes contre l'armée allemande », il est fusillé au mont Valérien, le 18 septembre 1941.

Georges Pitard à sa mère et à sa femme[1]
Paris, prison de la Santé – 19 septembre 1941

Vendredi, 19 Septembre 1941

Ma chère petite maman,

Comment t'apprendre la triste nouvelle ? Décidément le malheur s'abat sur nous... Il va falloir que je te quitte, ma chère petite maman, pour un voyage bien lointain. Ce soir on est venu nous chercher, Hajje, Rolnikas[2] et moi, et nous voici à la prison de la Santé. Tragique ironie du sort, je revois les locaux que j'ai si souvent visités pour l'exercice de ma profession et je suis à cinq minutes de chez moi où

---

[1] Lettres écrites par Georges Pitard la veille de son exécution. Son épouse n'entra en leur possession que deux jours après, à la prison de la Santé, où on lui remit le veston de son mari dans lequel étaient restés sa pipe, de menus objets, quelques papiers et ces deux lettres.

[2] Avocats communistes, amis et collaborateurs de Georges Pitard : Antoine Hajje (né à Chypre en 1904) et Michel Rolnikas (né en Lituanie en 1908).

repose, sans se douter, ma chère petite Lucienne, que j'ai eu le plaisir de voir, il y a quelques jours là-bas. Pouvions-nous nous douter que nous nous disions adieu. Et pourtant maman chérie, il faut nous dire adieu puisque la terrible loi de la guerre pèse sur nous. Ma petite mère, ma dernière pensée est pour toi et Lucienne. Promets-moi d'être très courageuse, tu sais que je t'ai aimée en fils affectueux. Je connais ton mérite, ton courage, toute ta vie de courage et de bonté. Et quel doux souvenir pour moi, en ce moment.

Je te laisse ma petite Lucienne, aime-la bien et je lui dis aussi de bien t'aimer. Je vais rejoindre notre cher papa. Pauvre homme, comme je suis heureux aujourd'hui qu'il soit parti le premier. Si je ne vous avais pas toutes les deux, je n'aurais aucune peine, car je suis fier de ma vie. Je l'ai suivie toute droite, et, si courte qu'elle soit, je l'estime enviable.

J'ai aimé passionnément ma profession et je crois l'avoir honorée ; je l'ai servie, avec foi, j'ai aidé les faibles et les malheureux, j'ai secouru la misère, combattu l'injustice ; et mes camarades qui vont demain subir le même sort ont fait de même. L'avenir nous redonnera la place qui nous convient. Hormis vous deux et nos chers amis, je n'ai aucun regret.

Je te serre sur mon cœur, Maman, ma petite Maman si bonne. Et je revois les bons visages de tous ceux que nous aimons… Adieu ma Maman, je resterai bien vivant malgré tout. Et des temps meilleurs viendront, un monde plus harmonieux et plus juste.

Je t'embrasse comme je t'aime.

Georges.

Le 19 septembre 1941

Ma petite Lienne chérie,

Il faut que tu sois bien courageuse, car cette fois le malheur est sur nous ; il a fondu comme l'éclair et il nous frappe. Ce soir, on est venu nous chercher, Hajje, Rolnikas et moi, et nous voici tous trois à la prison de la Santé. Je suis à quelques minutes de toi, hélas, mon amour chéri, et je connais par cœur le chemin qu'il faut faire pour aller vers toi, mais demain avec nos amis nous ferons un grand voyage, très loin, très loin. Et c'est à toi que je pense, ma chérie, en cette nuit de veille, à toi que j'ai tendrement aimée ; nous nous sommes quelquefois querellés, fait du mal pour des vétilles, de ridicules histoires de jalousie, mais, tu le sais bien, notre amour très doux dominait tout. Ce soir, je pense à ta douceur, à ta gentillesse, à nos doux moments, ceux d'autrefois et ceux d'hier ; sache bien, ma chérie, qu'on ne peut t'aimer plus que je ne l'ai fait. Et je vais m'endormir avec ta douce image dans les yeux et le goût de nos derniers baisers qui ne sont pas si loin, ma douce amie, ma gentille petite Lienne. Sois bien sage, mon petit, sois bien raisonnable. Aime-moi bien encore longtemps.

Vois ma chère Maman, adoucis sa peine, toute sa vie de travail méritait mieux que cela ; ne l'abandonne pas, tu me le promets.

Moi, je m'en vais, fier de ma vie, fier de mon passé ; je n'ai jamais fait que le bien, jamais pensé qu'à soulager la misère. Mais pour quelque temps, les éléments sont déchaînés et tout conspire contre les hommes comme moi. Vois le Bâtonnier, dis-lui que je crois avoir honoré l'Ordre des Avocats : c'est ma carrière que j'ai servie avec foi, souvent avec passion, et c'est en somme pour cela, pour l'avoir exercée jusqu'au bout, sans défaillance, que s'entrouvrent devant, en cette nuit tragique, les espaces infinis…

Embrasse ta maman pour moi et remercie-la bien de toutes ses gentillesses à mon égard durant mon séjour à Compiègne[1].

---

[1] Le camp d'internement de Royallieu (Compiègne).

Adieu, mon amour, ma petite fille, ma femme chérie.

Ton petit Geo.

J'embrasse bien fort ta photographie et je la serre sur mon cœur, la première de notre jeunesse, et celle de Luchon où tu portes des fleurs…

Georges Pitard est né à Paris en 1897, dans une famille modeste : le père était artisan tapissier, la mère, fonctionnaire des Postes. Mobilisé en 1916, il combat dans les tranchées en Picardie. Élève officier à Saint-Maixent en 1918, il finit la guerre comme lieutenant dans l'aviation. De retour à la vie civile, il adhère aux Jeunesses socialistes, puis à la SFIO et, peu après, au Parti communiste naissant. Il entre par concours aux Postes et reprend ses études de droit. Devenu avocat en 1926, au barreau de Paris, il se consacre à la défense de l'enfance, des sans-droits, des petits commerçants et artisans, des ouvriers militants syndicaux. Il est candidat du PCF aux législatives de 1936, dans le 6e arrondissement de Paris.

Mobilisé en 1939, il participe à la campagne de France dans l'aviation. Démobilisé le 8 août 1940, il rentre à Paris et reprend son métier d'avocat, défendant des syndicalistes et des communistes poursuivis. Cette action lui vaut d'être arrêté le 25 juin 1941 et interné à la prison du Cherche-Midi, puis au camp de Royallieu (Compiègne). Il est fusillé comme otage, le 20 septembre 1941, au mont Valérien.

Michel Rolnikas à sa compagne Isabelle Basserau
Paris, prison de la Santé – 19 septembre 1941

La Santé du 19/9 /41

Ma Chère Petite Belle,

C'est pour la dernière fois que je t'écris. Lorsque cette lettre te parviendra, je ne serai plus en vie et tu l'auras probablement appris par les journaux. On est venu ce soir nous chercher, Pitard, Hajje[1] et moi-même, au camp de Royallieu[2], et on vient de nous annoncer à la prison de la Santé où nous exercions naguère notre profession que nous allons être exécutés demain matin comme otages. Je ne me répandrai pas en dissertations philosophiques et sociales sur cette décision. Tu connais ma vie, tu sais ce qui la remplissait, j'espère mourir aussi courageusement que j'ai vécu. Mes derniers instants te seront consacrés à toi. Mais que c'est pénible de penser que l'on n'a plus que quelques heures à vivre ; alors que l'on est encore jeune, que l'on n'a encore que 33 ans et que l'on est plein de la joie de vivre. Mais il n'y a malheureusement rien à faire. J'essaierai de penser à toi, à ta vie, puisque tu vivras encore et que j'espère que, malgré ce choc terrible et irréparable, tu connaîtras encore de bons moments.

Je joins à cette lettre mon testament, rédigé dans une disposition d'esprit qu'il est difficile de décrire. J'espère arriver à le rédiger correctement, afin qu'il te soit utile.

Que vas-tu faire, maintenant, sans moi? Comment vas-tu combler ce vide que la mort aura créé dans ta vie ? Je sais que tu vas te consacrer davantage à l'éducation de ta fille. Mais toi-même, comment

---

1 Voir la lettre précédente.

2 Le camp d'internement de Royallieu (Compiègne).

vivras-tu ? Tu seras donc obligée de travailler, toujours travailler ? Il est vrai que la situation peut changer très rapidement et que ce changement aura des répercussions immédiates sur ta vie. (Qu'il est douloureux de penser que je ne serai plus là lorsque ces changements interviendront.)

Je n'ai pas de recommandations à te faire. Je t'adresse simplement quelques prières : mes pensées vont en même temps qu'à toi à mes chers parents, à mes proches. Ils ne sauront pas avant longtemps que leur Michel a été fusillé le 20 Septembre 1941, à l'aube. Mais lorsque cela te sera possible, ne fais rien pour leur annoncer cette nouvelle terrible. Mais lorsqu'il ne sera plus possible de la leur cacher, je compte sur toi pour les consoler dans la mesure du possible et aussi pour leur envoyer quelques souvenirs de moi. D'autre part, tu sais que j'ai beaucoup d'amis et aussi des amies. Ainsi, au camp, j'avais fait la connaissance d'une jeune femme internée qui m'aimait, que je n'aimais pas, mais que je considérais comme une bonne amie intime. Si elle te demande un souvenir, ne le lui refuse pas.

Tu m'excuseras de ne pas te donner de conseils pratiques sur toutes sortes de questions qui nous préoccupaient tous les deux, je n'en suis pas capable actuellement.

Dis à mes amis qu'une balle aura percé mon cœur, mais que l'on ne m'aura pas arraché l'idéal qui m'animait, pas plus que mon amour pour toi.

Tu as enrichi ma vie à plusieurs points de vue. Si cette vie m'était devenue plus chère, plus digne d'être vécue depuis que je t'ai connue, pourquoi faut-il qu'elle soit abrégée si cruellement ?

À notre dernière entrevue, à Royallieu, tu m'a promis d'être courageuse. Il est vrai que nous n'envisagions pas du tout ce dénouement fatal de ma situation. Mais je te prie une dernière fois d'être courageuse, de supporter ce coup terrible avec vaillance, et de chercher ta consolation dans le bonheur des autres, dans le bonheur de la collectivité tel que je le concevais et que je le conçois encore.

Que d'idées se heurtent dans ma tête douloureuse. Tu me connais à fond et tu sauras compléter cette lettre ultime en te souvenant de nos conversations et te rappelant les instants de bonheur passés ensemble.

Embrasse bien Marie-Thérèse pour moi et dis-lui que maintenant elle devra veiller sur toi à défaut du petit Michel. Embrasse bien également ma filleule et sa mère. Dis à Gaston, à ta sœur, à ses enfants, au Dr R. et à tous nos amis que je ne nomme pas, que j'ai pensé aussi à eux dans les derniers instants de ma vie.

Je te quitte à jamais, ma chère petite Belle, encore une fois sois courageuse. Je t'embrasse bien fort et avec toute la tendresse dont je suis capable.

Ton Michel.

Michel Rolnikas naît le 28 janvier 1908 à Plingeo-Telsiai (auj. Plunge) en Lituanie, dans une famille juive de petits commerçants en tissus. De 1927 à 1934, date de sa naturalisation française, il partage son temps entre ses études en France et de fréquents séjours en Lituanie pour aider ses parents. Après avoir obtenu son doctorat de droit et fait son service militaire, il devient clerc d'avoué (1934), puis avocat stagiaire (1936), et enfin avocat (1937), collaborant avec Georges Pitard. Spécialiste du droit du travail, il conseille en particulier la Fédération des Métaux de la région parisienne (CGT). Mobilisé en 1938 puis en 1939, il participe dans l'Est à la campagne de France, comme traducteur au service des transmissions. Démobilisé, il reprend son métier d'avocat et assure rapidement la défense des militants communistes poursuivis. Il est arrêté le 25 juin 1941 par les autorités d'occupation et interné au camp de Royallieu (Compiègne). Le 20 septembre 1941, au mont Valérien, il est fusillé comme otage avec les avocats Hajje et Pitard, et neuf autres militants communistes.

Jean Catelas à son avocat
Paris, prison de la Santé – 22 septembre 1941

Santé le 22/9/41

À Maître Python,

Je ne sais de quoi demain sera fait pour moi. Si à l'aube ma tête ne tombera pas.

Je ne puis attendre plus longtemps pour vous exprimer mon admiration, ma reconnaissance.

Vous avez fait et faites encore à l'heure où j'écris tous les efforts pour sauver ma tête. Et cependant, vous me connaissez à peine. Votre attitude n'en est que plus belle, plus humaine. Au nom de ma famille, de tous mes amis, et ils sont nombreux, soyez-en remercié.

Je suis tombé dans un traquenard.

Ce traquenard a été l'envoi d'agent provocateur. J'en suis la victime.

Je tombe comme un soldat pour une cause française, juste et humaine.

Je pardonne à mes juges. Ils n'ont fait qu'obéir, ils n'ont pas jugé.

Encore une fois, Cher Maître Python, je vous remercie de tous vos efforts.

Soyez à jamais honoré pour votre belle attitude.

Je vous embrasse.

Signé : Catelas J.

Jean Catelas naît en 1894 à Puisieux (Pas-de-Calais), dans une famille d'ouvriers bonnetiers. Ancien combattant de la guerre 14-18, vétéran de la bataille de Verdun, il est titulaire de la médaille militaire. Ancien secrétaire du syndicat des cheminots d'Amiens, membre du comité central du Parti communiste français, il est élu député d'Amiens en 1936. Durant la guerre d'Espagne, il assure la liaison entre la direction du PCF et les Brigades internationales. En juin 1940, il participe à la démarche auprès des autorités d'occupation en vue d'obtenir l'autorisation de reparution de L'Humanité, *tout en assurant la réorganisation du PCF dans la région parisienne. Arrêté par la police française le 16 mai 1941, il est un des premiers condamnés du Tribunal d'État institué par Vichy*[1]*. Il est guillotiné à la prison de la Santé le 24 septembre 1941, avec l'ouvrier Adolphe Guyot et l'architecte Jacques Woog.*

---

[1] Voir *infra*, p. 355.

Arthur Brunet à sa famille
Prison de Loos-lès-Lille (Nord) – 25 septembre 1941

Prison de Loos, le 25 Septembre 1941

À ma chère femme, à mes chers enfants, à toute ma famille,

C'est dans une drôle de circonstance que je vous adresse cette dernière lettre. Ce sont mes dernières pensées et mes dernières volontés. Je vous écris en effet quelques heures avant de disparaître à jamais. C'est avec un grand courage que j'affronterai le destin. On est venu chercher, hier soir, cinq d'entre nous: Domisse, d'Aniche, Bancel, de Fresnes, Devos, un nommé Dussard du Pas-de-Calais, et moi-même[1]. J'ai tout de suite compris que le sort était fixé. On nous a conduits à la prison. Là nous avons déposé tout ce que nous possédions dans un paquet. Pour ce qui me concerne, j'ai utilisé ma valise. Dans une autre pièce, un officier nous a communiqué la sentence; il y avait eu un sabotage et, par décision du général, vingt otages seraient fusillés le lendemain matin. Je dois vous dire que nous sommes vingt. Tous les camarades de la rue Négrier[2] nous ont embrassés. Enfin, je crois que c'en est fini des souffrances morales. Il faut, ma chère femme et vous tous, avoir aussi beaucoup de courage. Je sais que le choc de ma séparation sera dur à chacun. Mais il faudra surmonter cette dure épreuve sans aucune défaillance, car tu dois résister. Nous avons nos Chers Enfants qu'il faut encore soutenir, diriger, conseiller.

Tu sais que je suis innocent. Mais le destin est plus fort que notre volonté. Je crois que tu n'auras rien à me reprocher car je fus

[1] Jules Domisse, né en 1899 à Fenain, cimentier, communiste, maire d'Aniche; Victor Bancel, né en 1902 à Saint Victor, ouvrier, secrétaire de la section du PCF et maire-adjoint de Fresnes; Edmond Devos, né en 1893 à Lille, tailleur, délégué prud'homal et secrétaire du rayon du PCF à Valenciennes; Louis Dussart, né en 1898 à Bruay-en-Artois, chauffeur, dirigeant du PCF à Bruay-en-Artois.

[2] Le centre d'internement de la caserne Négrier, à Lille. Voir la notice *infra*.

toujours un honnête travailleur, courageux, bon pour vous tous et pour tout le monde. Cependant je vais mourir… Mais j'ai la conscience nette et ferme d'avoir accompli mon devoir dans toutes les circonstances.

… Je te demande simplement que ma mémoire reste à jamais gravée dans ton cœur. Je sais que ma disparition va te causer une profonde douleur ainsi qu'à mes Chers Enfants, mon vieux Père, mes Frères et Sœurs, belles-Sœurs et à toute la Famille. J'espère que vous trouverez un réconfort parmi les nombreux amis qui viendront vous rendre visite. Du courage, je te le demande pour nos Chers Enfants… J'aurais bien voulu vous revoir tous pour vous embrasser une dernière fois, le destin ne le veut pas. J'espère que vous passerez tous cette tourmente et vous souhaite à tous de retrouver après : bonne santé et bonheur.

J'ai encore quelques heures avant la mort. J'ai passé la dernière nuit avec Domisse et Bancel. Nous avons passé en revue ces douloureuses circonstances.

Ma dernière pensée est pour toi, ma chère Femme. Pour nos enfants, aie beaucoup de courage et, aussitôt que vous le pourrez, faites le nécessaire pour ramener mon corps à Denain. Il vous sera plus facile ainsi de vous recueillir sur ma tombe, surtout sans pleurer, car moi je vais mourir avec beaucoup de courage et de sang-froid, sans défaillance.

Suivez mon exemple, soyez forts et courageux.

Embrasse bien tous les amis pour moi… car je ne peux les citer tous.

Encore une fois, je te dis Adieu… Et pour la dernière fois, courage et confiance dans l'avenir.

A. Brunet

Arthur Brunet, ouvrier mineur, est né en 1897 à Denain (Nord). Il a adhéré en 1921 à la CGTU et au PCF. Outre ses responsabilités syndicales et politiques (secrétaire général de la Caisse de secours des mineurs d'Anzin et dirigeant local du Parti communiste), il est élu maire et délégué cantonal de Denain (1935), puis conseiller d'arrondissement (1937). Déchu de ses mandats en 1939, il est condamné à un mois de prison durant l'été 1940, accusé de participation à une réunion syndicale interdite à Carmaux et de violentes attaques contre un syndicaliste partisan de la collaboration. Arrêté par la Gestapo le 21 septembre 1941, il est interné au centre d'otages de la caserne Négrier à Lille. Il est transféré le 25 septembre 1941 à la citadelle et fusillé le lendemain avec dix-neuf autres otages, tous militants communistes, pour « attentats à l'explosif contre des trains de l'armée allemande ».

Arthur Loucheux à sa femme, à son frère
Prison de Loos-lès-Lille (Nord) – 25-26 septembre 1941

À remettre à ma femme

Loos, le 25 septembre à 11 heures du soir

Ma chère petite femme,

C'est ma dernière lettre que je te fais, car demain ou plutôt tout à l'heure, à 6 heures du matin, je dormirai mon dernier sommeil. Pour le moment, je suis avec Turbant et Petitjean[1], nous attendons l'heure pour aller rejoindre Noël[2] et les autres. Ma chère petite femme, tu vas éprouver de la peine, mais, que veux-tu, c'est le destin, je n'ai aucun regret, toute ma vie a été honnête et j'ai cherché à créer le bien pour tout le monde, enfin il n'y a pas que moi qui meurt, malheureusement, c'est la guerre.

---

[1] Fernand Turbant, né en 1898 à Hénin-Liétard, mécanicien de mine, un des responsables du PCF à Hénin-Liétard avant-guerre ; dès l'été 1940, il joue un rôle important dans la reconstruction clandestine de l'organisation syndicale. Léon Petitjean, né en 1913, mineur et militant syndical actif ; il habite Mouvroy.

[2] Joseph Noël , né en 1892, mineur, ancien maire de Drocourt. Arrêté le 22 juin 1941, il est fusillé avec quatre autres otages le 15 septembre suivant.

Ma Bichette, tu sais, je suis sûr que plus tard tes frères et sœur, mes petits-neveux seront heureux. Quant à toi, tu es jeune encore, je te demande que, de temps en temps, tu penses à moi, mais, je t'en prie, plus tard, il te faut te refaire un foyer, car quand tu seras vieille, tu seras seule et cela sera triste pour finir tes jours. Tu garderas ces lettres comme souvenir de moi, quand tu viendras, tu reprendras mon linge, il y a mon pull-over rouge que tu donneras à Jeannot comme souvenir, j'ai quelques mouchoirs, une savonnette, quatre serviettes et mon béret pour Jeannot.

Ma vieille Bichette, ne t'en fais pas, car moi, vois-tu, je n'ai qu'un regret, c'est celui que je commets en te faisant pleurer. Tu vois, mon sort, depuis le 15 septembre, le jour où Noël a été fusillé, moi je l'attendais calmement. Je pense à mes parents, ma tante Angéla et Emma, eux que j'aime comme des mères, [ils] ne te laisseront pas seule, ils te réconforteront.

Je dis au revoir aussi à ta mère que je n'oublierai pas, enfin au revoir à mon frère Victor, pour lui, je suis content qu'il soit à son foyer, j'espère que ma mort vous protégera tous et que vous serez heureux bientôt, quand cette guerre sera finie. Au revoir à ma tante et mon oncle Pichot, à mon oncle et ma tante Emma, à mes cousins et cousines, à ton père et ta mère, tes frères et sœur, à Raymonde, à Blanche, à mon frère et ma sœur Victoria, à ses enfants, à ma poule et Cuné. Ma chérie, tu diras à Jeannot qu'il recopie cette lettre à l'encre à seule fin de la conserver comme souvenir. Ma chérie, je termine ma dernière lettre en t'embrassant de tout cœur, ma dernière pensée est pour toi, au revoir ma tendre femme.

Ton petit mari qui t'a aimée jusqu'à son dernier soupir. Il est 1 heure du matin, je viens de terminer ta lettre, j'ai eu un paquet de cigarettes que je fume avec Turbant, nous sommes très calmes, nous mourrons en soldats, bravement.

Je serai fusillé à 7 heures du matin le 26 septembre 1941.

Au revoir ma petite.

Arthur.

le 26 septembre 1941 à 7 heures du matin

Les soldats allemands ont toujours été corrects avec moi. Sur ma tombe, pas de croix, de curé, ni de Christ. Je suis libre-penseur.

Loos, le 26 Septembre 1941,
2 H. du matin

Mon cher frère[1],

Quand tu recevras cette lettre, tu n'auras plus de frère, je serai fusillé.

En attendant l'heure qui sera vers 7 h du matin, je désire bavarder un peu avec toi.

Hier 25, à 8 h du soir, des officiers allemands sont venus nous lire la sentence, c'est-à-dire l'exécution pour le 26 au matin vers 7 heures.

Vois-tu, frère, les conséquences de la guerre et [sont] que cela me supprime la vie. Tu sais, je suis courageux, j'attends l'heure bravement, parce que je suis un homme et je n'ai rien à me reprocher. Ma vie a été probe et honnête, et je ne regrette aucunement ce que j'ai pu faire pour tout le monde. Aussi vous, la famille, vous n'aurez pas à rougir de moi, au contraire, quand on parlera de moi, ce sera avec respect.

Actuellement, je passe la nuit en attendant l'heure avec Turbant et Petitjean, de Rouvroy. Je n'éprouve pas le besoin de dormir, non par peur, mais pour remémorer ma vie, car dormir, bah ! est-ce que je n'aurai pas le temps tout à l'heure. Figure-toi que j'ai chanté « Il pleut sur la route[2] » pour encourager mes camarades.

---

[1] Victor, le frère d'Arthur Loucheux, cité dans la lettre précédente.

[2] *Il pleut sur la route* : chanson de R. Chamfleury et H. Himmel, popularisée en 1935 par Tino Rossi.

Dis, « Pétote », il ne faut pas t'en faire, j'ai toujours dit à ma chère femme que j'aurais préféré d'être prisonnier à ta place, parce que toi, mon vieux, tu as de la famille et, vois-tu, j'étais heureux quand tu es revenu. Maintenant, je meurs, victime du devoir, ça ne me fait rien, plutôt si, simplement la peine que je vais te donner à toi, à ma chère Bichette, mais que veux-tu, c'est la guerre, c'est la période où l'on commet tant d'injustices. Moi, vois-tu, je ne souffrirai plus, tandis que toi, vous, ma femme, vous souffrirez encore malheureusement. Mais après cette tourmente, un légitime bonheur vous attend tous, mais il faut toujours des victimes, j'en suis une, et puis, n'en parlons plus… plus tard viendra la quiétude et l'oubli, et la vie continuera pour vous tous.

Je te recommande de considérer ma petite femme comme ta sœur et de t'occuper d'elle, un peu à seule fin qu'elle supporte cette cruelle séparation, je lui ai écrit une lettre que j'ai adressée chez ma tante Angéla, tu la liras, après tu pourras donner celle-ci pour la lui faire lire.

Bien l'au revoir définitif à tous les amis, à ma sœur Victoria, embrasse les petits pour moi. Je termine, car je vais continuer à bavarder avec Turbant encore le temps qu'il me reste.

Jusqu'à mon dernier sommeil, ma pensée va vers vous tous, toute ma famille,
Vers celui qui m'a élevé : Henri,
Vers ma mère,
Toi, ma femme,
Ton frère.

Dis, Toto, je suis fatigué, [j']attends avec impatience l'heure de m'endormir.

L. A.

Pour penser à moi, chantez « Il pleut sur la route ».

Arthur Loucheux naît le 13 avril 1910 à Drocourt (Pas-de-Calais). Ouvrier mineur, il est révoqué lors de grèves au début des années 1930. Militant syndicaliste et communiste, secrétaire de la cellule du PCF de Drocourt (dont les adhérents sont pour l'essentiel des mineurs de la fosse n° 1, dite « La Parisienne »), il joue un rôle actif dans la reconstruction de la CGT clandestine. En mai-juin 1941, il participe à la grande grève des mineurs du Nord - Pas-de-Calais, à dimension sociale et patriotique, qui commence le 27 mai à la fosse Dahomey de Dourges et s'étend jusqu'à mobiliser cent mille grévistes. Le mouvement est brisé au début de juin par la répression, l'occupant multipliant arrestations, déportations et exécutions. Le 17 juin 1941, les Allemands arrêtent Arthur Loucheux ; il est fusillé avec dix-neuf autres otages à la prison de Loos-lès-Lille le 26 septembre 1941.

Michel Dabat de Lignières à sa mère
Prison Lafayette, Nantes (Loire-Inférieure[1])
22 octobre 1941

Chère petite maman,

On vient nous chercher. Nous allons vers une destination inconnue. Pour moi, il n'y a pas à se faire d'illusions. Nous sommes otages, nous allons être fusillés.

Je n'ai pas peur, ce n'est pas mon habitude.

Que pourrais-je vous dire, si ce n'est que je suis innocent et que je vous demande pardon de tout le chagrin que je vous ai causé depuis des années ?

J'espère que nous aurons un prêtre. Petite maman chérie, priez bien pour moi. Pensez à moi comme je pense à vous en ce moment.

---

[1] Aujourd'hui Loire-Atlantique.

J'aurais bien voulu vous embrasser encore une fois.

Maintenant, c'est fait, nous savons que nous allons mourir.

Je vous demande une chose, une seule : vous irez trouver Jeannette et vous lui direz que je l'ai aimée plus que tout, plus que ma vie. Elle avait tout mon cœur et elle sera la dernière à qui je penserai avec vous. Je vous aime toutes les deux autant qu'il est possible à un cœur humain d'aimer. Maman chérie, pardon de tout le mal que j'ai fait ou pensé dans ma vie.

Je vais mourir en vrai Français, en homme, en chrétien fervent. Adieu, maman chérie, adieu et pardon pour tout.

Vous pourrez parler de votre Michel avec fierté. Ne me pleurez pas. Priez, priez, priez.

Je vous promets que, du haut du Ciel, je vous protégerai tous, tous, Maman, Papa, Maurice, je vous ai adorés tous. Maintenant, je vais mourir comme le Christ. Dites aussi à Suzanne Le Lostec[1], la jeune femme qui était avec nous en prison, que je conserverai jusqu'à la fin son souvenir ému.

Votre Michel.

Vive Dieu, vive la France !

Michel Dabat.

Michel Dabat de Lignières, né en 1921, est le fils du médecin-chef de la place de Nantes et de La Roche-sur-Yon. Dans la nuit du 10 au 11 novembre 1941, en compagnie de Christian de Mondragon, il plante un drapeau tricolore sur une des tours de la cathédrale de Nantes. Michel est membre du réseau, majoritairement composé de très jeunes gens, mis en place dans la Loire-Inférieure par Max Veper, avocat à Châteaubriant, et Henri Vandernotte, employé du magasin Decré à Nantes. Le 28 mars 1941, suite à la dénonciation d'un agent double, les membres du groupe sont arrêtés : Max Veper (qui parvient à s'évader un mois plus tard), Henri Vandernotte, Frédéric Creusé, Christian de Mondragon, Jean Grolleau, Jean-Pierre Glou et son père, Ginette Fonteneau, Suzanne Le Lostec et Michel Dabat.

[1] Membre du groupe de Michel Dabat. Voir la notice *infra*.

Le 18 août 1941, ce dernier est condamné par le tribunal militaire allemand de Nantes, pour « espionnage » et « transfert de lettres en zone non occupée », à une peine d'emprisonnement. Au terme de celle-ci, il demeure incarcéré à la prison militaire des Rochettes. Dans un rapport du 18 octobre 1941 conservé aux Archives nationales, le préfet de Loire-Inférieure indique à l'ambassadeur de Brinon[1] *: « Le tribunal de la* Feldkommandantur *de Nantes n'avait pu me fournir aucune précision sur les raisons qui font maintenir en prison le jeune Michel Dabat de Lignières. Ce serait la* Geheim Feld Polizei *qui aurait donné l'ordre de surseoir à sa libération*[2]*. »*

Le lundi 20 octobre 1941, au matin, après avoir un peu plus tôt saboté une voie ferrée, trois membres parisiens des « bataillons de la jeunesse[3]*», Gilbert Brustlein, Marcel Bourdarias et Guisco Spartaco, abattent dans la rue le lieutenant-colonel Hotz,* Feldkommandant *de Nantes. En représailles, les Allemands fusillent quarante-huit otages deux jours plus tard : seize à Nantes, cinq au mont Valérien, vingt-sept au camp de Choisel (Châteaubriant). Michel Dabat fait partie des premiers, avec trois membres de son groupe (Frédéric Creusé, Jean-Pierre Glou, Jean Grolleau), abattus au stand de tir du Bêle, à Nantes.*

En réaction à ces exécutions, le général de Gaulle adresse un message aux Français sur les ondes de la BBC, les appelant à un « garde-à-vous national » de cinq minutes le 31 octobre. L'Humanité *et* La Vie Ouvrière *relayent cet appel. Une condamnation du président Roosevelt, imprimée en tracts, est parachutée par les avions de la RAF. Des grèves auront lieu dans de nombreuses entreprises et la flotte française en rade d'Alexandrie met le drapeau en berne.*

---

[1] Fernand de Brinon, ambassadeur de France à Paris et délégué général du gouvernement de Vichy dans les territoires occupés.

[2] *Geheimfeldpolizei* (GFP) : la police en civil dépendant du Commandement militaire allemand en France.

[3] Une des organisations du PCF clandestin, voir *infra*, p. 347.

Frédéric Creusé à ses parents
Prison Lafayette, Nantes (Loire-Inférieure[1])
22 octobre 1941

Chers parents,

Je viens d'apprendre à l'instant que je quitte la prison des Rochettes. Pourquoi ! Je ne le sais nullement. J'ai entendu dire que M. le général Feldkommandant a été assassiné avant-hier matin[2]. Serait-ce rapport à cela ? Je n'y fais aucun doute. Peut-être serai-je fusillé demain matin, personne ne le sait ou tout au moins on ne veut pas nous le dire. Ce que je veux vous dire avant de disparaître, c'est que je suis innocent de toutes les calomnies dont on m'accuse. Je n'ai jamais fait quoi que ce soit qui soit nuisible aux Allemands. Je viens d'apprendre que je vais être fusillé. Ma vie a été courte, je n'ai que vingt ans, j'ai défendu une cause, je m'en honore, car j'y ai cru. Je suis avec Michel[3] à faire mes derniers écrits. Je pense à vous, à tout ce que j'ai aimé, à ma petite Nette, à toute la famille. J'ai aimé Nette. Tu sais comment je pouvais l'aimer, la mort seule m'en séparera. Les moments pressent, j'ai fait quelques mémoires qui, comme je l'espère, vous seront rendus. Je vous ai tous aimés. Je vous quitte à vingt ans. C'est bien pénible, jusqu'à la fin, j'ai été courageux. Sachez que mourir ne m'a rien fait. M. l'abbé vous le dira.

Je vous quitte pour toujours. Adieu. Je voudrais être enterré à Miséricorde[4], si cela est possible. Mettez-moi ma pochette tricolore.

---

[1] Aujourd'hui Loire-Atlantique.

[2] Le lieutenant-colonel Hotz, commandant allemand à Nantes, abattu le 20 octobre par trois jeunes communistes parisiens. Voir la lettre précédente.

[3] Michel Dabat, voir la lettre précédente.

[4] Un des cimetières de Nantes.

Adieu pour toujours, je vous aime. Adieu.

Votre fils,

Frédéric.

Vive Dieu ! Vive la France !

Frédéric Creusé, né en 1920, est employé à Nantes. Il participe au réseau mis en place par Max Veper et Henri Vandernotte[1]. *Trahi par un agent double, son groupe tombe le 28 mars 1941. Comme son camarade Michel Dabat, il est condamné le 18 août à la prison, mais n'est pas libéré au terme de sa peine. Le 22 octobre, en représailles de l'attentat contre* Feldkommandant *de Nantes, il est fusillé par l'occupant au stand de tir du Bêle, à Nantes, en compagnie de quinze autres otages, tandis que trente-deux autres tombent sous les balles allemandes au mont Valérien et à Châteaubriant.*

Alexandre Fourny à son épouse
Prison Lafayette, Nantes (Loire-Inférieure[2])
22 octobre 1941

Ceci est mon testament,

Je soussigné Alexandre Fourny, averti de mon exécution par les autorités allemandes, déclare par les présentes léguer à ma femme l'universalité de l'usufruit de mes biens meubles et immeubles, mais à charge de faire inventaire. Cette libéralité cesserait en cas de remariage.

---

[1] Voir la lettre précédente.

[2] Aujourd'hui Loire-Atlantique.

J'ai le désir que mes chers enfants soient élevés dans mes sentiments politiques et philosophiques et d'honneur qui n'ont cessé d'être les miens. Il me serait agréable que l'un d'eux puisse suivre la profession d'avocat.

Je demande à ma famille et à mes amis de rester calmes et dignes. Je mourrai en Français, heureux d'avoir pu rendre service à des Français dans des conditions parfois délicates. Puisse ma mort alléger le sort de mes compatriotes.

Fait en entier de ma main, le 22 octobre 1941 à 13 heures, à la prison de Nantes.

Alexandre.

J'aimerais être inhumé au cimetière Miséricorde puisque le terrain de la Bouteillerie va bientôt tomber à fin de concession.

Alexandre.

Lettre reproduite dans le cahier iconographique, n° 7.

Alexandre Fourny est né en 1898 à Issé (Loire-Inférieure), dans une famille d'agriculteurs. Il s'engage à 17 ans pendant la Grande Guerre. Son courage et ses multiples évasions lui valent une citation. Après sa démobilisation, il travaille chez un avoué tout en continuant ses études, qui lui permettent d'obtenir le baccalauréat, puis une licence et enfin un doctorat en droit. Il s'inscrit alors au barreau de Nantes. Militant de la SFIO, dirigeant de la section de Nantes et trésorier de la fédération départementale, il est élu conseiller municipal de Nantes (1931), conseiller d'arrondissement (1934), maire-adjoint (1935) et conseiller général (1937). Dans le même temps, il s'implique notamment dans l'Association des prisonniers de guerre et évadés 14-18, la Fédération ouvrière et paysanne des anciens combattants, et la Fédération départementale des locataires, dont il est le président et le conseil juridique. Dès le début de l'Occupation, avec un groupe d'amis, parmi lesquels Léon Jost[1]*, il met sur pied un réseau d'aide et d'évasion vers l'Angleterre, particulièrement pour les prisonniers de guerre internés au camp de Choisel (Châteaubriant). Il est aussi le chef régional du réseau de renseignements britannique « Georges-France 31 ». Arrêté par les Allemands le 15 janvier 1941, il est relâché le 11 février, faute de preuves. Appréhendé de nouveau et condamné à trois ans de forteresse, il est maintenu en détention à Nantes comme otage. Le 22 octobre 1941, après l'attentat contre le commandant allemand à Nantes, il est fusillé au stand de tir du Bêle, avec quinze autres otages*[2].

Léon Jost à son épouse
Prison Lafayette, Nantes (Loire-Inférieure[3])
22 octobre 1941

22 octobre 1941, 13 heures

Ma chère femme aimée,

Le grand moment est venu, nous venons d'être informés que nous serons fusillés aujourd'hui. L'honneur qui m'avait été refusé une première fois va m'être accordé, je vais mourir pour la France.

Tu sais quels sont mes sentiments au moment de te quitter, je ne puis que te répéter mes ~~autres~~[4] sentiments d'amour et de reconnaissance. Tu as été une épouse et une mère admirable.

Maintenant tu vas être un chef de famille.

---

[1] Voir la lettre suivante.
[2] Voir *supra*, p. 67.
[3] Aujourd'hui Loire-Atlantique.
[4] Barré dans l'original.

Les enfants se grouperont autour de toi et vous serez forts tous trois.

Si j'ai un regret avant de quitter la vie, c'est de vous laisser alors que nous étions si heureux.

Dis à maman d'être courageuse aussi et d'être fière. C'est un malheur pour elle bien dur, elle qui a tant eu de peine quand [à] Amiens elle a cru me perdre.

Embrasse pour moi ma belle Simone, qui, j'en suis sûr, a tout mon amour et qui sera digne dans la vie des exemples qui lui auront été donnés. Elle a une grande tâche près de toi, mais elle saura aussi en être digne.

Quant à Michel[1], que je vais quitter sans le revoir, je ne doute pas de lui. Il va revenir de là-bas un homme et me remplacera. C'est, je le sais aussi, un être admirable; il restera digne de son passé. Embrasse mère comme tu sais que je l'aime.

Mon seul regret est celui de t'abandonner dans les conditions difficiles où tu te trouves. Je sais que tu penses que nous avons fait pour le mieux. Je te sais bien entourée et cela me tranquillise en ce moment suprême.

Tu m'as fait la plus belle vie que je pouvais rêver. Encore merci ! merci !

Merci à Simone, à Michel, à Maman.

Mon désir suprême est que notre Michel trouve à la maison L.U., près de ces messieurs, l'amitié prodiguée au grand-père et au père, et qu'il y trouve le bonheur dans le travail.

La peine que j'ai de te causer cet immense chagrin s'adoucit de la certitude que j'ai d'avoir fait mon possible pour te rendre heureuse. Notre bel amour va avoir une fin. Adieu mon aimée, je vais réaliser mon vœu, je vais mourir en soldat.

Votre mari, fils, père, frère, qui vous aime de toute son âme qui va le quitter et voler vers vous.

Vive la France !!

L. Jost.

---

1 Le fils de Léon Jost, Michel, prisonnier de guerre en Allemagne.

Trois heures s'écoulent entre la rédaction de cette lettre et l'instant où les prisonniers sont emmenés... Léon Jost, pensée toujours en éveil, entre des bribes de conversation, ajoute à son adieu quelques billets que, toujours précis, il numérote... (Michel Jost)

(1

Je n'ai malheureusement ni mes lunettes, ni mon stylo sur moi, aussi tu excuseras l'écriture.

Vivez unis et soyez assurés que nous avons été forts.

J'ai laissé toutes mes affaires dans la chambre, M. Krofpf et l'abbé Chauvat les rassembleront sans doute et tu retrouveras le tout.

(2

Tous mes livres de fabrication, qui pourront servir à Michel, sont dans le placard de la pièce près de mon bureau à l'usine. Ce placard est près d'un couloir. (…)

(3

Je ne peux pas nommer tout le monde à l'usine. Ma pensée va vers tous, MM. Michel Lefèvre-Utile, René Binet, Ernest Lefèvre, Louis Lefèvre-Utile, Druge, Martin, Coulon, Fourny, etc., etc., tous contremaîtres, contremaîtresses, employés, ouvriers, ouvrières.

Adieu aussi à tous mes camarades de l'UNMR[1]. Leur président sera mort au poste d'honneur.

(4

Je n'aurai pas le temps d'aller jusqu'au bout de mes mémoires. Tu les compléteras, comme je te l'ai demandé, pour les enfants, par le début. Pour le reste, tu as vécu ma vie. Elle fut tragique et j'étais marqué par le destin, mais nous nous sommes bien aimés, n'est-ce pas, ma grande chérie ? ...

Léon Jost naît à Nantes en 1884. Son père, Alfred Jost, est le fondé de pouvoir de la Biscuiterie Lefèvre-Utile (LU). Il fait des études secondaires au « grand lycée », aujourd'hui lycée Clemenceau,

[1] Union nationale des mutilés et réformés.

et obtient son baccalauréat en 1901. Sa carrière professionnelle commence en 1903 au service de la fabrication chez LU dont il devient rapidement le directeur. Mobilisé en 1914 au 65e régiment d'infanterie, il participe aux combats de la Somme. Grièvement blessé le 8 janvier 1915, il est amputé de la jambe gauche. La guerre finie, il se dévoue à la cause des anciens combattants et victimes de guerre, assumant dans leurs associations des responsabilités importantes aux plans régional, national et international. Ouvert à la jeunesse, il préside à la suite de son père la Société de secours mutuel des écoles laïques de Nantes et il oriente les activités du Comité d'entente vers les œuvres sociales et l'aide à l'enfance.

Dès la déclaration de guerre en septembre 1939, le Comité d'entente des Anciens combattants se mobilise pour l'aide aux soldats, à leur famille et aux pupilles de la Nation. Avec la défaite et l'occupation, les réfugiés affluent dans la région nantaise, où sont également internés des dizaines de milliers de prisonniers français et britanniques. Léon Jost, président du Comité départemental d'aide aux prisonniers depuis le 28 juillet 1940, multiplie les actions de solidarité en faveur de ces derniers : ravitaillement, aide sanitaire et médicale, mais aussi acheminement de courriers clandestins et mise en place de filières d'évasion vers l'Angleterre via Douarnenez.

Les 15-16 et le 21 janvier 1941, les Allemands arrêtent Léon Jost et plusieurs autres anciens combattants. Interné à la prison militaire des Rochettes, puis à la prison Lafayette, Jost est condamné à trois ans d'emprisonnement le 15 juillet par le conseil de guerre allemand. Il est fusillé le 22 octobre 1941 au stand de tir du Bêle, à Nantes, avec quinze autres otages[1].

Léon Jost avait reçu, au titre de la Première Guerre mondiale, la médaille militaire, la croix de guerre avec palmes et la Légion d'honneur (commandeur en 1939), et il recevra au titre de la Seconde Guerre mondiale, la croix de guerre 39-45 et la médaille de la Résistance.

---

[1] Sur les otages du 22 octobre 1941, voir *supra*, p. 67. Voir aussi la photographie de Léon Jost dans le cahier iconographique, n° 8.

Henri Barthélemy à son fils, à sa compagne
Châteaubriant, camp de Choisel (Loire-Inférieure[1])
22 octobre 1941

Châteaubriant, le 22 octobre 1941

Mon cher fils,

Avant de mourir, je t'envoie mes dernières pensées, qui seront pour toi. Rappelle-toi de ton père qui t'a tant aimé et qui va dans quelques instants aller rejoindre celle qui fut ta mère. Ne fais pas de misère à Yvonne qui a tous ses meubles à la maison. Encore une fois, mon cher fils, je t'embrasse. Ton père qui t'aime jusqu'à son dernier souffle.

Adieu, mon fils, adieu.

Barthélemy.

22 octobre 1941

Ma chère Yvonne,

Cette lettre est la dernière. Je vais mourir avec 29 camarades.
Je n'ai plus que quelques instants à vivre. Je garde jusqu'au bout un bon souvenir de toi. Aie du courage. J'en ai.

---

[1] Aujourd'hui Loire-Atlantique.

Nous avons combattu pour la bonne cause. Elle triomphera. Je t'embrasse. Mes meilleures pensées pour tous les amis. Adieu Yvonne.

Adieu.

Barthélemy.

À la suite de la lettre d'Henri Barthélemy, sa compagne Yvonne, internée au moment des faits, écrit ces quelques mots : un serment adressé à l'être cher disparu.

22-11-41

Mon Henri aimé, tu es délivré des misères où nous sommes encore et tu en es sorti par le chemin le plus glorieux. Hélas ! que je serais heureuse de finir de même.

Adieu, mon Henri.

Yvonne.

Que ton nom soit inscrit dans l'histoire et que ton corps repose en paix, mon grand.

Yvonne.

Sois sûr, mon grand, que si je sors d'ici, je prendrai moi-même la lutte sans hésiter pour que la bonne cause comme tu le dis « triomphe ». Ta dernière pensée m'y engage et j'irai sans peur. C'est juré !

Yvonne.

Né en 1894 à Longeron (Maine-et-Loire), Henri Barthélemy entre au lendemain de la Grande Guerre à la Compagnie des chemins de fer de l'État, comme ajusteur au dépôt de Niort. En 1932, il est nommé sous-chef de brigade au dépôt de Thouars. D'emblée, il adhère et milite à la CGT et à la SFIO, avant de rejoindre dès 1920 le Parti communiste, dont il sera un dirigeant connu à Thouars et dans sa région. Arrêté et interné en 1941 au camp de Choisel (Châteaubriant), il est fusillé par les Allemands à la carrière de La Sablière le 22 octobre 1941, avec vingt-six autres otages[1].

Désiré Granet à sa femme, à son fils
Châteaubriant, camp de Choisel (Loire-Inférieure[2])
22 octobre 1941

Mercredi 22 octobre 1941

Ma chère Yvonne,

Quand cette lettre te parviendra, tu auras appris l'horrible nouvelle. Dans un instant, je serai parti rejoindre ceux qui déjà sont tombés. Comme tu me l'as demandé, je suis courageux, je n'ai pas peur de la mort.

Ma chère Yvonne, pardonne-moi les petites choses que durant ma vie trop courte je t'ai fait subir, aime bien notre petit comme je l'aimais, fais-en un homme courageux et honnête, sois fidèle à ma mémoire.

---

[1] Voir, sur les otages du 22 octobre 1941, *supra*, p. 67, et, sur les fusillés de Châteaubriant, la note de l'abbé Moyon, *infra*, pp. 93-97.

[2] Aujourd'hui Loire-Atlantique.

Je pars en emportant la certitude que tu ne seras pas seule, mes amis et mes parents t'aideront à supporter la douleur qui te frappe. Ma pauvre chérie, je t'ai toujours aimée et dans quelques minutes un point final sera mis à mon existence.

Ma dernière pensée s'en va vers vous.

Je ne tremble pas, cette lettre est mal écrite parce que je l'écris le long d'un mur.

Allez ma petite Yvonne, sois courageuse comme je le suis, du courage et de la confiance en l'avenir. Nous sommes ici 27 qui dans un instant seront exécutés, leur courage à tous est magnifique.

Allez, ma petite Yvonne, embrasse une dernière fois tes parents pour moi, ainsi que les miens. Je t'embrasse une dernière fois.

Ton Dédé jusque la mort.

Une dernière pensée à tous les amis.

Mercredi 22 octobre 1941

Mon cher petit Raymond,

C'est fini, tu ne verras plus ton papa que tu aimais tant. Quelle cruelle douleur pour ton petit cœur d'enfant. Je sais que mon souvenir restera impérissable dans ta mémoire.

Avant de te quitter pour la dernière fois, je te demanderai de tenir la promesse que tu m'avais faite, apprends bien à l'école, aime bien ta mère qui m'a tant aimé et qui t'aime tant. Sois bien sage, c'est là ma dernière recommandation.

Tu es bien jeune, 11 ans, et tu n'as plus ton papa, console ta maman et dans la vie sois bien courageux et honnête

Allez, mon gars, une dernière fois je t'embrasse bien. Embrasse une dernière fois ta mère pour moi, te voilà grand, tu remplaceras ma mémoire auprès de ta mère.

Adieu mon gars.

Bons baisers de ton papa qui s'en va en t'envoyant sa dernière pensée.

D. Granet.

Désiré Granet naît en 1904 à Ivry-sur-Seine dans une famille de blanchisseurs. Entré à 16 ans dans la vie active, il fait mille métiers et s'engage à la fois à la Jeunesse communiste, dont il devient rapidement un des dirigeants à Ivry, et à la CGT, où il est secrétaire de la Fédération du papier carton. Il anime la grande grève de 1936 à Vitry-sur-Seine et entre au Conseil national économique[1]*. Mobilisé de septembre 1939 à août 1940, il participe à la campagne de France dans la DCA. Il revient ensuite à Vitry et joue un rôle important dans la constitution des Comités populaires*[2] *et dans la reconstruction des syndicats clandestins. Arrêté le 5 octobre 1940, il est interné successivement à Aincourt, à Fontevrault, à Clairvaux et enfin au camp de Choisel (Châteaubriant). Il refuse toute intervention en sa faveur de l'ex-syndicaliste Chassagne*[3]*, rallié à Vichy et devenu chef de cabinet du ministre de l'Intérieur Pierre Pucheu. Il est fusillé par les Allemands avec vingt-six autres otages à la carrière de La Sablière le 22 octobre 1941*[4]*. Son frère aîné, Eugène, né en 1901, agent de liaison radio du PCF clandestin, est également arrêté et déporté ; il meurt le 28 octobre 1944 au camp de concentration nazi de Dora-Mittelbau.*

---

[1] Conseil consultatif créé en 1925, réunissant des représentants de la société civile et rattaché directement à la présidence du Conseil.

[2] Sur les Comités populaires du PCF, voir *infra*, p. 348.

[3] Voir la lettre de Chassagne, *infra*, p. 82-83.

[4] Voir, sur les otages du 22 octobre 1941, *supra*, p. 67, et, *infra*, pp. 93-97.

Le Maire de Châteaubriant[1] à madame Granet
25 novembre 1941

Mairie de Châteaubriant, le 25 novembre 1941
Châteaubriant (Loire-Inférieure)

Le Maire de Châteaubriant à

Madame Granet
15, rue Mansart
Vitry (Seine)

OBJET

Madame,

J'apprends à l'instant, et je m'empresse de vous en informer, que le corps de Monsieur GRANET Désiré, fusillé à Châteaubriant le 22 octobre dernier, avec d'autres otages, a été inhumé par les services de l'Armée d'occupation dans le cimetière de RUFFIGNÉ (Loire-Inférieure)[2].

Les Autorités allemandes ont transmis les instructions suivantes et je vous en fais part :

1°)- Il est permis d'indiquer aux familles l'endroit où sont enterrés les otages fusillés.

2°)- Il est permis de fleurir les tombes et d'y déposer des couronnes.

---

1 Loire-Inférieure, aujourd'hui Loire-Atlantique.

2 Ruffigné, une des neuf communes des environs de Châteaubriant où sont enterrés trois par trois les vingt-sept otages fusillés à La Sablière.

3°)- Il est interdit de transférer les corps ainsi que d'apposer sur chaque tombe des plaques mentionnant le nom du défunt.

4°)- Tout pèlerinage ou manifestation est interdit.

5°)- Il est interdit d'enlever les plaques portant des numéros qui ont été apposés par les Autorités allemandes.

Aussitôt que le parquet de Châteaubriant aura pu, à l'aide des renseignements qu'il recueille à ce sujet, faire rendre par le Tribunal civil les jugements de constat de décès concernant les otages morts le 22 octobre 1941, ces jugements seront transcrits sur les registres de l'État civil de Châteaubriant et des extraits pourront être transmis aux familles en ayant fait la demande.

Avec mes sincères condoléances, veuillez agréer, Madame, l'expression de mes sentiments distingués.

Le Maire de Châteaubriant.

Le maire de Châteaubriant est le seul à présenter des condoléances à la veuve de Désiré Granet, ce à quoi il n'était nullement obligé. De même, il ne reprend pas l'ensemble des instructions allemandes relatives aux tombes des fusillés. Cette attitude de sympathie concorde avec celle rapportée dans les notes de l'abbé Moyon sur l'exécution du 22 octobre 1941[1].

---

[1] Voir *infra*, p. 93 *sq*.

G. P. Chassagne[1] à madame Granet
Paris – 6 décembre 1941

MINISTÈRE
DE L'INTÉRIEUR

ÉTAT FRANÇAIS

Paris, le 6 Décembre 1941

Madame V. A. GRANET
15, rue Mansard
VITRY S/ SEINE
(Seine)

Madame,

À la suite de la visite que vous m'avez faite, je me suis immédiatement enquis de savoir ce qu'étaient devenus les objets ainsi que les dernières correspondances de votre mari.

J'ai réussi à apprendre que ces objets et la correspondance avaient été remis par les soins des autorités allemandes et des autorités françaises aux bons soins de Monsieur le Préfet de la Seine.

Je sais, d'autre part, que ce qui vous concerne vous sera remis à la suite d'une convocation que vous allez recevoir des Services de la Préfecture.

[1] G. P. Chassagne, syndicaliste exclu de la CGT, est directeur de cabinet du ministre de l'Intérieur Pierre Pucheu. Ce dernier a dressé une liste dans laquelle les Allemands ont choisi la majorité des fusillés du 22 octobre 1941.

Veuillez, je vous prie, Madame, agréer l'assurance de mes sentiments distingués.

G. P. CHASSAGNE.

Feldkommandantur de Nantes à madame Granet
Nantes – 9 décembre 1941

FELDKOMMANDANTUR 518 NANTES, den 9 Dez. 1941
ABT. I C

Désiré Granet
15, rue Mautart
VITRY s. Seine

[texte en allemand[1]]

I. A.

Oberleutnant.

En réponse à votre lettre du 28 courant, la Kommandantur

En réponse à votre lettre du 28.10, la Kommandantur vous informe que votre mari, fusillé à Châteaubriant comme otage, le 22.10, a été enterré au cimetière de Russigne[2].

---

[1] La famille reçoit le texte en allemand et sa traduction en français. Seule cette dernière a été présentée ici.

[2] Ruffigné, voir *supra*, p. 80, note 2.

La demande faite pour entrer en possession de ses affaires a dû être entre-temps solutionnée par la Préfecture. Il ne peut pas être donné suite à la demande d'enlèvement du corps.

Guy Môquet à Odette, à sa famille
Châteaubriant, camp de Choisel (Loire-Inférieure[1])
22 octobre 1941

Ma petite Odette[2],

Je vais mourir avec 26 camarades, nous sommes courageux.
Ce que je regrette est de n'avoir pas eu ce que tu m'as promis.
Mille grosses caresses de ton camarade qui t'aime.

Guy.

Grosses bises à Marie et à toutes.
Mon dernier salut à Roger, Rino, (la famille) et Jean Mercier[3].

Lettre reproduite dans le cahier iconographique, n° 10.

---

[1] Aujourd'hui Loire-Atlantique.

[2] Odette Leclan, militante de l'Union des jeunes filles de France (UJFF), internée au camp de Choisel (Châteaubriant). Aujourd'hui Odette Nilès, présidente de l'Amicale Châteaubriant-Voves-Rouillé, à la suite de son époux, Maurice Nilès.

[3] Roger Semat, Rino Scolari et Jean Mercier: les trois amis de Guy Môquet, avec Jean-Pierre Timbaud. Lors de l'insurrection et de la libération de Paris, Rino Scolari, évadé, est un des adjoints du colonel Rol-Tanguy, commandant en chef des FFI en Île-de-France.

Châteaubriant, le 22 octobre 1941

Ma petite maman chérie,
Mon tout petit frère adoré,
Mon petit papa aimé,

Je vais mourir ! Ce que je vous demande, à toi en particulier petite maman, c'est d'être très courageuse. Je le suis et je veux l'être autant que ceux qui sont passés avant moi. Certes, j'aurais voulu vivre, mais ce que je souhaite de tout mon cœur, c'est que ma mort serve à quelque chose. Je n'ai pas eu le temps d'embrasser Jean. J'ai embrassé mes deux frères Roger et René[1]. Quant à mon véritable[2], je ne peux le faire, hélas ! j'espère que toutes mes affaires te seront renvoyées, elles pourront servir à Serge qui, je l'escompte, sera fier de les porter un jour.

À toi, petit papa, si je t'ai fait ainsi qu'à ma petite maman bien des peines, je te salue pour la dernière fois. Sache que j'ai fait de mon mieux pour suivre la voie que tu m'as tracée.

Un dernier adieu à tous mes amis, à mon frère que j'aime beaucoup, qu'il étudie, qu'il étudie bien pour être plus tard un homme.

17 ans et demie *(sic)*, ma vie a été courte, je n'ai aucun regret si ce n'est de vous quitter tous. Je vais mourir avec Tintin, Michels[3]. Maman, ce que je te demande, ce que je veux que tu me promettes, c'est d'être courageuse et de surmonter ta peine.

Je ne peux pas en mettre davantage, je vous quitte tous, toutes, toi maman, Séserge, papa, en vous embrassant de tout mon cœur d'enfant. Courage !

Votre Guy qui vous aime.

Guy.

---

[1] Jean Mercier, Roger Semat, Rino Scolari. Voir *supra*.

[2] Serge, le frère de Guy Môquet.

[3] Jean-Pierre Timbaud, ami de Guy Môquet (voir sa lettre *infra*, pp. 91-92.), et Charles Michels, trente-huit ans, député communiste de Paris, fusillés à La Sablière le 22 octobre 1941.

Lettre reproduite dans le cahier iconographique, nº 11.

Guy Môquet naît à Paris en 1924. Il poursuit des études secondaires au lycée Carnot lorsque surviennent la déclaration de guerre et l'internement de son père, Prosper Môquet, député communiste du 17e arrondissement de Paris. Militant de la Jeunesse communiste, il monte, dès l'été 1940, avec ses camarades des groupes d'impression, de distribution de tracts clandestins et de collage de papillons. Arrêté le 13 octobre 1940 à la gare de l'Est par la police française, il est interné à la Santé puis à Fresnes. Libéré le 24 janvier 1941, il est cependant gardé au dépôt puis transféré, comme interné administratif, à la Santé, à Clairvaux et enfin, en mai 1941, au camp de Choisel (Châteaubriant). Désigné comme otage le 22 octobre au matin, il est fusillé le même jour à la carrière de La Sablière, avec vingt-six autres otages[1].

Guy Môquet devient un symbole pour de nombreux groupes de Résistance. Louis Aragon lui consacre, sous son pseudonyme de « François la Colère », un chapitre du Témoin des martyrs, *brochure publiée clandestinement. Le poète dédie aussi* La Rose et le Réséda, *paru dans la clandestinité, à : « Gabriel Péri et Honoré d'Estienne d'Orves comme à Guy Môquet et Gilbert Dru ».*

---

[1] Sur les otages du 22 octobre 1941, voir *supra*, p. 67.

Prosper Môquet[1] à Guy
Maison-Carrée (Algérie) – 22 octobre 1941

EXPÉDITEUR
Mr Prosper Môquet
No 9013. Groupe pénitentiaire
De Maison-Carrée
Dépt d'Alger

DESTINATAIRE
Mr Guy Môquet
Interné politique
Camp de concentration de Choisel
Quartier politique
Châteaubriant
Loire-Inférieure

Le 9-10-41. Mon cher petit Guyguy, par ta maman j'ai de tes bonnes nouvelles. Je suis bien heureux que tu soies en bonne santé. Pour moi ça va toujours très bien. Je ne t'ai pas écrit dimanche dernier car je manquais de carte. Je ne reçois toujours rien de toi. J'en suis seulement à ta carte du 7-8. Je ne m'explique pas l'égarement de tes cartes. Enfin ! peut-être les recevrai-je un jour. J'espère que tu reçois toutes les miennes. Je t'écris tous les dimanches. Ici, toujours même vie. Les jours, hélas ! s'écoulent bien lentement. Je suis souvent bien mélancolique. Heureusement que je reçois assez fréquemment des nouvelles de ta petite maman chérie. Mais, hélas ! je ne reçois pas

[1] Député communiste du 17e arrondissement de Paris, père de Guy Môquet. Voir *supra*. Cette carte arrive au camp de Choisel après l'exécution de Guy. Elle est retournée à Prosper Môquet avec les mentions «Retour à l'envoyeur» et «Retour expéditeur».

toutes les cartes qu'elle m'envoie. Là encore, il y a égarement. Tous mes amis te donnent bien le bonjour. Amitiés de Barel, Lévy et Petit[1]. Je te quitte, avec la plume seulement, car par la pensée je suis sans cesse avec toi, ton petit frère et ta petite maman. Je t'embrasse bien tendrement. Ton petit papa. J'espère tu n'as pas froid. Ici ça fraîchit un peu.

Jean Poulmarch' à son épouse
Châteaubriant, camp de Choisel (Loire-Inférieure[2])
22 octobre 1941

Châteaubriant, le 22 octobre 1941

Ma petite Lolo chérie,

Je m'excuse de la peine immense que je vais te causer: je vais mourir. Otage des Allemands, dans quelques minutes, dans quelques heures au maximum, je vais être fusillé. Tu verras, hélas, dans la presse, la longue liste des copains qui, innocents comme moi, vont donner bêtement leur vie.

Du courage, j'en ai à revendre! Mes amis aussi sont admirables devant la mort. C'est surtout à toi que je veux m'adresser pour les tourments, la douleur infinie que cette nouvelle va te causer.

Sois forte, chérie. Tu es jeune encore, ne te laisse pas sombrer dans la tristesse et le découragement. Refais ta vie en gardant au cœur le souvenir impérissable de celui qui t'a aimée jusqu'à son

1 Députés communistes emprisonnés en Algérie, à Maison-Carrée, avec Prosper Môquet.
2 Aujourd'hui Loire-Atlantique.

dernier souffle. Élève notre fils chéri dans l'esprit qui fut celui de toute ma vie, qu'il devienne un homme libre, épris de justice, attaché à la défense des faibles, ce sera la meilleure vengeance.

Console mes parents chéris, ma maman et mon papa que j'ai aimés de mon mieux. Qu'ils soient forts devant l'adversité. Embrasse-les et mets tout ton cœur.

Pauvre Marguerite, pauvre Jeanne, je regrette le chagrin que je vais leur causer. Je les aimais bien et elles me le rendaient au mieux.

À tous, adresse mon salut; apporte-leur ma confiance inébranlable en la victoire prochaine. L'heure n'est plus aux pleurnicheries et à la passivité; l'heure est à la lutte impitoyable pour la libération de la France et de son peuple glorieux.

Jusqu'à ma mort, j'ai lutté. Je suis fier de ma vie et je ne doute pas que mon sacrifice, comme celui de mes camarades, ne soit pas vain.

Excuse-moi, j'écris sur mes genoux; mais ne crois pas que je tremble.

Chérie, encore une fois, si tu trouves un compagnon pour poursuivre ta vie, ton Jean n'hésite pas à te dire: «Prends-le!» Essuie tes pleurs; ressaisis-toi et poursuis ta vie courageusement.

Que notre Claude sache comment son père est mort et qu'il poursuive la route que son père a tracée.

Ma petite femme, je t'embrasse une dernière fois. Que mes baisers soient les plus ardents, qu'ils soient le témoignage de mon attachement dernier.

Embrasse encore papa, maman, Marguerite, Jeanne, notre pauvre chéri, ta brave et admirable maman; embrasse René, Suzanne, Jacqueline, Lise et tous les amis qui nous sont chers.

Adieu, pauvre petite, mais courage, courage. Ton mari tombera la tête haute, le cœur solide, confiant dans l'avenir de bonheur qui régnera dans le monde.

Vive le communisme;
Vive la France libre, forte et heureuse.

Jean.

Jean Poulmarch' naît à Paris (Seine) en 1910, dans une famille de cheminots d'origine bretonne. Entré dans les chemins de fer après l'obtention de son brevet, il adhère très jeune à la CGTU et à la Jeunesse communiste, devenant membre de son comité central en 1936. À partir de 1938, il est secrétaire général du syndicat CGT des produits chimiques de la région parisienne. Il appartient également, de 1936 à 1940, au Conseil national économique[1]*. La déclaration de guerre, en septembre 1939, le trouve à Constantine, où il est mobilisé. Libéré de ses obligations militaires un an plus tard, il rentre clandestinement en métropole, à Ivry-sur-Seine, où il participe à la constitution des Comités populaires*[2] *et à l'organisation des syndicats clandestins. Arrêté le 5 octobre 1940, il est interné successivement à Aincourt, à Fontevrault, à Clairvaux puis au camp de Choisel (Châteaubriant). Il est fusillé à la carrière de La Sablière le 22 octobre 1941 avec vingt-six autres otages*[3]*.*

---

1 Voir *supra*, p. 79, note 1.
2 Sur les Comités populaires, voir *infra*, p. 348.
3 Sur les otages du 22 octobre 1941, *supra*, p. 67.

Jean-Pierre Timbaud à sa femme et à sa fille Jacqueline[1]
Châteaubriant, camp de Choisel (Loire-Inférieure[2])
22 octobre 1941

Le 22 octobre 1941

Mes deux gran amours sait la derniere lettre que je vous ecrit, je vait etre fusillé dan quelque instant mai cheri ma main ne tremble pas je suis un honnette travailleur sait vous deux qui ettes a plaindre il vous faudra surmonté se grand malheur soyet courageuse come je le suis. Toute ma vie jais combattue pour une humanité mailleure jais le grandes confiance que vous verait reailse mon rêve ma mort aura servie a quelque choses mai derniere pensée serront tout d abord a vous deux mes deux amours de ma vie et puis au grand ideau de ma vie. Au revoire me deux chere amours de ma vi~~vre~~[3] du courage vous me le juré vive la France vive le proletariat international.

encore une fois tan que jai la force de la faire des million de baiser celui qui vous adore pour l'éternité.

Timbaud.

ci join 500 fran que javai ~~pour~~[3] sur moi il vous serviront un million de baisés.

Pierrot.

[1] Nous avons choisi de conserver l'orthographe phonétique de cette lettre.
[2] Aujourd'hui Loire-Atlantique.
[3] Barré dans le texte original.

Lettre reproduite dans le cahier iconographique, n° 12.

Jean-Pierre Timbaud est né en 1904 à Payzac (Dordogne), d'un père représentant en papier pour viande de boucherie et d'une mère ouvrière à domicile. Il grandit dans son village natal, élevé par sa grand-mère paternelle. Il participe aux travaux de la ferme et ne sera presque jamais scolarisé. À douze ans, il entre en usine à Decazeville comme apprenti fondeur. Quand sa famille se réinstalle à Paris, à la fin de la Grande Guerre, Jean-Pierre poursuit sa formation professionnelle, d'abord dans une fonderie du 11e arrondissement, puis dans une fonderie d'art du Marais. Ouvrier syndiqué et militant communiste, il est dès 1930 l'un des principaux dirigeants en région parisienne de la Fédération CGTU puis CGT des travailleurs de la métallurgie. En 1937, il conduit en Espagne une délégation de métallurgistes, qui apporte les fonds recueillis dans les usines parisiennes lors d'une campagne de solidarité avec l'Espagne républicaine. Mobilisé en 1939 au camp de Mourmelon, il participe à la campagne de France. À l'été 1940, après sa démobilisation, il rentre à Paris. En compagnie notamment d'Eugène Hénaff et d'André Tollet, il impulse la création des Comités populaires[1] *et la diffusion de* La Vie Ouvrière *clandestine. Arrêté le 18 octobre 1940, il est interné successivement à Aincourt, à Fontevrault, à Clairvaux, et enfin au camp de Choisel (Châteaubriant) le 14 mai 1941. Il est fusillé avec vingt-six autres otages à la carrière de La Sablière le 22 octobre 1941*[2]*.*

---

[1] Sur les Comités populaires, voir *infra*, p. 348.

[2] Sur les otages du 22 octobre 1941, voir *supra*, p. 67.

Abbé Moyon, curé de Béré
Béré de Châteaubriant (Loire-Inférieure[1]) – Fin octobre 1941

Note prise par Monsieur l'abbé Moyon sur la fusillade des 27 otages du 22 octobre 1941.

La fusillade des 27 otages pris dans le camp de Choisel à Châteaubriant.

Le 22 octobre 1941 restera une date mémorable dans les annales de la ville de Châteaubriant et dans le souvenir des Castelbriantais qui ont vécu cette journée faite de stupeur, de profonde pitié et dégoût devant la barbarie et l'incompréhension allemandes.

Pour une plus grande précision dans mes souvenirs personnels, je classerai les faits par catégories :

Circonstances de temps :

Ce fut par une belle journée d'automne. La température était particulièrement douce, un beau soleil brillait depuis le matin. Chacun de la ville se livrait à ses occupations habituelles. Il y avait grande animation dans la cité, puisque c'était mercredi, jour de marché. La population savait, par les journaux et par les renseignements venus de Nantes, qu'un officier supérieur allemand avait été tué dans une rue de Nantes, mais se refusait à penser que des représailles aussi féroces et aussi étendues fussent appliquées. Au camp de Choisel, des autorités allemandes avaient, depuis quelques jours, mis dans un baraquement spécial un certain nombre d'hommes qui devaient servir d'otages en cas de difficultés particulières. C'est parmi ces hommes que furent pris ceux qui devaient être fusillés dans cette soirée du 22 octobre 1941.

---

[1] Aujourd'hui Loire-Atlantique.

Monsieur le Curé de Béré achevait de déjeuner quand se présente à lui Monsieur Moreau, chef du camp de Choisel. En quelques mots celui-ci explique le but de sa visite. Délégué par Monsieur Lecornu, sous-préfet de Châteaubriant, il venait faire savoir que 27 hommes pris parmi les prisonniers politiques de Choisel allaient être exécutés dans l'après-midi, et il demandait à Monsieur le Curé de se rendre immédiatement près d'eux pour les assister dans cette heure particulièrement dramatique. Monsieur le Curé se déclara prêt à accomplir cette mission délicate et pénible ; de ce fait, il se rendit près des prisonniers sans plus tarder.

Arrivée dans le camp :

Quand Monsieur le Curé se présenta pour remplir son ministère, Monsieur le sous-préfet se trouvait au milieu des condamnés, il venait pour faire savoir l'horrible sort qui leur était réservé, les engageant sans plus tarder à écrire les lettres d'adieu aux familles. C'est dans ces circonstances que Monsieur le Curé de Béré se présenta à l'entrée du baraquement.

Devant le baraquement se tenait une ligne de soldats allemands, l'arme aux pieds ; autour du baraquement il y avait un cordon de gendarmes français éloignés les uns des autres de six mètres environ. Les condamnés étaient tous occupés à écrire leurs lettres, les uns écrivant sur les quelques bancs placés dans la salle, les autres écrivant le long des cloisons du baraquement.

Le premier mouvement des prisonniers marqua de l'étonnement. Un prêtre se présentait à eux, donc ils allaient mourir sans trop tarder. Monsieur le Curé saisit tout le sens de cet étonnement. Il s'avança vers les prisonniers, demanda quelques moments de silence, et dit tout de suite la déclaration suivante : « Les amis, je ne viens point ici faire violence à vos consciences et vos mentalités. Je suis prêtre, c'est certain. Si quelques-uns d'entre vous veulent utiliser mon ministère, je suis entièrement à votre disposition, mais je tiens par-dessus tout à vous dire que je viens partager vos dernières heures, vous aider à faire le grand sacrifice qu'on exige de vous, vous encourager à mourir comme des Français doivent mourir. Montrez à ceux qui vont vous exécuter tout le courage dont vous êtes capables. J'ajoute enfin que je suis aussi près de vous le représentant des Castelbriantais.

Je vous apporte le témoignage de leur profonde sympathie, de leur affectueux souvenir. Quant à moi, je veux vous dire que je suis votre ami, plus que cela, votre frère dans l'amour de la patrie. Je suis à votre entière disposition pour recevoir vos lettres, vos commissions, vos dernières recommandations.»

À peine ces mots étaient-ils prononcés que des «mercis» jaillirent des lèvres. Chacun s'empressa à finir sa lettre pour me la remettre. Tour à tour, les condamnés s'approchèrent, me disant leur situation sociale, leur situation de famille. Je revois encore Monsieur Timbaud donnant le bras au jeune Môcquet[1], j'ai devant les yeux le beau visage de jeune homme de dix-sept ans, j'entends la déclaration de ce grand garçon me disant: «Je laisserai mon souvenir à l'histoire car je suis le plus jeune des condamnés.» Je vois devant moi le brave père de Barthélemy[2] me parlant de son fils, cheminot à Caen. J'entends Monsieur Auffray me parlant de sa femme aimée et de ses quatre enfants, Monsieur Michel se présenta à moi comme un député destitué[3]. Un ancien médecin-major[4] portant sa tenue militaire me confia ses commissions pour sa femme et me dit le grand deuil qu'il venait de subir dans son petit garçon survenu un mois plus tôt. C'est ainsi que j'ai passé trois quarts d'heure avec les condamnés.

À leur tour, ces hommes voulurent me faire une déclaration générale que j'écoutai avec soin: «Monsieur le Curé, me dirent-ils, nous n'avons pas vos convictions religieuses, mais nous nous rejoignons dans l'amour de la Patrie. Nous allons mourir pour la France. C'est à elle que nous faisons le don de notre vie. Nous voulons mourir pour que le peuple de France soit plus heureux. Notre sacrifice ne sera pas inutile, nous le savons, un jour il produira ses fruits. Au commencement de l'Église, vous avez eu vos martyrs, nous ferons du bien comme les martyrs chrétiens.»

Comme conclusion à ces mots, une vibrante Marseillaise jaillit. Monsieur Auffray prit alors la parole et dit à ses compagnons: «Il faut que nous prenions nos dispositions pour mourir, nous

---

[1] Voir *supra* les lettres de Jean-Pierre Timbaud et de Guy Môquet, p. 91 *sq*. et p. 84 *sq*.

[2] Voir *supra* la lettre d'Henri Barthélemy, p. 75 *sq*.

[3] Jules Auffret, trente-neuf ans, et le député communiste Charles Michels, trente-huit ans.

[4] Maurice Ténine, trente-quatre ans.

refuserons tous de nous faire bander les yeux, nous crierons: “Vive la France.” » «Mort à Hitler» ajouta l'un d'eux.

Je les félicitais pour leur beau courage. Dans leur désir de connaître quelque chose de leur avenir immédiat, quelques hommes me demandèrent si je savais la cause de leur condamnation, si je connaissais le temps et le lieu de leur exécution. Je répondis: «Je n'ai aucune précision au sujet de ces choses.» Mon intention était de laisser ces malheureux concitoyens dans un calme relatif pour la conservation de leur belle énergie.

Départ pour l'exécution:

Tout à coup, un bruit de voitures automobiles se fit entendre, la porte que j'avais fait fermer dès le début pour être plus nous-mêmes s'ouvrit brusquement. Des gendarmes français se présentaient porteurs de menottes. Un officier allemand survint. C'était en réalité un aumônier militaire. Il me dit: «Monsieur le Curé, votre mission est terminée, il faut vous retirer tout de suite.»

Alors, me retournant vers les condamnés, je leur dis: «Mes amis, je suis le représentant de toutes vos familles, permettez-moi de vous dire adieu en leur nom. Si vous le voulez bien, je vais vous serrer la main à tous», alors tous vinrent à moi. Une cordiale poignée de main fut échangée de part et d'autre, pendant que je sentais dans mon cœur une profonde pitié et un grand amour fraternel. Dans cette ultime circonstance, j'ai vraiment aimé ces hommes pour ceux qui devaient les aimer sur cette terre. Je n'assistai pas à la pose des menottes. Je me rendis près du chef du camp français. Tous les hommes du camp étaient enfermés dans les baraquements. Une vibrante Marseillaise s'entonnait de toutes parts. Les condamnés, en quelques minutes, furent placés dans les voitures. Ils chantaient eux aussi la Marseillaise. Ils ajoutèrent le Chant du Départ et l'Internationale.

Quand le convoi se mit en mouvement, je pris la tête des voitures, voulant autant que possible continuer mon assistance aux chers condamnés.

Mais bientôt, les voitures me dépassèrent pendant que des chants continuaient.

La carrière où eut lieu l'exécution fut absolument interdite à tous les Français. Je sais seulement que les condamnés furent exécutés en trois groupes de neuf hommes, que tous les fusillés refusèrent d'avoir les yeux bandés, que le jeune Môcquet tomba privé de ses sens et que le dernier cri jailli des lèvres de ces héros fut un ardent « Vive la France ».

À toutes les familles qui sont venues me voir, j'ai dit tout ce que je savais de leurs chers disparus. J'ai témoigné ma fraternelle et profonde sympathie et je continue de réaliser ce qu'un fusillé m'a dit : « Monsieur le Curé, quand vous nous aurez quittés tout à l'heure, vous prierez pour nous. » C'est là que je rejoins surtout ceux qui ne sont plus ici-bas.

Puisse, grâce à leur héroïque sacrifice, la France devenir belle et forte, rester unie pour son bonheur et celui du monde.

A. Moyon, Curé de Béré-en-Châteaubriant.

Paul Keller à sa femme, à son fils, à sa belle-fille et au beau-père de son fils. Paris, prison du Cherche-Midi – 24 octobre 1941

Paris, Cherche-Midi, vendredi 24-10-1941

Ma chère Mimie,
Mon cher Pierre,
Ma chère Francette,
Mon Colonel,

Le recours en grâce est rejeté, je vais mourir tout à l'heure. Je mourrai en Français, en bon chrétien.

J'ai confessé et communié.

Aimez-vous toujours comme je vous aime de tout mon cœur, de toute mon âme.

Soyez toujours unis.

À toute notre famille, à tous nos amis, j'adresse mon affectueux adieu.

Je vous embrasse tendrement, je vous presse sur mon cœur, je demande pardon à Dieu, à vous, à mon prochain.

Faites prier pour moi, pour tous mes parents, je prie pour eux et pour vous.

Je vous aime et vous embrasse de tout mon cœur. S'il vous est possible de faire transporter mon corps en Lorraine, vous le ferez afin qu'il repose auprès de vous.

Demandez à Albert d'aller au Cherche-Midi y chercher argent et bagages.

P. Keller.

Je vais à la mort, je suis courageux. Je vous embrasse, je vous aime, que Dieu vous protège.

Paul Keller, né en 1887, notaire, est fusillé le 24 octobre 1941 au mont Valérien.

Félicien Joly à sa famille et à ses camarades
Prison de Loos-lès-Lille (Nord) – 15 novembre 1941

Mes chers parents, mes chers amis[1].

Mes chers camarades de lutte et d'avoir espoir,
J'espère que cette lettre vous parviendra sans tomber sous les yeux d'autrui. Nous sommes condamnés à mort à cinq, mais j'espère obtenir la grâce car j'ai écrit au commandant suprême des armées allemandes. Maurice a trahi la cause pour laquelle nous avions juré de sacrifier notre vie s'il le fallait. Il a donné les adresses de nombreux camarades. Ainsi, il a dit: «Il ne faut pas arrêter Gary pour le moment.» Pas mal de copains de ce fait vont donc être connus. S'ils ne sont pas arrêtés, ils doivent fuir immédiatement. Les responsables pour Denain, Valenciennes doivent prendre de nombreuses précautions. Les dépôts doivent être changés.

Les camarades doivent observer s'ils ne sont pas pistés.

Faites pour le mieux pour que la lutte continue et bientôt nous aurons la victoire.

Bien le bonjour à tous. Bon courage. Si je suis gracié, j'espère vous revoir bientôt.

---

[1] Message parvenu clandestinement à la famille de Félicien Joly.

Loos, 15 Novembre 1941

À tous ceux qui me sont chers, À mes parents, à mes sœurs, à Célesta,

Cette lettre est la dernière que je vous écris, Elle vous parviendra après ma mort et elle va éveiller en vous de douloureux souvenirs. J'ai de la peine à vous écrire.

Je suis resté avec mes camarades jusqu'au bout. J'aurais pu fuir à Anzin où j'ai été seul dans le bureau avec une bicyclette à la porte; j'aurais pu fuir à Loos pendant la visite, je ne l'ai pas fait. J'aurais pu sauver ma vie en accusant mes camarades ou mon ami, je ne l'ai pas fait. Je ne suis pas un lâche; j'ai accepté la peine infligée et je vais mourir. Papa et maman, ne me pleurez pas, soyez fiers de moi au contraire.

Mes sœurs, ne m'oubliez pas. Célesta, j'ai vu un prêtre, non pour recevoir un baptême, mais pour qu'il répète de vive voix ce que je t'ai écrit. Il faut que tu vives et que tu sois heureuse. Je le veux. Si plus tard il t'arrivait des déboires, si tu avais de la peine, songe à moi, songe à celui qui t'a aimée en silence, parce qu'il aimait au-dessus de tout la femme idéale pour laquelle il va mourir. Il a été très dur pour moi de t'accepter dans ma vie. Rappelle-toi ce premier mardi, le 9 ou le 10 Septembre. Rappelle-toi que j'ai presque pleuré de me lier à quelque chose de matériel. Rappelle-toi ce que je t'ai dit du pacte avec Maurice, ce pacte que j'ai tenu malgré ta présence. Que dire, j'ai puisé en toi de nouvelles forces. Je voulais que toute l'humanité soit heureuse pour que tu le sois aussi. Notre beau rêve va s'achever. Je vais retrouver dans la tombe celle que j'ai aimée d'une manière un peu mystique. Je revois en me reportant sept années en arrière cette figure pâle quelque temps après la mort de son père. Je te revois aussi dans le train en gare de Somain le jour où je t'ai tiré les cheveux et où tu m'as giflé. Je te revois le 9 Décembre 1938 où je t'ai reconduite chez toi et enfin le 6 Septembre dernier, et le 16 où nous nous sommes vus pour la dernière fois. Notre rêve avait duré dix jours après avoir été en puissance pendant plus de trois ans. Il est dur de rappeler des paroles malheureuses, mais te souviens-tu le 9 Décembre 1938 : huit à quinze jours comme les autres, pas davantage. Prophétie qui me tue, qui tua notre avenir. Je ne voulais pas regarder le passé. Ne le regarde pas. Vois l'avenir en face, radieux, sûr.

Tu seras heureuse et je serai l'artisan de ton bonheur. Ne pleure pas, car je ne pleure pas au moment où j'écris ces lignes, malgré que je retienne mes larmes. Je meurs jeune, très jeune, il y a quelque chose qui ne meurt pas, c'est mon rêve. Jamais comme à ce moment il ne m'est apparu plus lucide, plus somptueux, plus près de nous enfin. Il y a quelques années, j'ai eu en moi ce sentiment que je ne le verrais pas, mais qu'il se réaliserait très vite après ma mort. L'heure de mon sacrifice est venue, l'heure de sa réalisation approche.

Il m'est dur maintenant de continuer ma lettre, ma main ne tremble pas mais mon cœur est lourd. Je sais trop la peine que je vous fais. Je crains pour la vie de maman, de grand-mère, de Dorothée. Soyez bien forts comme je le suis, comme je le serai dans quelques heures quand les balles me frapperont. Il n'y a point de haine dans mon cœur. J'ai vu des larmes dans les yeux des soldats allemands qui nous gardent. Je sais aujourd'hui qu'ils haïssent la guerre. Je sais que nous pouvons compter sur l'Allemagne.

Salut aux nobles fils de la noble Allemagne.
Salut aux fils de Goethe, aux frères de Werther.
Salut aux ouvriers des villes et des campagnes.

Ces vers sont sténographiés sur un de mes bouquins. Garde-les en souvenir de moi.

En partant lors de mon arrestation, j'ai dit à ma mère que je laissais ma montre à Célesta. J'espère que ma parole sera tenue. Essayez d'avoir mon portefeuille, il y a des photos. Je te laisse la grande que je ne puis dédicacer. Je n'ai pas reçu la tienne. Est-ce que tu souriais au moins ?

Tu sais, j'aurais voulu te voir toujours souriante, il faut que tu le sois, même en ce moment où tu lis ces lignes qui sont comme un fer rouge dans ton cœur. Souris quand même dans la peine. Je vais rire de la mort, car je ne vais pas mourir, on ne va pas me tuer, on va me faire vivre éternellement. Sois fière d'avoir été ma fiancée de quelques jours. Continue d'aller chez moi, remplace-moi auprès de ma mère et écoute les conseils que pourrait te donner mon père. Ils sont judicieux ; suis-les.

Quand de nouveau la vie reprendra en toi, quand son rythme aura dépassé le rythme de mon souvenir, songe une dernière fois à moi et tourne-toi délibérément vers l'avenir ; sois heureuse dans les bras d'un autre et ne pleure pas de notre souvenir du 16 Septembre.

Ma lettre se termine, l'heure tourne, même plus trois heures me séparent de la mort. Ma vie va s'achever. Le soleil de novembre brille clair dans le ciel de Flandre. Bientôt le rude hiver viendra. Bientôt aussi un bonheur auquel j'aspirais.

Essayez d'avoir mes deux carnets de notes. Sur la couverture de l'un, il y a une phrase de Gorki, c'est pour Maurice ; en juillet-août 1940, il y a une phrase : « Je n'ai pas le droit d'aimer » : je la laisse à Marguerite X... Sur la couverture de 1941, une phrase de Nietzsche : « Toujours plus haut je veux monter. » Je la laisse à tous les jeunes épris d'idéalisme. À tous je laisse mon souvenir vivace, mon nom va sonner après ma mort, non comme un glas, mais comme une envolée d'espoir.

Félicien Joly.

Félicien Joly naît en 1919 à Escaudain (Nord), dans une famille d'ouvriers, militants syndicalistes, socialistes puis communistes. Sa famille le pousse à poursuivre des études pour devenir instituteur. Trésorier puis secrétaire du groupe de la Jeunesse communiste d'Escaudain, il est aussi un des responsables du cercle laïque. En 1939, alors qu'il prépare le brevet supérieur à l'école primaire supérieure de Valenciennes, il organise la protestation des élèves contre la révocation de leur professeur de pédagogie et de philosophie. Peu après, il est arrêté et condamné pour distribution de tracts. Dès septembre 1940, contacté par Martha Desrumeaux, il participe à la reconstruction du PCF clandestin dans sa région. Avec les frères Martel, Eusebio Ferrari, Jules Bridoux et René Denys, il fait partie des premiers groupes de l'Organisation spéciale[1]*. Leur activité, très importante, s'étend à l'aide aux mineurs lors des mouvements revendicatifs de l'été 1940, à la distribution de tracts clandestins, au vol et à la fabrication d'engins explosifs ; ils mènent cinquante opérations de sabotage et de destruction du matériel de production et des voies ferrées.*

Arrêté le 18 septembre 1941, Félicien Joly est torturé à Valenciennes, puis interné à la prison de Loos-lès-Lille. Il est condamné à mort le 30 octobre. Le 16 novembre 1941, il est fusillé par les Allemands, à la citadelle de Lille, avec cinq de ses camarades.

Louis Buchmann à sa famille
Paris, prison du Cherche-Midi – 4 décembre 1941

Prison du Cherche-Midi, 70 GII, Paris, le 4 décembre 1941

Chère Suzanne, Chère Famille,

C'est avec le plus grand regret que je vous écris ces derniers mots, car nous venons d'apprendre que nous serions fusillés à 16 h. Je vous recommande de rester calmes.

Malgré que je n'y suis pour rien, je pars la conscience tranquille et je vous souhaite bon courage à tous.

---

[1] Une des organisations du PCF. Voir *infra*, p. 351.

Vous réclamerez mes affaires à la prison.

Louis Buchmann.

Adieu.

Il vous sera possible de réclamer mon corps. Il sera enterré au cimetière d'Ivry.

Bon courage.

Buchmann.
4, place des Vosges, 4e arrondissement.

Louis Buchmann, né à Bethemy (Marne) en 1896, est policier à Paris. Condamné à mort le 2 novembre 1941 pour « trafic d'armes », il est fusillé le 4 décembre au mont Valérien.

Robert Busillet à sa famille
Prison de Fresnes (Seine[1]) – 10 décembre 1941

Fresnes, le 10-12-1941

Ma Maman chérie,

Adieu, je vais mourir; oui, je sais, à 4 heures je vais être fusillé, on vient de me l'annoncer et déjà, ce matin, je l'avais deviné.

---

[1] Aujourd'hui Val-de-Marne.

Si tu savais comme je suis calme, maman chérie. Dieu est avec moi. Oh ! qu'il te donne des jours, toi qui as tant souffert ; encore un calvaire horrible à traverser. Mais, courage, je vais venir bientôt te chercher, et là-haut, tous les trois, nous serons heureux.

J'aurais tant voulu te revoir et t'embrasser encore une fois, mais hélas ! Oh ! que je te plains, ma petite maman. Moi, je vais rejoindre papa. Il y a longtemps que j'avais le pressentiment de mourir jeune. Cette fois, mon heure a sonné, à 4 heures je serai avec Dieu, il me semble qu'il m'appelle et qu'il me dit « mon petit, viens ! »

La guerre nous aura tués, papa et moi, mais je t'en conjure, mamiou chérie, c'est ton fils qui va mourir qui te le demande, ne te révolte pas contre Dieu, soumets-toi, nous nous reverrons bientôt dans un monde meilleur.

Je vais prendre toutes vos photos avec moi sur ma poitrine, elles m'accompagneront dans mon cercueil.

En mourant, je prononcerai ton nom, ma chérie, je t'ai tant aimée. Je meurs pour mon papa et pour mon Dieu.

Courage, maman chérie, et reçois les derniers baisers de ton petit.

Robert.

PS. : Je te donne cette aile de papillon en souvenir de moi. À bientôt, courage.

Mes chers grands-parents, ma petite Maïté[1],

Je viens vous dire à vous aussi adieu, à 4 h, je vais être fusillé. Ah ! comme je vous aimais tous et comme je sais que ça va vous être dur.

Ma petite Maïté, je te donne un devoir sacré : ta mère et tes grands-parents ; veille sur elle, elle n'en a plus non plus pour longtemps à vivre. Priez Dieu qu'il ait pitié d'elle, moi, bientôt j'aurai fini de souffrir.

Pardonnez-moi, mais je ne puis vous écrire plus : j'ai un grand courage, mais [je suis] un peu énervé.

---

[1] Marie-Thérèse, la sœur de Robert Busillet.

Je ne verrai pas Noël sur terre, mais je serai avec le Christ. J'ai été mis sur terre pour souffrir et j'ai vraiment souffert, mais Dieu est bon et il m'aide.

Adieu, tous mes baisers à vous et aux tantes et oncle.

Je lègue à Marie-Thérèse ce que j'ai en banque pour quand elle se mariera. Si elle a un fils, qu'elle l'appelle Robert, en souvenir de son frère qui l'aimait tant.

Je désirerais être enterré avec mon père.

Ces quelques mots ont été remis plus tard à la famille par un camarade de prison.

Je meurs fusillé sans preuves. Je meurs pour mon pays, car j'ai voulu conserver mon honneur. Que notre sacrifice ne soit pas vain. Je meurs, car je n'ai pas voulu trahir.

Mes camarades, adieu.

Et vive la France.

Des jours meilleurs viendront pour la France.

Robert Busillet est né à Port-Launay (Finistère) en 1922. Il appartient au « groupe Élie », un réseau gaulliste de renseignements et de sabotage, agissant en priorité à l'arsenal de Brest. En mai 1941, trente-huit membres du groupe sont arrêtés et transférés à Fresnes. Onze d'entre eux sont condamnés à mort le 23 novembre 1941, comme francs-tireurs et espions. Parmi eux, Louis Élie, le chef de réseau, Roger Ogor et Robert Busillet. Ils sont fusillés au mont Valérien le 10 décembre. En signe de protestation, les ouvriers de l'arsenal déclenchent une grève – il y en eut trois autres pendant l'Occupation : après l'exécution des otages de Châteaubriant en octobre 1941, après l'arrestation de l'ingénieur en chef Lucas, et le 14 juillet 1942.

Gabriel Péri à Odette Moreau, son avocate
Paris, prison du Cherche-Midi – 14 décembre 1941

Dimanche 20 heures

Très chère Amie,

L'aumônier du Cherche-Midi vient de m'annoncer que je serai, tout à l'heure, fusillé comme otage. Ce sera le dernier chapitre du grand roman de cette époque.

Grande amie, veuillez recevoir le dépôt de quelques volontés somme toute sacrées.

C'est vous qui annoncerez à Mathilde[1] que je suis mort la tête haute. Dites-lui que j'ai eu un repentir : celui de ne lui avoir pas toujours fait la vie sérieuse qu'elle méritait. Mais dites-lui de porter fièrement le voile de veuve.

Qu'elle élève ma petite nièce dans l'esprit où son oncle a vécu.

Voyez très rapidement mon amie[2]. Qu'elle soit la dépositaire intellectuelle de ma mémoire comme elle a été ma grande conseillère. Je la supplie de me continuer.

Je vous supplie de réclamer au Cherche-Midi les affaires que j'ai laissées. Peut-être quelques-uns de mes papiers serviront-ils à ma mémoire. Que mes amis sachent que je suis resté fidèle à l'idéal de toute ma vie ; que mes compatriotes sachent que je vais mourir pour que vive la France. Une dernière fois, j'ai fait mon examen de

---

[1] Mathilde Péri, née Taurynia, épouse de Gabriel Péri et belle-sœur d'André Marty (un des principaux dirigeants du PCF). Elle est internée au camp de Rieucros. Déléguée à l'Assemblée consultative provisoire à la Libération, puis aux deux Constituantes en 1945-1946, elle est députée de Seine-et-Oise de 1946 à 1958. Vice-présidente de l'Assemblée nationale en 1946-1947. Jusqu'à son décès en 1981, elle préside l'Association des familles de fusillés.

[2] Sofia Jancu, journaliste communiste et compagne de Gabriel Péri.

conscience : il est très positif. C'est cela que je voudrais que vous répétiez autour de vous. J'irais dans la même voie si j'avais à recommencer ma vie.

J'ai souvent pensé, cette nuit, à ce que mon cher Paul Vaillant-Couturier[1] disait avec tant de raison, que le communisme était la jeunesse du monde et qu'il préparait des lendemains qui chantent.

Je vais préparer tout à l'heure des lendemains qui chantent.

Sans doute est-ce parce que Marcel Cachin[2] a été mon maître que je me sens fort pour affronter la mort.

Adieu et que vive la France.

Gabriel.

Gabriel Péri naît en 1902 à Toulon (Var), dans une famille aisée d'origine corse. Après des études classiques brillantes au lycée Thiers de Marseille, il est conduit par des revers familiaux à entrer dans le monde du travail. Embauché dans une société de navigation comme secrétaire du conseil d'administration, il s'engage aux Jeunesses socialistes dès 1917, puis, après le congrès de Tours (1920), aux Jeunesses communistes. Il en devient rapidement secrétaire régional, puis secrétaire national et responsable du journal L'Avant-Garde. *Il entre en 1924 à la direction nationale du PCF et à la rédaction de* L'Humanité, *dont il assume la rubrique « vie internationale »*

---

[1] Paul Vaillant-Couturier (1892-1937). Écrivain et journaliste, un des fondateurs avec Henri Barbusse de l'Association républicaine des anciens combattants, à la fin de la Première Guerre mondiale. Membre du PCF dès sa fondation, député de Villejuif, il est rédacteur en chef de *L'Humanité* à partir de 1928. Sa femme, Marie-Claude Vaillant-Couturier, née en 1912, est elle aussi journaliste et dirige avec Danielle Casanova l'Union des jeunes filles de France (UJFF). Résistante, elle est arrêtée en février 1942, déportée à Auschwitz-Birkenau le 24 janvier 1943 dans le convoi dit «des 31000» (d'après la tranche du numéro matricule tatoué à l'arrivée au camp). Transférée ensuite à Ravensbrück, elle survit et sera la seule femme témoin à charge au procès des dirigeants nazis à Nuremberg.

[2] Marcel Cachin (1869-1958). Journaliste et militant de la SFIO, il est le chef de file de la fraction majoritaire, favorable à l'adhésion à l'Internationale communiste, lors du congrès de Tours (1920). Il devient par la suite l'un des dirigeants charismatiques du PCF, sénateur et directeur de *L'Humanité*.

jusqu'en 1939. En 1932, le désistement des listes radicale et socialiste en sa faveur permet son élection comme député d'Argenteuil et de Bezons (Seine-et-Oise).

Brillant analyste et polémiste, orateur de talent, Gabriel Péri s'affirme après les accords de Munich comme une des grandes voix françaises de la résistance aux dangers nazi et fasciste. Il parvient à échapper à l'arrestation des députés communistes en octobre 1939, mais une condamnation par contumace à cinq ans de prison le frappe le 3 avril 1940. Traqué, planqué, il joue désormais un rôle important dans la rédaction des publications clandestines du PCF, qu'il s'agisse de L'Humanité *ou de brochures, telle «Non, le nazisme n'est pas le socialisme». Le 18 mai 1941, il est arrêté après la trahison de son agent de liaison, Edmond Fœglin – une polémique a perduré sur les conditions de cet événement. Interné à la prison du Cherche-Midi, il est fusillé avec près de cent otages communistes et juifs, le 15 décembre 1941*[1].

À la demande de sa compagne Sofia Jancu, et grâce à la diligence de François Faure, la dernière lettre de Gabriel Péri parvient à Londres. Le colonel Rémy la remet au général de Gaulle, et Maurice Schumann la lit sur les ondes de la BBC. Les radios américaines et soviétiques en ont fait état. Publiée par la revue L'Histoire *en 1986, elle ne paraîtra* in extenso *dans* L'Humanité *que le 10 décembre 2001.*

Pendant l'Occupation, de nombreux groupes de résistance portent le nom de Gabriel Péri. Deux poèmes clandestins d'Aragon lui rendent hommage: Ballade de celui qui chanta dans les supplices *et* La Rose et le Réséda, *dédié également à Honoré d'Estienne d'Orves, Guy Môquet et Gilbert Dru.*

---

[1] Sur la fusillade du 15 décembre 1941, voir *infra*, p. 113.

Jacques Grinbaum à sa famille et à ses amis
Paris, prison du Cherche-Midi – 14 décembre 1941

Prison du Cherche-Midi, le 14 décembre 1941

Mes dernières heures, ce soir,

Ma Maman que j'aimais tant,
Mon Papa et meilleur ami,
Mes deux petites sœurs chéries,
Vous tous qui ne me verrez plus,

À quelques heures de mon exécution, maman, [je] ne tremble pas, mais mon émotion est passée. J'attends. Le sort m'a été contraire. Je ne peux plus rien changer. Dans quelques heures, je serai une nouvelle et innocente victime parmi tant d'autres.

J'aurais aimé m'entretenir avec vous. J'ai eu mes vingt et un ans loin de vous que j'aime plus que jamais. J'aurais voulu vous dire que je suis fier de vous, de votre courage devant les épreuves passées.

La plus grande épreuve est maintenant arrivée. Je ne serai plus quand ces lignes vous parviendront. Je ne demande qu'une chose : que vous soyez plus forts que jamais. Votre douleur, et je tremble, quand vous saurez, je me l'imagine.

Élever un fils jusqu'à mon âge et le quitter dans de telles ~~conditions~~[1], c'est quelque chose de terrible à supporter. J'ai réfléchi souvent aux peines que je vous ai données quand j'étais petit et [que] vous guidiez mes pas. Vous avez fait de moi, j'ose l'écrire, presque un homme et tout cela pour… rien. Nous ne nous verrons plus. On ne m'appellera plus ni maître, ni grand frère, ni petit frère.

---

[1] Barré dans le texte original.

J'imagine votre peine, car je commençais à goûter l'envie de créer moi aussi un foyer et, quand je pensais à cela, j'imaginais le plaisir que j'aurais en vieillissant (quelle ironie d'écrire ce verbe : vieillir) de voir grandir mes enfants, et je me promettais de les élever comme vous m'avez élevé, c'est-à-dire honnêtes et droits, courageux aussi. D'un courage à toute épreuve, même celle qui m'est imposée.

Être fort, je le suis. Courageux comme on doit l'être. Et je voudrais dire tout ce que je pense, hélas ! les mots ne me viennent pas.

Je vous aimais, je vous aime et dans l'au-delà (?) aussi.

Mais votre peine quand le pire sera arrivé, cela m'est pénible. Ah ! Maman, tes larmes, je les vois déjà ; j'imagine ta douleur et je te vois courir vers ma photo qui se trouve sur mon petit bureau. Eh bien ! Maman, ma Maman, c'est à toi que je veux écrire un peu. Ta douleur sera grande. Cependant, laisse-moi te dire, c'est (encore) un mort-vivant qui t'écrit, que d'autres mamans pleurent leurs fils morts à la guerre.

Ma dernière volonté, que je veux que tu suives, est celle-ci : il faut que tu vives, tu es nécessaire à mes sœurs. Ne commets rien contre toi. Ta douleur sera vive. Il reste mes deux petites sœurs. Pour elles, tu dois rester. Si tu faisais quelque que [quoi que] ce soit contre ton existence après ce qui va m'arriver dans quelques heures, tu manquerais à ton devoir.

Parmi toutes les mères, tu as été une mère exceptionnelle, parce que avec mon Papa, tu as fait de moi ce que je suis devenu.

Il faut faire de mes sœurs de braves femmes. Avec mon Papa, pour qui ces mots sont aussi valables, vous devez élever mes deux petites sœurs. Des années heureuses viennent. Je le sens.

Dans quelques années, elles seront grandes, et la paix revenue, vous serez fiers d'elles. Si elles ont ma force de caractère, elles réussiront dans la vie. Je ne pourrai pas vous faire devenir grand-mère et grand-père, mais elles peuvent et elles devront vous donner ces joies que vous méritez tant.

Vivez, ne tentez rien par désespoir, je l'exige. Telle est ma première volonté.

Moralement, je veux vous dire que, dans mes dernières heures, je crois plus que jamais à tout ce que j'ai aimé.

Je veux m'entretenir avec mes sœurs. Jacqueline a quatorze ans, Yvette douze ans presque. Vous ne verrez plus votre frère. Je n'entendrai plus vos voix. Ma petite Rouquibiche et toi ma grande sœur, vous me comprendrez, si ce n'est pas aujourd'hui, c'est plus tard.

Je regrette de n'avoir pas donné plus de joie à mes parents. Les parents méritent plus de respect. Ils méritent qu'on les choie et qu'on leur rende la vie heureuse. Travaillez bien pour cela ; montrez-leur ainsi que vous les aimez. J'exige de vous chaque soir que vous réfléchissiez un peu pour savoir si vous avez fait tout ce qu'il vous a été possible pour soulager la douleur de votre Papa Chia, comme je l'appelais quand j'étais petit pour le taquiner, et de notre petite Maman Touché.

Ah ! Touché, ah ! Chia, et mes deux petites sœurs, la vie continue, mais elle mérite d'être vécue par vous. Elle doit être vécue. Je le veux. Pas d'actes de désespoir. Soyez forts, ma plus grande sœur, mon cheval que j'aimais, vous aidera. Je le crois dans ces tristes circonstances. Qu'elle prenne soin de vous, vous le méritez. Vivez. Soyez encore heureux tous les quatre, je le veux, tous les quatre. Il vous reste de longues années à vivre, je l'espère, vivez, vivez, vivez. Soyons dignes les uns des autres.

Adieu, je vais mourir, cela est le maximum pour vous. Vous allez souffrir. Mais tenez, soyez courageux, que les sœurs me remplacent auprès de vous.

Je m'excuse de la peine que je vais vous faire.

Je vous prie tous les quatre de me pardonner la peine que je vais vous faire.

Il y aura pour vous des jours heureux, c'est à cela que je pense et que je vous souhaite.

Votre fils Jacques.

3 h 15 du matin ! Bientôt l'exécution. Je suis très calme et j'attends. Une force me soutient et je tiens ! J'espère que vous tiendrez, promettez-le moi au-delà de la mort. On ne meurt qu'une fois.

5 h 40. Toujours aussi courageux, j'ai fait mon *mea culpa*. Je n'ai

rien à me reprocher ! Je vous aime, Papa, Maman, et Jacqueline et Yvette. Ne pleurez pas trop. Adieu à vous et à toute la famille, et [à] tous mes amis auxquels je pense. Courage. Confiance. Adieu.

Conservez mes affaires qui sont à la Kommandantur et à la Croix-Rouge.

Courage. Bonne chance.

J. Grinbaum.

Le 15 décembre 1941, à la suite d'un attentat contre un officier allemand, l'occupant exécute quatre-vingt-quinze otages au mont Valérien. Parmi eux, cinquante-trois juifs suspects de sympathies communistes ou socialistes. La majorité d'entre eux ont été extraits la veille du camp d'internement de Drancy (Seine). Jacques Grinbaum, dont nous ne connaissons que le nom et la date de naissance, 24 octobre 1920, est l'un d'eux. Le même jour, neuf autres otages sont fusillés à Châteaubriant[1].

---

[1] Voir la lettre suivante.

Maurice Pillet à son épouse Suzanne
Châteaubriant, lieu-dit La Blisière (Loire-Inférieure[1])
15 décembre 1941

La Blisière[2], 15 décembre 1941

Ma Chère petite Suzon,

Il est trois heures et demie. À quatre heures, je ne serai plus. Une fois de plus, les autorités françaises nous ont livrés aux Allemands pour être exécutés. Je m'en vais l'âme sereine, conscient d'avoir toujours agi dans le sens que me dictait ma conscience. La mort pour moi-même ne m'effraie pas; le sacrifice de ma vie était fait depuis longtemps déjà.

Mais, ma Suzanne adorée, c'est pour toi que je suis inquiet. C'est de te laisser seule, sans appui, toi et mon Marcel chéri, qui me brise le cœur. C'est ta douleur à toi que je ressens. Qu'au moins, ma Chérie, tu aies la certitude qu'au moment de partir mes pensées, toutes mes pensées, auront été pour vous deux. Les camarades de la chambre te remettront toutes mes affaires, comme nous l'avons fait pour ceux qui nous ont précédés.

Je te charge, ma chère Suzanne, de dire adieu pour moi à toute notre famille, à mes frères, mes sœurs, mes petits neveux et nièces. Embrasse Maman Jeanine, Grand-Père, Émile, Raymonde, Jojo, Pépère, Mémère Anita, Yvonne, Léon, Margot, Yvonne et son Michel sur qui je ne pourrai veiller, comme je l'avais promis à Jules.

---

[1] Aujourd'hui Loire-Atlantique.

[2] Lieu-dit à Châteaubriant: dans une forêt au bord d'un étang, une guinguette où sont rassemblés les otages avant leur exécution dans une clairière proche.

Et surtout, ma Suzon, je te recommande une dernière fois notre cher petit Marcel. Ma Chérie, fais-en un homme, un homme qui soit bon, sans haine pour son prochain, un homme qui soit fier de l'être, qui ne courbe pas la tête, un homme qui doit savoir qu'il n'a pas à rougir de son papa, et dont son papa ne pourrait avoir à rougir s'il avait eu le bonheur d'avoir à l'élever.

Pardonne mon décousu, tant de choses se pressent à mon esprit. Mes pensées affluent en masse et je ne sais plus les traduire comme je voudrais.

Il faut que tu saches aussi que, mourant, je ne regrette rien, je n'abdique rien. Et aujourd'hui plus que jamais, je suis sûr, je sais que ce n'est pas en vain que je meurs, et que ce qui est mon idéal se réalisera.

Dis adieu pour moi à tous mes amis. Adieu ma Suzon chérie, adieu mon petit Marcel. En finissant ma vie, je pense à vous, vous êtes les derniers à qui j'envoie mon souvenir. Je vous embrasse bien fort et bien tendrement, comme je vous aime.

Sois courageuse, ma Chérie ; sois-le pour notre Marcel.

Adieu, je t'aime encore.

Maurice.

Ci-joint, ma montre, ta dernière lettre, mon stylo, mon calepin.

Maurice Pillet, né en 1902 à Châtel-Gérard (Yonne), est ouvrier charpentier. Militant syndical actif, souvent en butte aux pressions patronales, il devient secrétaire de la Fédération CGTU du bâtiment (1930), puis secrétaire régional du syndicat CGT du bâtiment (1935). Mobilisé en 1939, il entre dans la clandestinité après sa libération, en août 1940, et se consacre à la reconstitution du syndicat clandestin. Il assume des responsabilités importantes dans la rédaction, l'édition et la diffusion de journaux et de tracts.

Il est arrêté le 18 octobre 1940 et interné. Il arrive à Châteaubriant le 15 mai 1941. Il est fusillé avec huit autres otages à La Blisière le 15 décembre 1941, en représailles à l'exécution d'un officier allemand[1].

Carlo Pozzi à son épouse
Paris, prison de la Santé – 23 décembre 1941

Mardi, 10h, La Santé, le 23.12.1941

Ma femme chérie,

Comme Maurice te l'auras dit, rien n'est encore définitif, il faut toujours espérer. Vois-tu, Chérie, moi j'espère toujours malgré tout.

Il faut avoir le courage, vois-tu, dans le moment [le] plus difficile de la vie.

Mon amour, il me reste encore une chose à te demander. Oui, je te demande pardon de te faire tant de peine. Tu mérites autre chose, ma face[2], malgré mon extérieur un peu ours. Je t'aime beaucoup et je t'aimerai toujours.

Mon Chéri, j'espère que si je suis gracié[3] tu continueras toujours à m'écrire et même tu viendras me voir quelques fois. Oui, on ne s[a]i[t] jamais, peut-être nous aurons encore quelques jours heureux à vivre ensemble; il faut toujours espérer. Merci, mon chéri, de ce que tu m'as envoyé, cela m'a fait tant plaisir, ça me rattache tant à toi. Je n'ai reçu aucune lettre encore de toi, mais je suis sûr que tu m'as écrit.

---

1 Sur les exécutions du 15 décembre 1941, voir *supra*, p. 113.

2 Italianisme: «ma lumière».

3 Souligné dans le texte original.

Mon chéri, va voir là où je travaille le chef, Mr Dupeyrou, et fais-lui savoir ce qui m'est arrivé, et demande-lui ma paye, ça te servira toujours. Tu peux lui faire voir le passage qui le concerne, tu peux lui dire franchement ce qui m'arrive.

Surtout pense à ma pauvre mère. Mon pauvre Chéri, ce ne sera pas en tout cas mon dernier écrit, j'espère te donner bientôt de meilleures nouvelles. COURAGE, mon chéri, et surtout ne m'abandonne pas, bien le bonjour à ta famille, à ta mère, ton frère et (TOUTE LA FAMILLE).

À toi pour toujours:

Pozzi Carlo.

Italien, né en 1902, Carlo Pozzi est ouvrier maçon. Il a servi dans l'armée française comme engagé volontaire en 1939-1940. Il est fusillé comme otage au mont Valérien, en compagnie de deux autres résistants, le 29 décembre 1941.

1942

Louis Fouchère à sa femme et à sa fille
Prison de Nevers (Nièvre) – 12 janvier 1942

Prison de Nevers, 12 janvier 1942

Ma chère femme, ma chère fille,

J'apprends à l'instant même que je dois être fusillé ce soir. Je mourrai comme j'ai toujours vécu, en honnête homme.

Ma femme chérie, depuis notre union, aucune ombre, quelle qu'elle soit, n'est venue troubler notre entente.

Aujourd'hui, tu peux lire dans ma conscience aiguisée. Je t'ai toujours respectée et aimée de toute mon âme, de tout mon cœur. Jamais rien n'est venu souiller cet amour. Je te demande, au nom de cet amour, de garder en toi mon souvenir le plus cher jusqu'au dernier moment. Il faudra que tu guides notre enfant dans la vie ; je regrette de m'en aller trop tôt, car elle avait encore besoin de moi.

Ma chère femme, ma dernière pensée sera pour toi.

Mon enfant chérie, ton père te demande à son dernier moment d'aimer ta mère comme je l'ai toujours aimée, de la soulager, de la consoler, sois toujours honnête, c'est la meilleure voie dans la vie et c'est ce qui donne le plus de satisfaction.

Mon dernier moment approche, je n'ai pas de volonté à dire. Je mourrai du crime d'avoir toujours aimé mon prochain plus que moi-même. J'ai durant toute ma vie défendu les parias contre leurs oppresseurs. Ma fille, inspire-toi de l'exemple de ma vie, c'est ma dernière volonté. Avant de mourir, mes chers êtres, je penserai à vous. Je suis le premier dans notre région et je souhaite être le dernier.

Un dernier adieu à ma famille et à tous ceux qui me sont chers. Embrassez bien ma pauvre vieille mère, le père.

À vous, mes deux amours, un dernier baiser. Soyez fortes, je vous en remercie. Adieu.

Louis Fouchère.

Né en 1892, Louis Fouchère est ouvrier à la CGCEM[1]*, à Vauzelles (Nièvre). Militant syndicaliste, il devient, en 1936, secrétaire de la CGT de Vauzelles et secrétaire de l'Union départementale du syndicat. Adhérent de la SFIO puis du PCF, il participe à la reconstruction clandestine du Parti communiste dès l'été 1940. Avec Camille Beynac, dirigeant national des Jeunesses communistes, il reprend en main l'organisation départementale du parti communiste : impression et diffusion de publications clandestines (dont le journal* L'Émancipateur, *à partir de septembre 1940), mise sur pied de groupes de ramassage d'armes, de sabotage et de destruction, etc.*

Échappant aux coups de filet de la police en novembre 1940 et en février 1941, Louis Fouchère est arrêté en septembre 1941. Avec quatre de ses camarades, il est fusillé par les Allemands le 13 janvier 1942, à Nevers. À la suite de cette première exécution dans le département, le préfet de la Nièvre relève dans un rapport que « l'exécution par les Allemands de cinq communistes, dont Louis Fouchère, a fâcheusement indisposé la population et a sensiblement augmenté les ressentiments intimes de nos concitoyens à l'égard des militaires de l'armée d'occupation. Les Nivernais ont déploré la mort des cinq exécutés, en qui ils n'ont voulu voir que des Français[2]*. »*

[1] CGCEM : Compagnie générale de contruction et d'entretien du matériel. Elle travaille pour les chemins de fer.

[2] Cité par Jean-Claude MARTINET, *Histoire de l'Occupation et de la Résistance dans la Nièvre*, La Charité, Éd. Delayance, 1978.

Lucien Michard à son épouse
Paris, prison du Cherche-Midi – 13 janvier 1942

Paris, le 13 janvier 1942

DUPLICATA[1]

Ma Chère Louise,

Le soir même que tu es venue me voir, à 20 heures, j'étais réveillé; on m'a dit «habillez-vous» et un officier m'annonce que j'étais exécuté le lendemain à 16 heures.

Je t'embrasse, ainsi que Maurice, sa femme, Pauline, Louise, André, Suzy, Auguste, le petit François, toute la famille de Champigny[2], sans oublier René, sa femme et sa petite Renée. Pour toi, ma Chère Femme, tu arrangeras toutes mes affaires pour toi; en cas où tu ne trouveras pas notre testament, chez le Notaire, tu en auras le double.

Pour mon atelier, ce sera pour petit Louis, mon petit outillage aussi pour petit Louis, mon pied à coulisse pour Maurice. Pour mes vêtements, tu viendras les prendre au Cherche-Midi, je pars avec mon vêtement et mon grand pardessus.

Voilà, ne te décourage pas, finis tes jours le mieux possible dans la famille à Champigny: tu vendras la propriété et tu te retireras chez Louis. Tu leur diras que je meurs pour avoir oublié de rendre un fusil qui m'avait été mis à la gare, [car j'étais] très occupé comme tu le sais à mon travail.

Nous qui pensions nous retirer à la campagne et c'est cette maudite guerre qui est la cause de notre destin. Je serai courageux pour mourir; que tes jours finissent heureux, c'est ma pensée, ma Chère

---

[1] Duplicata transmis sous forme de tapuscrit à la famille, après censure.

[2] Champigny-en-Beauce (Loir-et-Cher).

Femme. Dis bien à mes amis que je pense encore à eux, à Monsieur Flage, à Émile, à François, à Paul, à Gaujear, à Paul Labille et à sa famille, à Charles et à sa femme, au 71 de la Fontaine, à Angelo, enfin à tous les amis.

Tu auras la visite de Monsieur Guichard, Coiffeur, qui est au Cherche-Midi et sortira au mois de Février. Courage et soigne-toi. Vois le Docteur Jaurand pour rétablir ta santé et toujours courage, ma Chère Femme. Si tu as besoin d'être conseillée pour tes affaires, adresse-toi à Auguste. Va les voir, embrasse-les tous pour moi. Quelle fatalité, après avoir travaillé 50 ans ! Préviens mon frère Arthur et chez Marcel *(sic)*.

Car je serai fusillé à 16 heures mardi. Grand courage, et je te demande de ne pas pleurer. Remonte-toi et soigne-toi pour te rétablir des fatigues des nuits que tu n'as pas dormi.

Tu disposeras les objets en souvenir aux prisonniers *(sic)* que tu voudras, amis et famille. Ne pas faire savoir aux enfants prisonniers en Allemagne que je suis fusillé, ils le sauront à leur retour en France.

Je termine en t'embrassant ainsi que toute la famille. Adieu et oublie notre malheur, ton Mari,

Signé : Michard Lucien.

P.-S. : N'oublie pas mes souliers chez le cordonnier de la gare, que j'avais donnés à réparer. Tu les donneras à Maurice.

Mes papiers, dans mon portefeuille, sont au bureau de la prison, avec 528 Frs, ma montre et tous mes papiers.

Je renonce à mon contrat de la Salle d'accueil de la Gare de l'Est, avec la SNCF et demande que M. Flage me remplace.

Signé : L. MICHARD.

Ma Chère Femme, tu garderas mes lunettes en souvenir. ADIEU.

CECI EST MON TESTAMENT

que je remets aux autorités occupantes, pour être remis à ma Femme, née à Champigny-en-Beauce (Loir-et-Cher).

« Je donne à ma femme, Madame Michard, née Marie-Louise Maillet, tous mes biens présents et à venir. »

Signé : Lucien Michard.

Réclame mon Corps pour être au Cimetière de Livry.
Faire rembourser le cautionnement du blanchisseur et le faire verser par Monsieur Flage.

Lucien Michard, né en 1879 à Commentry (Allier), habitait Livry-Gargan (Seine[1]). Il tenait l'accueil de la gare de l'Est. Il est arrêté le 24 novembre 1941 et interné au Cherche-Midi. Condamné à mort par le tribunal militaire allemand le 9 janvier 1942 pour possession d'arme à feu[2], il est fusillé au mont Valérien le 13 janvier.

---

1 Aujourd'hui en Seine-Saint-Denis.

2 Dès le 3 juillet 1940, l'occupant avait ordonné aux particuliers de déposer leurs armes à feu et munitions à la *Feldkommandantur*, et leurs fusils de chasse à la mairie de leur commune.

Boris Vildé à son épouse
Prison de Fresnes (Seine[1]) – 23 février 1942

23 février 1942

Pardonnez-moi de vous avoir trompée. Quand je suis redescendu pour vous embrasser encore une fois, je savais déjà que c'était pour aujourd'hui. Pour dire la vérité, je suis fier de mon mensonge, vous avez pu constater que je ne tremblais pas et que je souriais comme d'habitude. Ainsi, j'entre dans la mort en souriant, comme dans une nouvelle aventure, avec quelques regrets, mais sans remords, ni peur.

À vrai dire, je suis déjà tellement engagé sur le chemin de la mort que le retour à la vie me paraît de toute façon trop difficile, sinon impossible.

Ma chérie, pensez à moi comme à un vivant, non comme à un mort.

Je suis sans crainte pour vous, un jour viendra où vous n'aurez plus besoin de moi, ni de mes lettres, ni de ma présence. Ce jour-là, vous m'aurez rejoint dans l'éternité, dans le vrai amour. Jusqu'à ce jour, ma présence spirituelle, la seule vraie, vous accompagnera partout.

Vous savez combien j'aime vos parents, qui sont devenus mes parents. C'est à travers des Français comme eux que j'ai appris à connaître et à aimer la France, ma France. Que ma fin soit pour eux plutôt un orgueil qu'un chagrin. J'aime beaucoup Éveline et je suis sûr qu'elle saura vivre et travailler pour une France nouvelle.

Je pense fraternellement à toute la famille Mahn.

Tâchez d'adoucir la nouvelle de ma mort à ma mère et à ma sœur. J'ai pensé souvent à elles et à mon enfance.

Dites à tous les amis mes remerciements et mon affection.

[1] Aujourd'hui Val-de-Marne.

Il ne faut pas que ma mort soit un prétexte à une haine contre l'Allemagne. J'avais agi pour la France, mais non contre les Allemands. Ils font leur devoir comme nous avons fait le nôtre. Qu'on rende justice à notre souvenir après la guerre, cela suffit. D'ailleurs nos camarades du musée de l'Homme ne nous oublieront pas.

Ma chérie, je revois votre visage souriant. Tâchez de sourire en recevant cette lettre comme je souris moi-même en l'écrivant. (Je viens de me regarder dans la glace, j'y ai trouvé mon visage ordinaire.) Il me vient à l'esprit le quatrain que j'ai composé il y a quelques semaines :

Comme toujours impassible
Et courageux inutilement
Je servirai de cible
Aux douze fusils allemands.

En vérité, j'ai peu de mérite à être courageux. La mort est pour moi la réalisation du grand amour, l'entrée dans la vraie réalité. Sur la terre vous en représentiez pour moi une autre possibilité. Soyez-en fière.

Gardez en dernier souvenir mon alliance *[quelques mots censurés]*.

Il est beau de mourir complètement sain et lucide, en possession de toutes ses facultés spirituelles, assurément c'est une mort à ma mesure, qui vaut mieux que de tomber à l'improviste sur un champ de bataille ou de partir lentement rongé par la maladie.

Je crois que c'est tout ce que j'avais à dire. D'ailleurs, bientôt il est temps. J'ai entrevu quelques-uns de mes camarades. Ils sont bien. Cela me fait plaisir.

[Quelques mots censurés.] Une immense tendresse monte vers vous du fond de mon âme. Ne regrettons pas le pauvre bonheur. C'est si peu de chose auprès de notre joie. Comme tout est clair. L'éternel soleil de l'amour monte de l'abîme de la mort. Je suis prêt, j'y vais.

Je vous quitte pour vous retrouver dans l'éternité.

Je bénis la vie qui m'a comblé de ces présents.

Votre Boris.

Boris Vildé naît en 1908 à Saint-Pétersbourg, dans une famille estonienne d'origine allemande. Il fait ses études à Berlin. Là, il participe à la résistance devant la montée du nazisme, ce qui lui vaut d'être emprisonné. Il quitte l'Allemagne et achève ses études à Paris. Licencié d'allemand, diplômé de japonais et d'ethnologie, il entre dans l'équipe scientifique du musée de l'Homme à la demande du directeur, Paul Rivet. Naturalisé français, il est mobilisé en 1939 et sert dans l'artillerie pendant la campagne de France. Après sa démobilisation, il revient au musée de l'Homme. Avec son collègue et ami Anatole Lewitsky, il met en place à partir de juillet 1940 le premier mouvement de la Résistance, connu après-guerre sous la nom de « réseau du musée de l'Homme ». En octobre 1940, l'organisation implique les colonels Hauet et de La Rochère, des chercheurs et personnels du musée (Yvonne Oddon, Germaine Tillion), des écrivains (Jean Cassou, Pierre de Lescure et Jean Paulhan), l'avocat Léon Maurice Nordmann... En décembre, sort le premier numéro du journal clandestin Résistance. *Arrêté en mars 1941, Boris Vildé est condamné à mort et fusillé par les Allemands au mont Valérien le 23 février 1942, après onze mois de cellule, avec six autres membres du groupe.*

Roger à son épouse et à sa fille
Paris, prison du Cherche-Midi – 20 février 1942

Le Cherche-Midi, le 20 février 1942

Ma chère Ginette chérie et ma petite fille Huguette,

Quand vous recevrez cette lettre, je serai mort. Je n'ai pas de courage. J'attends l'aumônier qui m'encouragera. Tu feras baptiser ma petite Huguette, et toi tu brûleras un cierge. Tu redemanderas mon corps, tu peux le faire.

Tu vois, je ne trouve plus, le cerveau est vide. Ô ! que j'ai peur de souffrir – pardonne-moi, aime-moi encore un peu et pense à moi ; quelquefois, prie pour moi. Tu verras ma tante et mes cousines.

Pourtant je n'étais pas méchant. Quand je pense que je ne te verrai plus ainsi que ma petite Huguette. Embrasse bien ta maman pour moi. Cela est dur de mourir comme cela, comme une bête que l'on abat. Je te lègue la maison. Tu feras le nécessaire pour ne pas être embêtée.

Mes idées se brouillent. Je t'aime, je t'aime, je t'aime. Tu garderas cette lettre en souvenir. Je t'embrasse mille et mille fois ainsi que ma petite Huguette [et] ta maman Jasmine.

On aura eu juste un an de mariage.

Si tu peux me faire passer par l'Église, fais-le. Je ne sais plus quoi mettre. Pense à moi et je pense à toi et à Huguette pour avoir du courage. Que Dieu me donne du courage pour gravir ce dur calvaire.

Mille et mille baisers pour toi et ma petite fille ainsi que tous. Adieu, nous nous retrouverons un jour au ciel – Amen. Garde cette lettre qui est ma dernière avant de mourir. Prie pour moi, ma pensée la dernière sera pour Dieu et toi et Huguette. Que Dieu vous garde et vous protège. Adieu.

Roger.

Je t'aime et ne peux croire que je ne te verrai plus.

Roger qui vous aime et qui ne vous verra plus. Dieu est grand et nous juge. Que sa miséricorde s'appesantisse sur moi et qu'il me donne la force d'aller jusqu'au bout de cette vie qui est de quelques heures. Amen. Il est une heure, plus que deux heures à vivre. J'attends l'aumônier, il me donnera le courage qui me manque.

Je t'écris ces derniers mots. Je viens d'être baptisé et ai fait ma communion. J'ai prié avec ferveur. Tu écouteras le prêtre qui viendra te voir – que Dieu me donne toute la force et vous bénisse.

Jean-Claude Chabanne à son père
27 février 1942

Vendredi 27 février 1942

Mon papa chéri,

Cette fois, c'est fini, je viens d'apprendre la terrible nouvelle et je vais être exécuté dans quelques heures. Aussi, je tiens à te dire, à toi surtout, combien je t'aime sous mes dehors un peu froids et distants.

Oh, comme je voudrais te revoir une dernière fois avant de mourir, mais c'est impossible et d'ailleurs il ne faut pas que je perde courage. C'est d'autant plus dur que, depuis quinze jours, j'espérais bien être sauvé. Je sais que tu n'as rien négligé pour me tirer de là et que vous avez remué ciel et terre. Mais tu vois, il n'y avait rien à faire et je le pressentais bien peu. Maintenant, il me faut payer.

Je sais le coup terrible que cela va te porter et je t'en demande bien pardon. Et si cela peut être une consolation pour toi, je vais faire en sorte que tu sois fier de moi. J'entends mourir courageusement, fièrement, en vrai Français et faire honneur à mon pays. C'est la dernière et seule chose que j'aurai pu faire pour lui. Il faut que tu saches et répètes que ma dernière parole sera : « Vive le Maréchal et vive la France ! »

Au fond, que je me sois trompé ou pas en servant la cause qui m'a amené à la mort, en conscience j'ai cru servir ma patrie. Je puis donc m'en aller sans remords de ce côté, et c'est déjà beaucoup.

Mais je viens d'apprendre en même temps que mes camarades Tête et Vogler seront fusillés aussi. Et tu ne peux t'imaginer combien je suis désespéré de les avoir menés là car, c'est un fait, ils m'ont suivi et au fond ils n'avaient pourtant rien fait de grave, eux.

Oh, comme je pense intensément à vous en ce moment, au foyer uni, si chaud, que je ne verrai plus et qui va être plongé dans la tristesse. À toi, mon cher papa que j'aime tant et que je vénère, si tu savais comme j'étais fier d'être ton fils, et si j'étais timide avec toi, c'est justement à cause de l'admiration que je te vouais.

Dis aussi à ma chère maman comme je l'aime aussi. Elle a été pour moi une vraie mère. Je lui suis très reconnaissant d'avoir fait en sorte que jamais je ne m'aperçoive avoir perdu mon autre maman, que j'aime tout de même aussi et que je vais peut-être retrouver dans l'au-delà. Embrasse-la longuement pour moi, son fils. Embrasse aussi mon petit Fanfan chéri et ma petite sœur Denise. Mémé aussi, si éplorée, la dernière fois que je l'ai vue, le jour où j'ai été déterrer les armes avec les Allemands. Pépé, Tate, qui tient aussi une grande place dans mon cœur, et tous les autres membres de notre famille bien unie et bien heureuse.

J'ai l'impression, vois-tu, que je ne vais pas mourir tout à fait, car je continuerai à exister dans vos pensées longtemps encore, mais c'est dur de vous quitter tous.

Oh, ce n'est pas la révolte du corps qui tient à la vie, cela sera l'affaire d'une minute, mais c'est de laisser ce qu'on aime, et aussi un avenir qui s'annonçait heureux.

Mais il faut du cran, il faut que les Allemands voient que des petits Français ne sont pas des mazettes. Je dois cette dernière chose à ma Patrie, la douce, la belle France que j'ai aussi tant aimée. J'entends en cette heure suprême la belle Marseillaise, et je vois nos trois couleurs qui claquent au vent d'un ciel bleu de gloire.

Mais où va-t-il, notre pauvre pays ? Je ne serai plus là pour le savoir. Cependant, je garde confiance en la France éternelle. Et je te demande, à toi Papa, de continuer encore à travailler à son relèvement, pour remplacer les services que j'aurais pu lui rendre. Mais ai-je besoin de te demander cela, à toi Papa, avec ton glorieux passé ?

Mais demande aussi à mes camarades, à mes amis, d'être de bons patriotes et de commencer à se réformer eux-mêmes, de se rendre meilleurs, plus forts, plus avisés, plus courageux. C'est le meilleur moyen d'obtenir le rayonnement qui permet de mener les autres dans le droit chemin.

Fais-leur lire : « Présence[1] » de Lyautey. Qu'ils réfléchissent bien sur ce livre qui contient une morale et une ligne d'action. Voilà mon testament spirituel ; s'il est bien observé, j'ai confiance que ma mort aura servi à quelque chose.

Plus de politique, il ne faut pas être pour ou contre quelqu'un, pour ou contre un homme. Il faut devenir avant tout honnête, courageux, travailleur, consciencieux, compréhensif les uns des autres, abandonner l'égoïsme et la haine.

Ces dernières paroles, je les adresse surtout à mes cousins, Jean, Claude, François, Marcel, Jean-François, et à mes amis Martineau, Soutumier, Sicaud, Ribet, Garche. Je leur fais confiance à tous.

Voilà, mes pauvres parents, à tout jamais ma place vide à la table familiale, le soir. Je ne vous reverrai plus. Oh, le sacrifice est terrible, mais soyez courageux, vous aussi, remontez le courant bien vite. Je sais bien que ce sera pour vous le pire, car pour moi la souffrance sera terminée dans une heure.

Je revois toutes les scènes de ma vie passée. Rue de Rouen, Rue Saint-Jean, Écrieux, la maison surtout, les Noëls qui se fixent le plus dans ma mémoire. Mais je m'efforce de chasser toutes ces scènes, car j'ai décidé de n'avoir aucune défaillance.

Adieu, mes bons parents, adieu et pardon de toutes les peines que j'ai pu vous faire dans ma brève existence. Et sachez que je vous ai beaucoup aimés.

---

[1] *Présence de Lyautey*, par Raymond POSTAL, Colmar, Éd. Alsatia, 1938.

Je vous embrasse de tout cœur et soyez sûrs que ma dernière pensée sera pour vous.

Votre fils, Jean-Claude Chabanne

Jean-Claude Chabanne est fusillé par les Allemands le vendredi 27 février 1942.

Pierre Rigaud à son épouse
Camp de Compiègne (Oise) – 6 et 7 mars 1942

Compiègne, Fronstalag, 6 et 7 mars 1942

Veille de l'exécution du 7.3.42, 20 h 30-21 h 30

Ma Jo bien-aimée,

Tout doit finir. On ne choisit malheureusement pas toujours la fin qui nous revient…

C'est mon cas. Après 12 mois de soins vigilants, je suis jugé à point. Alors c'est le grand départ.

Je suis sans regret pour moi, pour mon passé. J'essaie de mettre le présent à la hauteur de ce passé. Je suis calme, sans émoi. Je sais que mon sacrifice n'est pas vain et que l'avenir que j'ai voulu te protégera et protégera Marie-Claude[1].

Sois comme moi, sans chagrin, sans douleur ! On vit pour demain, pas pour hier. Sèche tes yeux et reprends sans hésiter le rude combat pour la vie. Tu te le dois à toi-même. Tu le dois à notre chère Marie-Claude.

---

[1] La fille de Pierre Rigaud.

Tu dois vivre ! vivre intensément, boire la vie goulûment, t'en abreuver, car pour toi vivre ce sera me continuer. Ne t'épuise pas dans de vaines lamentations. Et si demain un compagnon t'est nécessaire pour t'aider dans le combat pour la vie, accepte ce compagnon. Tu ne feras pas injure à ma mémoire. Tu feras plus pour notre Marie-Claude.

Je n'ai pas à te demander pardon de t'abandonner si tôt. Si j'ai quelques regrets, c'est d'abord de n'avoir pas toujours été assez fort pour te faire une vie plus heureuse pendant cinq ans, ensuite de te quitter sans un dernier baiser, loin de toi.

Mais ce sont des choix dont tu m'excuseras. Nous ne nous sommes pas toujours compris ; mais je sais que toi comme moi, moi comme toi, nous avions l'ambition de mener une longue vie commune aussi intimement heureuse que possible. Pardonne-moi les mauvais moments. Ne te souviens que des bons ! Et regarde avant tout vers l'avenir.

Je n'ai pas de recommandations spéciales à te faire pour notre Marie-Claude bien-aimée. Je t'en ai déjà fait beaucoup. Je sais que tu feras l'impossible pour elle. Mêle-la à la vie le plus possible. Instruis-la. Mon désir de guider moi-même son instruction ne sera pas satisfait, mais je sais que dans les temps qui viennent, elle aura les éducateurs qui lui conviendront. Jean-Jacques Rousseau fournit dans « Émile » quelques heureux préceptes, toujours actuels, à côté d'erreurs, de fausses appréciations. Ce sont ces quelques bons préceptes, alliés aux méthodes d'enseignement les plus considérées dont j'aurais voulu voir fonder pour notre fille *(sic)*.

En tout cas, je lui lègue toute ma bibliothèque, tous mes ouvrages, tout. Si elle peut en faire le meilleur usage, ce sera très bien ! Je ne voudrais pas que tout ce qui m'appartient fût dispersé, mais soit utilisé en bloc pour notre fille et par elle.

Si par malheur notre Marie-Claude ne pouvait disposer de ce petit trésor, tout ce que je laisse de convenable, je t'en laisse gérante avec Thérèse, avec liberté pour vous deux d'en faire le meilleur usage. Au besoin notre ami Roger Semat, s'il le peut, pourrait en utiliser ce qui serait susceptible de l'intéresser.

En quelque sorte, je lègue ma bibliothèque à Marie-Claude, toi-même, Thérèse et tante et, pour l'utilisation de ce qui peut donner lieu à études, à Roger Semat.

Maintenant je te charge d'apporter mes meilleurs baisers et mes consolations à Thérèse, tante, François, Yvette, la mémé, ta cousine Yvonne – dont j'ai apprécié le grand cœur – l'oncle François, tous les oncles, tantes, cousins, cousines que je ne puis nommer. Une touchante pensée à Thérèse qui fit tant pour moi !

Je te charge de faire parfois un pèlerinage sur la tombe de ma mère et devant la pierre qui perpétue la mémoire de mon père – à laquelle ma mémoire pourra s'adjoindre – au cimetière d'Avignon.

J'ai laissé mes deux portefeuilles, avec tout mon argent et mon alliance à Peyronies, avec mission de te [les] transmettre.

Mes bagages sont avec moi. Que deviendront-ils ? Je l'ignore ! Je suppose que tu les auras dans un mois ou deux si la situation le permet.

Je te laisse le maximum d'affaires.

Je vais essayer de passer une nuit tranquille. Je suis en prison, en cellule, et n'ai que mon restant de bougie pour m'éclairer, et il touche à sa fin.

Adieu, ma Jo chérie. Je t'ai aimée de tout mon cœur, tu peux en croire mon aveu ultime ! Je te quitte trop tôt, mais c'est nécessaire ! Je t'embrasse encore une fois, une dernière, fougueusement, passionnément. J'embrasse tendrement notre Marie-Claude. Je pars sans une larme ! Ne pleure pas ! Accepte mes derniers baisers. Raidis-toi et vis ! J'embrasse du fond du cœur Thérèse, tante, si bonne pour moi, pour toi, tante, ma seconde mère, François, mon second père. Je te confie à eux !

Encore un baiser fou ! Et adieu à jamais.

Ton Pierre.

J'ai posé mes lèvres ici ! Que cette feuille emporte vers toi et Marie-Claude mon dernier souffle de vie !

Ton colis est arrivé. Il a été affiché ce soir[1]. Je devais le toucher demain. Il te sera sans doute retourné.

---

[1] C'est-à-dire la notification d'arrivée du colis.

vendredi 7 mars 42, 4 heures du matin

Ma Jo bien-aimée,

C'est le moment de faire preuve du plus grand courage ! Comme tout doit finir, le sort a décidé que je serai libéré de l'internement ce matin vendredi 7 mars vers 7 ou 8 heures, un mois après mon départ de Châteaubriant, 17 mois après mon départ du foyer, 26 ans et 3 mois après que mon père soit tombé dans la première guerre !…

Je ne pourrai pas fêter les 2 ans de notre petite poupée chérie. Fête-les à ma place. Elle est maintenant toute ta vie. Sans la gâter, en restant ferme dans son éducation, voue-lui toute ton affectation [affection] et tout ton dévouement.

J'aurais été heureux de lui voir apprendre la musique et faire du sport bien ordonné – spécialement l'éducation physique et la natation. En mon absence, tu feras le nécessaire. Sans forcer son instruction, essaie de lui ouvrir les plus larges horizons dès sa jeunesse. J'ai perdu trop de temps précieux dans ma jeunesse. C'est de 10 à 20 ans qu'il faut ouvrir l'esprit à toutes les connaissances, apprendre au besoin une langue. Et ne rien entreprendre qu'on ne mène au but. Sans guides, livré à moi-même, j'ai tâtonné, hésité, louvoyé, et mes ans passaient irrévocablement. J'ai voulu mettre à profit mon internement. Ça marchait… Crac ! Le sort brutal me crie : « Halte-là ! »

Mais je pars sans regret. Grâce aux amis trouvés sur mon chemin, j'ai utilisé au maximum les années 28 à 42. Je n'oublie pas, à mes derniers moments, la date du 26 avril 1928 qui a décidé de ma vie pour cette période de presque 14 ans, période riche, dont je suis fier ! Que notre fille bénéficie des admirables moyens d'éducation qui seront mis au service de la jeunesse, et je pars tranquille.

Quant à toi, soigne-toi bien, ma Jo chérie, remonte ton moral, ne t'abandonne pas. La santé c'est tout. J'ai toujours porté à la mienne une attention vigilante. Tu n'as pas le droit de te livrer à la maladie. Tu dois vivre. Il te faut pour cela travailler, te soigner, oublier, combattre, te tourner vers l'avenir, élever notre fille.

À Thérèse, à tante, à François, je laisse la lourde tâche de prendre soin de toi.

Je pense en ces derniers instants ce qu'ils furent pour moi, pour nous. Tante m'aimait comme une mère sur son fils *(sic)*. J'ai essayé de lui rendre de mon mieux cette affection. En réalité, j'ai fait bien peu. Qu'elle me pardonne et qu'elle sache que je lui réserve ma pensée émue et reconnaissante. Quant à ce bon François, il n'était pas mon oncle, mais plutôt un père. Thérèse a montré ces derniers temps, dans l'épreuve, un cœur admirable qui m'a réconforté plus d'une fois et qui m'aide aujourd'hui à partir serein : grâce à elle tu ne manqueras de rien. Mais, Jo chérie, sois douce et tolérante avec toute notre famille. Ne te laisse pas aller à des mouvements impulsifs, à des jugements superficiels. Aime-les tous quoiqu'il n'apparaisse *(sic)* : tu ne trouveras jamais meilleur soutien dans la vie. Reste fidèle à tante, François et Thérèse : tu ne le regretteras jamais. De même avec toute ma famille de Lyon. Ils ont fait selon leur caractère et leur tempérament. Ne leur en tiens pas grief : rapproche-toi d'eux en mémoire de moi et de mon père. Enfin, reste l'amie fidèle de mes amis. La plupart de mes amitiés sont éprouvées. Tu trouveras une liste d'adresses dans mon carnet de notes venu de Châteaubriant. Je te signale particulièrement un ami de régiment, Georges Perrault, 30 grande rue, à Cannes. Je souhaite que tu conserves longtemps l'amitié de Mour et acquiers au besoin celle des membres de ma petite famille de Château[briant].

Pour ma bibliothèque, je te la lègue, pour toi et Marie-Claude et éventuellement pour Thérèse, avec possibilité pour Roger Semat et Mour d'y puiser ce qui pourrait leur être utile.

Voilà à peu près ce qu'il est convenu d'appeler les dernières volontés. Je pense qu'elles te parviendront si les circonstances le permettent.

Je te charge de mes dernières pensées pour tous et toutes, pour Madeleine, Marcelle et toute leur famille. À eux aussi, une dernière fois, toute ma gratitude et mes meilleurs souvenirs.

Gros baisers émus à Thérèse, tante, François et aussi Yvette, la mémé, pauvre mémé qu'il faudra bien ménager.

À toi, à notre Marie-Claude mes derniers baisers les plus tendres, les plus passionnés.

Je vous quitte sans amertume car j'ai confiance dans l'avenir pour vous.

Adieu ma Jo chérie que j'ai aimée et que j'aime sincèrement, que j'aurais voulu rendre plus heureuse.

Une dernière fois tous mes baisers.
Adieu Jo ! Adieu Marie-Claude !
Courage ! Espoir ! Confiance !

7-3-42

Ma Jo chérie,

Je t'écris à peu près d'heure en heure. Tu trouveras déjà deux lettres quelque part. Les dernières heures sont un peu longues et un peu froides. Mais ce sont de petits malheurs.

Je n'ai plus de bougie. J'écris debout à la lueur de la lumière qui passe par le judas. Je suce quelques bouts de sucre.

Je viens de passer en revue toutes les photos que j'ai avec moi, celles qui sont dans le grand portefeuille, dans le sac de camping.

Bien des choses et dernières pensées à Lucile dont le sac m'a été d'un précieux secours. Je n'oublie pas le rôle joué par Lucile dans nos premiers moments, le petit logement de la rue Linné, etc. Mais ne nous attardons pas à ces souvenirs. Que peut peser le passé en contrepoids de l'avenir ?

Je ne peux te faire un inventaire de mes affaires. Mais je crois que tu trouveras tout.

J'imagine déjà ton émouvant voyage à Compiègne. Ne te laisse pas abattre !

Bientôt on va venir nous chercher.

Après une nuit blanche !

Le temps est calme ! Plus de vent ni de pluie ! Mars annonciateur de printemps nous est fatal. Mais il a déjà trop promis pour ne pas tenir ! Mars sera orageux !

Nous sommes 3 dont un camarade d'Aubervilliers[1] arrivé de Gaillon[2] hier.

Une pensée à ces vieux amis de Gaillon.

Une pensée à Lady et toute sa famille.

---

[1] Léopold Réchossière.

[2] Le château de Gaillon (Eure) avait été transformé en camp d'internement.

Léon m'aura donné par sa lettre la grande joie de sentir se réaliser dans les faits l'unanimité française !

Essaie de voir la femme de Francis pour obtenir mes 2 portefeuilles et mon argent. Je disposais de 200 F des camarades du Château[briant], de 250 F à moi : mais je n'ai pas touché le mandat que tu m'as envoyé et qui est arrivé jeudi 25. J'ai signé l'avis de réception, mais rien touché. Il te sera sans doute retourné, ainsi que le colis arrivé hier et qui devait m'être remis ce matin, samedi à 9h30.

Malchance !

Comme bagages, j'ai en gros : 1 sac de camping avec mon linge et mes sachets toilette, pharmacie, couture, chaussures, etc. + 2 couvertures – 1 grande, 1 petite –; 1 valise bois, avec blocs, livres, objets de poche, etc., + 1 petite couverture grise ; 1 boîte en bois : provisions, conserve et chausson ; 1 musette avec sabots ; 1 musette blanche avec provisions.

Je vais laisser mon cuir. Essaie de l'obtenir.

Je t'écris à bâtons rompus, au gré de mes pensées, que je n'ai guère le temps d'ordonner.

Et j'écris sur la tinette qui n'est qu'un vulgaire seau affreusement nauséabond. Les dernières heures manquent de charme.

Dans mon portefeuille se trouvent ma clé, mon alliance. Un billet de 100 F se trouve dans un cahier de feuilles à cigarettes.

Je n'ai pas du tout le sentiment de devoir perdre la vie dans 2 heures.

C'est comme si je partais en voyage quelque part vers l'inconnu.

J'épuise mon encre à stylo…

J'entends mes deux voisins. Ils sont comme moi, ils ne peuvent pas dormir. Pourtant, j'ai sommeillé pendant près d'une heure. Maintenant, je vais me réchauffer les pieds et attendre patiemment…

Je pense à ce vieux Ivry… pays d'adoption que j'ai vite aimé… Mais je resterai aussi un enfant de Ste Barbe s/Gaillon et de Pusignan ! Et aussi un peu de Déville[1]… Tu te souviens ! Bien des choses à Roland. Félicitations pour son fils ! Qu'il soit dans le droit chemin celui-là aussi ! Pensées aux familles Dudrumet et Guéroult, à Larchevêque.

---

[1] Sainte-Barbe-sur-Gaillon (Eure), Pusignan (Rhône) et Déville-lès-Rouen (Seine-Inférieure, aujourd'hui Seine-Maritime)

Pensées également aux Dieppois, aux Costes.

Et souvenirs reconnaissants à tous les tiens, admirables de grand cœur.

Je suis persuadé que si tu as besoin de réconfort, de te retremper, de revivre, tu pourras faire un séjour profitable dans ton cher pays, que j'ai vu si peu de jours, appris à aimer, comme s'il était un peu le mien.

Si tes loisirs te le permettent, cultive un peu le breton.

Notre fille gagnera beaucoup pour son éducation à faire un stage en Bretagne.

Pour équilibrer ses connaissances et sa psychologie des choses et des gens, il serait nécessaire que chaque année notre Marie-Claude, jusqu'à ses 18 ans, fasse un stage de 2 mois une fois en Bretagne, une fois en Normandie, une fois dans le Lyonnais ou les Alpes, une fois sur la Côte d'Azur. Son séjour à la campagne, parmi les bêtes et les plantes serait indispensable.

Je sais que demain toutes ces choses seront possibles à réaliser sans trop d'ennuis pour les questions matérielles. Je sais que mes voyages, mon séjour dans deux contrées bien différentes, ont été d'un gros atout dans ma formation psychologique. Étendre ce système, l'organiser ne peut que profiter à notre fille.

Je m'aperçois que je fais un traité d'éducation comme si je voulais encore bien remplir mes dernières heures.

Les aiguilles tournent inexorables !

Bientôt 6 heures, je crois…

Nos nouveaux gardiens ne sont guère loquaces.

Je ne me décide cependant pas à te quitter.

Cependant il le faut.

Baisers et pensées à la ronde !

Vive Ivry !

Sois forte ! Sois héroïque ! À la hauteur des temps présents.

Vive notre Marie-Claude !

Si le destin lui prête vie, elle n'aura pas à rougir de son papa. Au contraire, j'essaie de faire de mon mieux pour qu'elle en soit fière.

Encore de gros baisers ! Des baisers comme on peut faire les derniers.

Allons courage, ma Jo aimée.

Adieu et à l'Avenir.

Pierre.

Pierre Rigaud naît à Paris en 1910 dans une famille d'ouvriers: son père est garçon boucher, sa mère, corsetière. Il entreprend une formation professionnelle de mécanique et d'ajustage, d'abord à Évreux, puis à Lyon, avant de poursuivre et de compléter ces études par des cours par correspondance en électricité, TSF et motorisation de l'aviation. Bientôt, cependant, il doit les interrompre pour gagner sa vie. Il travaille dans des usines de construction électrique de la région lyonnaise. Militant de la Jeunesse communiste[1] *et responsable du syndicat CGTU*[2]*, il participe à de nombreuses grèves dans la région. En 1931, il est appelé à Paris à des responsabilités nationales à la Fédération des Jeunesses communistes. En 1934, son emploi de dessinateur industriel chez Breguet le conduit à s'installer à Rouen, où il apporte son concours au développement du PCF. En 1935, il revient à Ivry, en banlieue parisienne: abandonnant son emploi, il devient le secrétaire particulier de Maurice Thorez, député de la circonscription et secrétaire général du PCF. En 1939, il est embauché comme ouvrier dans les usines automobiles Panhard. Mobilisé à la déclaration de guerre, il participe à la campagne de France dans un régiment d'artillerie coloniale. Il retrouve son poste chez Panhard après sa démobilisation. Il est arrêté le 5 octobre 1940. Commence alors pour lui une période de prisons et de camps d'internement: Fontevrault, puis Clairvaux, Châteaubriant, et enfin Compiègne. Il est fusillé comme otage par les Allemands, avec Léopold Réchossière et Corentin Cariou, le 7 mars 1942, à Carlepont (Oise).*

---

[1] Sur les Jeunesses communistes, voir *infra*, p. 350.
[2] Sur la CGTU, voir *infra*, p. 348

René Laforge à M. et Mme Cunit, à Dijon
Prison de Dijon (Côte-d'Or) – 7 mars 1942

7 mars 1942

Chers amis,

C'est à vous que j'écris en dernier lieu parce que je n'ai pas le courage d'écrire à Arnay. Je vais mourir aujourd'hui quoique étant innocent et m'étant toujours efforcé de faire le bien dans ma vie.

Vous irez à Arnay, vous leur donnerez cette lettre, et vous leur direz que mes dernières pensées ont été pour eux, pour Suzanne, pour Murièle, et surtout pour le cher petit Guy que j'aimais tant. Je voudrais qu'on lui parle souvent de moi quand il sera grand[1]. J'ai pensé aussi à vous, chers amis, qui avez tant adouci mes derniers jours. Vous direz aussi à Auxonne, à Lucarne, et à Jeannot et à Belan, à Suzanne, Jean et Jeannine que je pense tendrement à eux. Je pense aussi à ceux d'Épinac[2]. Je suis consterné pour mes frères Henri et Fernand prisonniers. Vous leur laisserez ignorer ma mort jusqu'à leur retour.

Je suis très pauvre, mais tout ce qui m'appartient, je désire que Suzanne à Arnay en hérite, pour Guy plus tard. Argent et mes livres que j'aimais beaucoup.

Mes dernières volontés sont que vous ne me pleuriez pas trop, tous.

J'aurais aimé que mon corps repose dans le cimetière d'Épinac, près de mes parents, mais je sais que c'est impossible.

Vous irez aussi dire à mon directeur d'École normale que je suis mort courageusement, comme il sied à l'homme qu'il avait formé. Dites-lui adieu tendrement de ma part.

---

[1] Souligné dans l'original.

[2] Saône-et-Loire.

Je crois que l'heure approche, je suis en train de fumer une dernière cigarette. Je regarde la mort en face et je n'ai pas peur.

Je vais mourir en catholique, mes parents étant morts ainsi. La confession me permettra d'ailleurs de résumer une vie et de la revivre un peu.

Je vous embrasse ainsi que toute la famille très, très tendrement.

René Laforge.

Né à Arnay-le-Duc (Côte-d'Or) en 1922, René Laforge était élève instituteur à l'école normale de Dijon. Il participe avec plusieurs camarades, membres des Jeunesses communistes, aux actions d'un groupe des « bataillons de la jeunesse[1] », animé par René Romenteau. Suite à un attentat commis dans la ville contre le « foyer du soldat allemand », il est arrêté dans sa classe le 14 janvier 1942, ainsi que trois de ses collègues. Aucun d'eux n'était impliqué dans l'affaire. Le 7 mars, à 15 heures, les quatre hommes apprennent qu'ils vont être fusillés comme otages. Ils sont exécutés le jour même, moins de quatre heures plus tard, avec un menuisier-ébéniste.

---

[1] Une des organisations armées du PCF. Voir *infra*, p. 347.

Tony Bloncourt à ses parents
Paris, prison de la Santé – 9 mars 1942

Lundi 9 mars 1942

Maman, Papa chéris,

Vous saurez la terrible nouvelle déjà, quand vous recevrez ma lettre.

Je meurs avec courage, je ne tremble pas devant la mort. Ce que j'ai fait, je ne regrette pas si cela a pu servir mon pays et la liberté.

Je regrette profondément de quitter la vie, parce que je me sentais capable d'être utile. Toute ma volonté a été tendue pour assurer un monde meilleur. J'ai compris combien la structure sociale actuelle était monstrueusement injuste. J'ai compris que la liberté de dire ce qu'on pense n'était qu'un mot et j'ai voulu que cela change. C'est pourquoi je meurs pour la cause du socialisme.

J'ai la certitude que le monde de demain sera meilleur, plus juste, que les humbles et les petits auront le droit de vivre plus dignement, plus humainement. Je garde la certitude que le monde capitaliste sera écrasé. Pour cette cause sacrée, il m'est moins dur de donner ma vie.

Je suis sûr que vous me comprendrez, Papa et Maman chéris, que vous ne me blâmez pas. Soyez forts et courageux. Vous me sentirez revivre dans l'œuvre dont j'ai été un des pionniers.

Mon cœur est plein de tendresse pour vous, il déborde d'amour. Je vois toutes les phases de cette enfance si douce que j'ai passée entre vous deux, entre vous trois, car je n'oublie pas ma Dédé chérie. Tout mon passé me revient en une foule d'images. Je revois la vieille maison de Jacmel, le petit lycée, les leçons de latin et M. Gousse. Ma pension au petit séminaire et le retour des vacances, mon vieux Coucoute que j'aurais voulu guider à travers la vie et mon petit Gérald.

Je pense à vous de toute ma puissance, jusqu'au bout, je vous regarderai. Je pleure ma jeunesse, je ne pleure pas mes actes.

Je regrette aussi mes chères études, j'aurais voulu consacrer ma vie à la science.

Que Coucoute continue à bien travailler, qu'il se dise que la plus belle chose qu'un homme puisse faire dans sa vie, c'est d'être utile à quelque chose. Que sa vie ne soit pas égoïste, qu'il la donne à ses semblables quelle que soit leur race, quelles que soient leurs opinions. S'il a la vocation des sciences, qu'il continue l'œuvre que j'avais commencé d'entreprendre; qu'il s'intéresse à la physique et aux immortelles théories d'Einstein, dont il comprendra plus tard l'immense portée philosophique. Que mon petit Gérald, lui aussi, travaille bien et arrive à quelque chose. Qu'il soit toujours un honnête homme.

Maman chérie, je t'aime comme jamais je ne t'ai aimée. Je sens maintenant tout le prix de l'œuvre que tu as entreprise à Haïti, continue d'éduquer ces pauvres petits Haïtiens. Donner de l'instruction à ses semblables est la plus noble tâche! Papa chéri, toi qui es un homme et un homme fort, console Maman, sois toujours très bon pour elle en souvenir de moi. Maman Dédé chérie, tu as la même place en mon cœur que Maman. Tous vivez en paix et pensez bien à moi. Je vous embrasse tous bien fort comme je vous aime. Tout ce que j'ai comme puissance d'amour en moi passe en vous. Papa, sois fort. Maman, je te supplie d'être courageuse. Maman Dédé, toi aussi. Mon vieux Coucoute et mon vieux Gérald, je vous embrasse bien, bien fort. Il faut aussi embrasser maman Tata bien fort. Pensez à moi. Adieu!

Votre petit Toto.

Tony Bloncourt naît en 1921 à Haïti, dans une famille d'enseignants d'origine guadeloupéenne. Il habite, à Paris, dans le quartier de la Roquette (11e arrondissement), et poursuit ses études à l'université. Militant de la Jeunesse communiste, il s'engage dès l'été 1940 dans les premières manifestations du Quartier latin. Membre des « bataillons de la jeunesse[1] », il fait partie du groupe du 11e arrondissement, avec Acher Semahya, Gilbert Brustlein, Fernand Zalkinow[2], Christian Rizo,

[1] Une des organisations armées du PCF. Voir *infra*, p. 347.

[2] Voir la lettre suivante.

Pierre Milan, Roger Hanlet et Robert Peltier. Les jeunes gens organisent le 3 septembre 1941 un attentat, boulevard de Strasbourg, contre un sous-officier allemand, puis, dans les mois qui suivent, plusieurs attentats et sabotages contre l'occupant. Le groupe est décimé dès octobre 1941 par les arrestations qu'opère la Brigade spéciale. Après plusieurs mois de planque, Tony Bloncourt est appréhendé à son tour, le 6 janvier 1942, lors d'un contrôle de police. Il est jugé en compagnie de six de ses camarades par une cour martiale allemande, siégeant à grand renfort de propagande à la Chambre des députés. Condamné à mort le 6 mars, il est fusillé trois jours plus tard au mont Valérien. Son oncle Élie Bloncourt, aveugle de guerre, ancien député SFIO de l'Aisne, est à l'origine de la reconstitution du Parti socialiste clandestin dans la zone nord; il fonde en 1941 la revue clandestine Socialisme et Liberté *et joue un rôle important dans la création du mouvement Libération-Nord.*

Fernand Zalkinow à sa sœur
Paris – 9 mars 1942

Paris, le 9 Mars 1942

Ma chère petite Sœur,

Tu sais sans doute que j'ai été condamné à mort vendredi et l'on vient de m'annoncer que je vais être exécuté cet après-midi à 4 heures.

Je suis très calme et je crois que je vais mourir avec courage. Il vaut mieux que nous ne nous soyons que vus *(sic)*, ç'aurait été trop dur pour nous deux.

Je pense beaucoup à vous tous, et je voudrais vous dire combien je vous ai aimés, mais je ne sais pas comment m'exprimer.

J'ai bien peur pour papa et pour maman ; je sais que toi tu seras forte et tu tiendras.

Je ne sais où est Juliette ! cette lettre est pour elle comme pour toi. C'est à vous que je voudrais confier mes dernières pensées. Pendant ces quatre mois que j'ai passés en prison, j'ai eu bien souvent peur de trembler au dernier moment, mais je crois maintenant que ça ira et que je saurai mourir en homme *[passage censuré]*.

Oh, certes, la vie me semble bien belle en ce moment et j'aurais bien voulu moi aussi en avoir ma part. C'est que, vois-tu, je n'ai pas encore vécu, mais tout de même suffisamment pour me rendre compte de ce que peut être la vie ; oui, je la regrette et surtout je vous regrette, vous qui avez toujours été si bons et si magnifiques pour moi. Je vous ai souvent fait bien de la peine, je le sais, mais je ne le voulais pas et c'était malgré moi.

Je rêve aux jours passés, aux jours pleins de soleil et de lumière. Il me semble que tout a été riant dans mon enfance et auprès de vous. Cela aurait été bien bon de vivre, d'aimer. Il me semble que je n'ai jamais été aussi jeune que je le suis en ce moment. Il y a du soleil aujourd'hui et je suis bien content.

Depuis que je suis ici, j'ai beaucoup regardé en moi. Je me suis rendu compte que, malgré tous mes défauts, et j'en ai pas mal, je n'étais pas si mal taillé que cela et [que] j'aurais pu faire un homme passable. Je sais mieux que personne combien je suis poltron et lâche et *[passage censuré]*.

Je suis crâne, je t'assure. Pour te dire la vérité, je n'arrive pas à m'expliquer moi-même que je sois si calme. Avant ma condamnation, il m'arrivait souvent de pleurer, mais depuis, je n'ai pas versé une seule larme. J'ai comme l'impression d'une grande tranquillité d'âme et d'une grande quiétude. Il me semble que c'est encore une épreuve à passer, la dernière, et puis tout sera fini, sans plus.

Et pourtant j'ai toujours eu, de mes plus jeunes années, tellement, tellement peur de mourir. Je crois bien que l'homme est curieusement bâti. Maintenant, je regarde de haut toutes les petites choses de la terre, tous les petits intérêts pour lesquels les hommes se chamaillent et la peur de la mort qui fait agir tant de gens. Il me semble que tout cela est bien insignifiant.

Je viens de recevoir la visite de l'aumônier et il a paru tout étonné lorsque je lui ai dit que je n'avais pas besoin qu'il me remonte. J'étais assez fort pour mourir dignement. Je n'éprouve pas le besoin d'une religion quelconque, la mort est assez grande par elle-même pour faire taire toute autre voix.

[Passage censuré.] Il me semble que ces derniers jours ont été un rêve. Les dorures dans la salle du Tribunal comme les barreaux à la fenêtre de la cellule. Les mots que j'entendais, il me semble que c'était des mots connus d'avance et sans valeur réelle, des mots simplement. Je n'ai ressenti aucune émotion. Cela ressemblait un peu à un examen ou à une distribution de prix, mais j'aurais été plus troublé.

Ce rêve va bientôt finir, dans moins de trois heures trois quarts.

Peut-être que la vie tout entière n'a été qu'un rêve. Je n'ai jamais cru la mort pour Moi. Les autres pouvaient mourir, moi, non ! Et je crois bien que je n'y crois pas encore, c'est peut-être pour cela que je suis si courageux.

Les copains et moi, nous n'avons pas été des lâches. Seulement c'est bien difficile, ceux qui ne sont pas passés par là ne peuvent pas savoir. Certes, nous sommes des enfants les uns et les autres, nous n'avons jamais prétendu être des héros, il ne faut pas trop nous en demander.

Nous avons demandé comme dernière grâce à mourir ensemble, si on nous l'accorde, alors ce sera beaucoup plus facile, nous sommes capables de mourir en souriant.

Je ne ressens de haine contre qui que ce soit. Je voudrais aimer toute la terre, je suis si jeune qu'il y a en moi beaucoup d'amour et de chaleur qui n'ont jamais été dépensés et j'en ai pour si peu de temps maintenant.

J'ai déjà écrit hier à Papa et à Maman, et je veux leur écrire maintenant. Oh ! je ne sais pas quoi leur dire ! je sais bien que ce n'est pas pour moi que c'est le plus dur, ils avaient mis tant d'espoirs en moi et j'étais leur petit garçon tant gâté. Je leur ai fait beaucoup de mal et ils ont beaucoup souffert par ma faute et que vont-ils souffrir ! Je pense bien qu'ils ne penseront guère au mal que je leur ai fait, j'ai peur de leurs larmes.

Ma petite Rachel, quand tout cela sera fini, promets-moi que tu les aimeras bien fort, pour toi et aussi pour moi, je te les confie ainsi qu'à Juliette.

Oh ! je ne suis pas grand-chose, mais je suis sûr que mon esprit ne mourra pas, mais qu'il vivra éternellement en vous, j'avoue que cela me console. J'aurais bien voulu avoir un enfant à moi, qui m'aurait continué. Cet enfant que je n'ai pas eu, je voudrais, vois-tu, que plus tard, tu l'aies, toi, et que tu lui donnes mon nom, pas comme premier prénom, il est trop laid, mais comme cela, pour que cela vous rappelle qu'il y a eu un brave petit garçon un peu bête *[passage censuré]* un jour d'hiver.

Quand tu verras les copains, tu leur diras que je suis mort avec courage et qu'ils peuvent être fiers de moi.

Si tu vois ma petite camarade Odile, dis-lui que j'ai beaucoup pensé à elle, et que je n'ai pas oublié ses paroles. Dis à tous que j'ai pensé à eux et que je leur ai envoyé mon dernier salut.

Je regrette profondément la vie, mais puisqu'il faut mourir, eh bien, c'est la mort que j'aurais choisie ; j'avais toujours rêvé, vois-tu, de mourir debout, un jour où le soleil brillerait. Les hommes meurent, mais la vie, elle, demeure toujours triomphante, elle se moque bien de notre petite vie à nous.

Je songe à tous mes héros, à Saint-Just et à Ulenspiegel, à Jacques Vingtras et à Jean-Christophe, je songe à mes chers bouquins, à toutes mes joies et surtout à vous tous et à vous toutes, à André, à Raymond, à Juliette, à tous qui êtes un peu mes héros.

J'ai beaucoup rêvé dans ma vie, je crois que je n'ai fait que de rêver et aujourd'hui je fais des rêves pour vous, des rêves pleins de bonheur et de gloire.

Je suis sûr que ma mort ne sera pas inutile, qu'elle servira à construire un monde où il y aura du pain pour tous et aussi des roses.

C'est mon plus cher vœu, j'espère de tout mon cœur que vous le verrez.

Je vais ici arrêter ma lettre, ma petite Rachel, je voudrais te dire encore des quantités de choses, mais je ne sais plus.

Dans trois heures, tout sera terminé, pourvu que je sois fort.

Adieu, ma petite Rachel, je t'embrasse de tout mon cœur, de toute mon âme, je voudrais mettre en ce dernier baiser toute ma vie qui me quitte. Je me serre contre toi une dernière fois afin d'être plus fort et de sourire gentiment quand la mort viendra pour me prendre.

Ton petit frère qui t'aime.

Fernand.

P.-S. : Tu embrasseras bien André pour moi, et tu lui diras que je crois avoir été digne de lui.

Je t'embrasse de toute mon âme.

Fernand.

Fernand Zalkinow est né à Paris en 1923, dans une famille juive d'origine russe. Élève boursier de l'école Arago, il désirait devenir professeur d'allemand, mais la guerre interrompt ses projets et il se fait embaucher comme ouvrier fourreur. Militant de la Jeunesse communiste dès l'été 1940, il fait partie des « bataillons de la jeunesse[1] » constitués pendant l'été suivant. Le 21 août 1941, au métro Barbès, il assure, avec Gilbert Brustlein et Bob Guesquin, la protection de Pierre Georges (futur colonel Fabien) lors de l'exécution de l'aspirant de marine Alfons Moser[2]. Le 3 septembre 1941, il participe à l'attentat du boulevard de Strasbourg contre un sous-officier allemand. Il assure également la planque des armes du groupe et participe à de nombreuses actions de sabotage contre des installations de la Wehrmacht, des voies ferrées, etc. Arrêté le 31 octobre 1941, il comparaît en mars 1942 devant une cour martiale allemande, en compagnie de six autres jeunes. Tous sont condamnés à mort pour « activités de franc-tireur et entente avec l'ennemi », et fusillés le 9 mars au mont Valérien.

---

[1] Une des organisations armées du PCF, voir *infra*, p. 347. Voir la notice précédente sur Tony Bloncourt et les autres membres de son groupe.

[2] Voir *supra*, p. 10-11.

Marcel Degliame-Fouché, l'un des dirigeants du mouvement Combat et le chef de l'Action immédiate, cousin par alliance de Zalkinow, témoignera après 1945 du destin de cette famille durant la guerre. Nojm Zalkinow, le père de Fernand, est lui aussi fusillé comme otage au mont Valérien, le 11 août 1942. Les autres membres de la famille – sa mère, ses deux sœurs (dont Rachel, secrétaire de l'Union des jeunes filles de France avec Danielle Casanova), son oncle et sa tante, leur fille et leur gendre, ainsi que leurs enfants de six et neuf ans – seront tous déportés à Auschwitz et gazés.

Fortuné Dubois à son épouse (fusillé le 14 avril 1942)
Prison de Cuincy, Douai (Nord) – 8 décembre 1941

Douai, le 8 décembre 1941
Cellule 52[1]

À ma femme chérie, au cas où je ne la reverrais plus, je tiens à lui donner tous les renseignements lorsqu'elle aura atteint l'âge de cinquante ans pour qu'elle puisse faire établir la pension qui m'est due en qualité de mineur, et qui doit lui être payée si je n'y suis plus.

J'ai commencé en 1909, le 11 juillet, à la fosse Casimir, Compagnie Anzin, jusqu'au mois d'octobre 1913. J'ai commencé le lendemain de ma sortie de Casimir à la fosse de Sessevalle, compagnie d'Aniche[2], jusqu'à septembre 1914, puis évacué à Montreuil-Petit, hameau de la Normandie jusqu'à fin décembre 1914. Parti pour Saint-Étienne, arrivé le 2 janvier 1915, j'ai commencé à travailler à la mine Wilbœuf, le 5 janvier 1915 jusqu'à mai 1916.

---

[1] Mot confié au hasard, peut-être lancé au-dehors de la prison.

[2] La fosse Casimir-Périer (Compagnie des mines d'Anzin) et la fosse Sessevalle (Compagnie des mines d'Aniche) étaient situées à Somain (Nord).

J'ai commencé à travailler le même mois à l'usine d'armes et cycles Manufacture française[1], où je fus mobilisé comme étant service auxiliaire jusqu'en août ou septembre 1918.

Je reprends donc le travail au mois d'octobre à la mine Wilbœuf, toujours comme mobilisé, et je quitte cette mine au mois de juillet 1921. Je reviens dans le Nord et commence à travailler à la fosse Agache, compagnie d'Anzin[2] le 25 juillet 1921 au fond, jusqu'au 2 août 1932, puis au jour jusqu'au 30 mai 1941. Ce qui fait que j'ai bien trente années de service et vingt années de fond. Je demanderais donc à celui qui trouvera cette lettre avec le bordereau 1175 ou 1173, loi du 7 avril 1918[3], de bien vouloir le transmettre à ma chère femme pour qu'elle puisse réclamer son droit.

Adieu.

Voici l'adresse :
Merci beaucoup.
Mme Dubois Fortuné, rue de la Justice N° 15.
Fenain – Nord.

Né en 1896, Fortuné Dubois est père de quatre enfants et mineur de fond à Fenain (Nord). Délégué syndical CGT du personnel de jour à la fosse Agache, il est aussi secrétaire de la section communiste locale. Dès le début de l'Occupation, il s'implique dans l'impression et la diffusion des publications clandestines du PCF, et il assure les liaisons avec les travailleurs immigrés, particulièrement nombreux dans cette région ; les réunions de dirigeants communistes italiens et polonais se tiennent chez lui. Arrêté, il est également accusé par l'occupant d'avoir participé à des actions armées et de sabotage. Il est fusillé comme otage par les Allemands le 14 avril 1942, à la prison de Cuincy (Douai). Sa fille, Marinette, est elle aussi emprisonnée à Cuincy.

---

[1] Les mines Villebœuf et la Manufacture française d'armes et cycles (Manufrance), à Saint-Étienne (Loire).

[2] La fosse Agache (Compagnie des mines d'Anzin) à Fenain (Nord).

[3] Il s'agit plus probablement de la loi du 5 avril 1910 sur les retraites ouvrières et paysannes.

Louis Coquillet à sa compagne et à sa famille
Paris, prison de la Santé – 17 avril 1942

La Santé, 17 avril 1942
13h

Petite Francette adorée,

Voici l'heure où tu dois avoir tout ton courage pour apprendre l'écroulement de notre beau rêve : dans 4 heures, je ne serai plus. Ne te laisse pas aller au désespoir, petite chérie, sois forte et fière de moi. J'ai joué, j'ai perdu, je paie. Néanmoins, avant de m'en aller, je suis malheureux en pensant à ceux que je laisse derrière moi, à mes pauvres parents qui, je le crois, en deviendront fous de douleur. J'aime mieux ne pas y penser. Je pense aussi à tous ceux qui me sont chers et surtout à toi, à notre amour, chérie, si pur, si étranger de celui des autres, qui aurait fait de nous le couple le plus heureux du monde après la grande tourmente qui va bientôt finir, sois-en certaine. J'aurai eu néanmoins la consolation, avant de mourir, de n'avoir pas donné ma vie pour rien et d'avoir travaillé pour le bonheur des miens. Chérie, depuis mon arrestation, le 3 janvier, il ne s'est pas passé un jour où, pendant de longues heures, je n'ai pensé à toi, à nous, à nos souvenirs, à nos joies passées, aux peines subies ensemble, au bonheur qu'on avait droit et que nous n'aurons jamais, aux bals, aux promenades faites ensemble, enfin tout ce qui était nous. Je pensais que certainement, à la même minute, ta pensée venait vers moi, que tu fredonnais nos chansons, je sentais ton anxiété pour l'avenir.

Petite chérie, plus jamais je ne te verrai, je ne t'embrasserai plus, ne te cajolerai plus, ni ne te sermonnerai, tout est bien fini. Je sais que tu auras beaucoup de chagrin et que ce chagrin, avec ta tête de Lilloise, pourrait te faire [faire] des folies, je te connais tellement. Écoute-moi bien, ici, ce sont mes dernières volontés. Ne voulant pas t'obliger à ne plus penser à moi, cela serait sacrilège et impossible, je veux que toute ta volonté se tende à me chasser de ta mémoire, que je devienne un mort normal, dont le souvenir s'efface avec le temps. Tu as toute la vie devant toi, et une vie remplie d'avenir et de bonheur, à condition qu'elle ne soit pas gâchée par mon souvenir sans cesse dans ton esprit ; je pense que tu dois voir ce que je veux dire. Un plus grand bonheur avant de mourir serait d'avoir la certitude que tu rencontres, pour refaire ta vie, un compagnon aussi loyal et désireux de faire ton bonheur que celui que j'ai été, c'est mon plus cher désir, ne regrettant que notre bonheur perdu.

Bonjour à ta famille, que je n'ai malheureusement jamais connue, et courage. Si un jour tu peux visiter la cellule où j'ai beaucoup souffert, fais-le en souvenir de moi.

Adieu, et sache que ma dernière pensée sera pour ma petite chérie que j'ai aimée plus que la vie.

Louis.

Bonjour à Marie-Jeanne et à son bébé et, sois tranquille, je saurai mourir courageusement.

14 heures 1/4

Chers Parents,

Avant tout, il vous faut du courage pour apprendre l'horrible nouvelle, la mort de votre fils qui vous a tant aimés malgré son allure braque et sa brusquerie quelquefois. Ne me plaignez pas, les plus à plaindre, ce sont vous et toute la famille qui restez avec mon souvenir. Moi, je ne souffrirai pas, et dans 3 heures, cela sera fini. Ne vous laissez pas aller au désespoir, soyez fiers de moi au contraire, vous retrouverez votre équilibre dans le courage et la décision, et non dans l'abattement. À toi, Papa, du calme, et entoure Maman de toute ton affection, tu es un homme, et le cœur de Maman souffrira tellement.

Maman, il te faut beaucoup de courage, ne te laisse pas abattre quoi qu'il arrive : le désespoir ne donne rien. Jeannette, je compte beaucoup sur toi, j'espère que tu ne décevras point. Sache bien que tu deviens à présent une grande fille et que tu dois comprendre que non seulement tu ne dois plus penser aux jeux, mais que c'est à toi de remplacer maman à la maison, console-la, n'attends plus qu'elle te commande le travail, exécute-le de toi-même. J'espère que tu me comprends bien. Il faut que tu deviennes un modèle de petite femme, cela te profitera bien pour plus tard et cela sera tellement bien. Adieu à Jules et à Titine, avec qui vous saurez vous consoler et penser parfois à moi. Mais avant tout, chassez le souvenir. Certes, si je méritais de vivre, je n'étais pas exempt de la mort. Je ne souffrirai pas, et la mort ne m'effraie pas. Seul, j'ai le regret de vous laisser derrière moi, ainsi que ma pauvre Francette ; depuis plusieurs mois, j'ai beaucoup souffert et la mort sera presque un soulagement. Souhaitez le bonjour autour de vous de ma part, j'ai cette consolation d'avoir eu des amis, voisins, pompiers, camarades d'ateliers, vigilants enfin tous, ainsi que la famille proche et éloignée. Je n'énumère pas, j'ai peu de temps.

Papa, continue à bien soigner ton jardin où j'ai peu été et de qui j'ai peu profité. Surtout, Papa, excuse-moi de te dire cela, c'est sans méchanceté tu sais, Papa, rentre de bonne heure à la maison, c'est là, dans l'entente mutuelle, que vous y puiserez le réconfort journalier en attendant la fin de la grande tourmente qui ne saurait continuer longtemps.

J'ai joué, j'ai perdu, je saurai payer.

Adieu tous et courage, j'écris maintenant à Angèle et Renée, il est 15 heures moins 1/4, c'est à 5 heures la fin.

Encore une fois Adieu, votre fils et frère qui vous aime.

Louis.

Votre fils reconnaissant vous embrasse pour toujours.

15h

Chers beaux-frères, nièces et neveux,

Je vous écris pour la dernière fois assez rapidement, car mon exécution est à 5 heures et je pars dans une heure.

Je vous demande d'avoir beaucoup de courage et de ne pas vous laisser aller au désespoir, songez aux millions de soldats qui tombent, mon cas n'est pas le pire.

Laissez-moi vous remercier tous de tout ce que vous avez fait pour moi et de tout ce que vous avez enduré.

Ne me plaignez pas, je ne souffrirai point, les plus à plaindre étant ceux qui restent.

Excusez-moi si je ne fais qu'une lettre pour vous tous à Paris, mais j'ai peu de temps. J'ai écrit à Francette et à mes chers Parents, chez toi, Angèle, ne sachant pas l'adresse de ma petite chérie et ayant peur de gaffer. Pour Papa et Maman, tu leur enverras ces lettres, mes dernières lettres.

Consolez-vous de ma perte et soyez forts. Angèle, pour mes affaires, elles sont à l'hôtel (35 je crois) rue des Saints-Pères, chambre 13, de toute façon, adresse-toi à la Préfecture, car elles sont sous scellés. Pour celles qui sont à la Santé – 180 frs, mon briquet (pour Francette) mon stylo, etc. –, tu les recevras prochainement, cela sera des souvenirs. Souvenirs de quelqu'un qui vous a tant aimés et a voulu votre bonheur et n'a fait que votre malheur, mais pensez que vous avez tous une petite famille à chérir et que le désespoir n'est point un remède.

Mon plus cher désir est de vous voir bientôt tous réunis, ainsi que ma chère Francette qui aura tant de chagrin, [une fois] cette horrible guerre finie qui me coûta la vie.

Toute ma reconnaissance va vers vous tous qui vous êtes dépensés sans compter, privés même ainsi que les petites bouches *(sic)* pour soulager mon malheur avant la mort, que je saurai voir venir courageusement.

Adieu donc Angèle, Henri, Renée, Roger, ainsi que toute la petite famille, chers petits que leur Tonton aimait tant et regrette.

Si cela est possible, je voudrais être enterré à Rennes (sans service religieux). Je n'ai qu'un regret: laisser derrière moi des êtres qui me sont chers et dont [que] je n'aurai même pas eu la joie douloureuse de revoir et d'embrasser, mais qui pourront être fiers de moi.

Si j'ai beaucoup souffert et si je meurs, j'ai la ferme conviction d'avoir fait tout mon devoir.

Je vous demanderai surtout de consoler Maman, qui en aura le plus besoin et qui souffrira beaucoup.

Adieu donc tous, et essayez de m'oublier, le chagrin éternel ne doit pas exister.

J'ai joué, j'ai perdu, je paie, adieu.

Celui qui a voulu votre bonheur et a fait votre malheur.

Chers sœurs, beaux-frères, neveux, nièces, vous ne me verrez plus, dans 1 heure 1/4, je serai dans l'éternel.

Louis.

Louis Coquillet naît en 1921 à Saint-Méen-le-Grand (Ille-et-Vilaine), dans une famille de cheminots. Très bon élève – il obtient son certificat d'études avec la mention Bien –, il réussit le concours des bourses, avant d'être admis comme apprenti à l'école des chemins de fer de Rennes. Il devient ensuite serrurier à la SNCF. Il est également pompier bénévole, comme son père, et membre de la société de gymnastique des cheminots rennais, « Les Vigilants ». En 1938, il adhère à la Jeunesse communiste. Entré dans la Résistance, il passe dans la clandestinité le 4 août 1941, après avoir échappé à la police qui perquisitionnait son domicile. Dès lors, replié à Paris, il rejoint les équipes de l'Organisation spéciale[1]. Jusqu'à son arrestation, il participe à des actions armées et à des sabotages contre l'occupant et contre des organisations collaborationnistes.

Il est arrêté le 5 janvier 1942, lors d'un contrôle de police dans un café boulevard Saint-Germain. Avec vingt-six de ses camarades, il comparaît entre le 7 et le 14 avril 1942 devant une cour martiale

[1] Une des organisations du PCF. Voir *infra*, p. 351.

allemande, installée pour un procès à grand spectacle à la Maison de la chimie. Quatre des accusés, dont deux femmes, voient leur peine commuée en déportation ; parmi eux, Simone Schloss, qui sera finalement décapitée à Cologne le 17 juillet 1942. Condamné à mort, Louis Coquillet est fusillé au mont Valérien avec vingt compagnons le 17 avril 1942. Le journal de l'aumônier allemand, l'abbé Franz Stock, qui a assisté aux exécutions, rapporte le courage et la dignité avec lesquels tous moururent.

Marcel Bertone à sa fille
Paris, prison de la Santé – 17 avril 1942

Le 17 avril 1942

Ma petite Hélène, lorsque tu liras cette lettre, ton petit cerveau commencera sans doute à comprendre la vie. Tu regretteras de ne pas avoir à tes côtés ton papa, qui t'aurait rendue heureuse avec ta maman. Mon Hélène, tu dois savoir un jour pourquoi ton papa est mort à vingt et un ans, pourquoi il s'était sacrifié, pourquoi il a fait semblant de t'abandonner. Je t'ai aimée avec tout l'amour paternel dont un homme peut être capable. J'avais fait de beaux rêves d'avenir pour toi : je ne puis plus, mais j'ai confiance dans ta maman qui saura me remplacer auprès de toi. Ma petite Hélène, il est deux heures et, à quatre heures, il faut être prêt. Il [me] faut me dépêcher. Écoute et respecte mes volontés.

1° Dans tout ce que tu feras dans ta vie, respecte ta mère, respecte le souvenir de ton père. Si un jour tu manquais de respect à ta maman, sache que si je pouvais l'apprendre, je sortirais de la tombe pour te le reprocher.

2° Apprends à connaître les raisons pour lesquelles je suis tombé.

3° Apprends à connaître ceux qui t'entourent et juge les gens, non d'après ce qu'ils te diront, mais d'après ce que tu leur verras faire.

4° Aie la volonté, l'ambition de devenir. Aie l'esprit de sacrifice pour les choses nobles et généreuses. Ne te laisse pas arrêter par les choses qui paraîtront te convaincre que ton sacrifice est vain, inutile.

5° Soutiens ta maman par ta conduite honnête ; ne lui crée pas de soucis inutiles. Aide-la de toutes tes forces, car la vie, pour elle, fut semée de souffrances amères et tragiques.

6° Si, dans la vie, tu ne connais pas la richesse, console-toi en pensant que là ne se trouvent pas les sources du vrai bonheur.

7° Choisis un honnête travailleur pour mari. Choisis-le généreux, aimant, travailleur, capable de t'aimer.

Ma fille, en pensée je t'embrasse, on ne nous a pas accordé l'autorisation de vous voir... Peut-être cela vaut-il mieux ?

Adieu, Hélène, ton papa est mort en criant

« Vive la France ! »

Fait à la prison de la Santé.

Le 17 avril 1942, date de mon exécution.

Marcel Bertone.

Ne baisse pas la tête parce que ton papa est fusillé.

Marcel Bertone naît à Lyon, quartier de la Croix-Rousse, en 1920, dans une famille nombreuse d'émigrés italiens, ouvriers du bâtiment. Il poursuit des études au-delà du certificat d'études et devient aide-comptable. En 1936, il s'engage aux côtés des républicains espagnols dans les Brigades internationales : à trois reprises, il est blessé au combat. À son retour, en 1939, il est secrétaire de la Jeunesse communiste de la région lyonnaise et membre de la direction nationale de l'organisation. À l'automne 1939, comme de nombreux dirigeants communistes, il est arrêté et interné, d'abord au fort du Paillet à Dardilly (Rhône), puis à Fort-Barraux (Isère), à Riom-ès-Montagne (Cantal), et enfin au camp de Chibron (Var). Évadé le 7 octobre 1940, il séjourne brièvement à Montceau-les-Mines et à Troyes, puis gagne la région parisienne, où il prend en mains la direction de la Jeunesse communiste en banlieue sud. Marié, père d'une petite fille, Marcel Bertone habite alors rue de la Folie-Méricourt (11e arrondissement) et exerce la profession de vélo-taxi. Il participe avec son groupe aux actions de sabotage contre l'occupant. Le 18 décembre 1941, il est arrêté rue Cadet (9e arrondissement), alors qu'il venait d'incendier plusieurs camions de la Wehrmacht avec Maurice Touati et Louis Coquillet, ces derniers parvenant à échapper à la police.

Torturé et soumis, semble-t-il, à un simulacre d'exécution, il est condamné à mort au cours du procès dit « de la Maison de la chimie » (7 au 14 avril 1942). Il est fusillé au mont Valérien avec vingt de ses camarades le 17 avril 1942[1].

Marcel Petyt à sa femme
Prison de Loos-lès-Lille (Nord) – 30 avril 1942

Loos, le 30 avril 1942
15 heures 30

Bien chère petite femme,

Je suis bien désolé en t'écrivant cette lettre. Je dois t'annoncer une bien pénible nouvelle. Surtout aie du courage comme j'en ai en ce moment. Le Bon Dieu n'a pas cru devoir exaucer nos vœux. Pourtant j'ai beaucoup prié pour qu'il nous épargne les horreurs de la guerre : ainsi il en a décidé, courbons-nous sous sa volonté. J'ai beaucoup de peine en pensant à toi, à toute notre vie de labeur afin d'assurer nos

[1] Voir *supra*, la notice biographique de Louis Coquillet, pp. 155-156.

vieux jours, sans toutefois y parvenir. J'aurais voulu encore te donner bien du bonheur, mais le Très-Haut ne me le permet pas. Enfin, accepte cette grande peine en bonne Française. Maintenant, je dois te demander une promesse que tu peux me refuser : il faut que tu vives encore bien longtemps. Arrange ta vie le mieux possible et ne te décourage surtout pas, nous nous retrouverons dans le paradis suivant nos croyances. Conserve la foi, ma chérie. Si tu juges pouvoir refaire ou plutôt adoucir ta vie par une autre union heureuse, n'hésite pas, si c'est pour bien faire. Ne t'embarrasse pas de préjugés. Je te laisse entièrement libre de tout lien. Je le désire ainsi. Je suppose que ma volonté dernière sera respectée. Que ceux qui te doivent de l'argent te le rendent[1]. C'est justice, et je suis persuadé que ceux qui t'entourent, Père, Renée, Léonie, Joseph ne t'abandonneront pas.

Maintenant, ma pauvre chérie, je te demande bien pardon pour les petites peines que j'ai pu te faire durant nos vingt années de mariage. Tu sais que ce n'était pas méchanceté. Quant à toi, tu as été l'épouse idéale, le soleil de ma vie, trop bonne même par moments. Je te remercie du fond du cœur pour ces bonnes années passées ensemble. Dans quelques heures, ce sera fini, j'aurai rejoint ma chère Mère, tes parents que j'aimais tant et qui furent si bons pour moi. J'ai du courage et je saurai Mourir dignement à 19 heures 30. Henri et moi, ainsi que huit otages, nous paierons pour un crime commis le 21 courant à Lille. Je te demande encore pardon pour cette peine immense. Je voudrais encore pouvoir te serrer dans mes bras, n'oublie pas que je t'ai toujours aimée et vénérée comme la meilleure des épouses. Qu'au seuil de la mort, je t'embrasse bien tendrement. Au revoir, ma chérie, nous nous retrouverons là-haut. J'ai fait mes Pâques et j'attends le prêtre. Je dis adieu à tous nos bons amis, à l'équipe, à Octave, Agnès, Juju et les enfants. À ma bonne Marraine de Loos. Je dis merci à tous.

Adieu, ma chérie, sois courageuse, sèche tes larmes le plus possible. Je t'embrasse bien tendrement.

Ton petit mari qui te regrette bien et pensera à toi jusqu'à son dernier souffle.

Marcel.

[1] Souligné dans l'original.

Écris à : Mr Pichard, rue de la Marine à Berck-Ville – P-de-Calais, et annonce-lui la nouvelle pour Henri et moi. J'étais avec son fils Marcel Rhembak.

Mes derniers baisers. Adieu ma chérie.

Marcel Petyt.

Marcel Petyt (ou Petit), né en 1900, habite Malo-les-Bains (Nord). Il entre en avril 1941 dans un groupe dépendant du WO[1]*. Les activités auxquelles il participe comportent plusieurs facettes : fabrication et diffusion de photographies des généraux de Gaulle et Catroux, dirigeants de la France libre ; organisation de filières d'évasion pour les pilotes anglais abattus en France ; collecte de renseignements en vue d'un débarquement britannique en mer du Nord. Arrêté et condamné à mort par les Allemands, il voit sa peine commuée en travaux forcés à perpétuité le 14 octobre 1941. Il est cependant fusillé à Loos-lès-Lille le 30 avril 1942, avec neuf autres otages, parmi lesquels Guido Brancadoro*[2]*.*

---

1 *War Office*, le ministère de la Guerre britannique. Voir *infra*, p. 353.
2 Voir la lettre suivante.

Guido Brancadoro à sa famille
Prison de Loos-lès-Lille (Nord) – 30 avril 1942

Loos, le 30 avril 1942

Mes très chers parents, père et mère,

À cette heure qui est la dernière pour moi, parce que quand vous recevrez cette présente missive, j'aurai fini de vivre, oui fini, mais courageusement, oui, car c'est en mon pouvoir.

Le seul regret que je puisse avoir à cette heure est de vous avoir causé des ennuis, mais je quitte ce monde avec l'espoir que j'obtienne votre pardon, oui, parce que j'ai ce seul regret et qu'avec le regret, il y a toujours le pardon quand arrive cette heure dernière. Je passe par les armes à dix-neuf heures trente avec mes dernières pensées qui vont vers vous.

Ce sont les Français qui me livrent, mais je crie: « Vive la France », les Allemands qui m'exécutent, et je crie: « Vive le peuple allemand et l'Allemagne de demain. »

Recevez pour la dernière fois mon dernier message et les derniers baisers de l'amour, d'amour fidèle.

Adieu, chers parents.

Brancadoro.

Guido Brancadoro est né en 1921 à Castel-del-Monte (Pouille) en Italie. Mineur à Fenain (Nord), il milite à la Jeunesse communiste et participe sous l'Occupation à de nombreuses actions clandestines au sein de l'Organisation spéciale[1] *(impression et diffusion de journaux et de tracts, sabotages). Il est arrêté le 8 septembre 1941 à Marchiennes. La section spéciale de Douai le condamne d'abord à*

[1] Une des organisations du PCF. Voir *infra* p. 351.

vingt ans de travaux forcés, puis à la prison à perpétuité. Il est ensuite transféré à Fontevrault, où il est interné jusqu'au 25 avril 1942. Ramené à la prison de Loos-lès-Lille quelques jours avant son exécution, il est fusillé par les Allemands avec neuf autres otages, parmi lesquels Marcel Petyt[1]*, le 30 avril 1942.*

Bernard Grinbaum à sa famille
Camp de Rouillé, près de Poitiers (Vienne) – 30 avril 1942

Poitiers, le 30 avril 1942

Mes chers Maman, Papa, Gaston, Denise,

Nous le savons depuis ce matin, mais c'est confirmé, nous serons fusillés dans deux heures, par représailles contre deux attentats.

Je suis à côté de mon cher vieux Maurice, ainsi que quatre autres copains, calmes, sereins. Oui, nous sommes tranquilles, et notre plus grand vœu, que nous nous sommes bien souvent répété, Maurice et moi, c'est que notre mort ne vous cause pas trop de chagrin, surtout à toi, ma chère Maman.

Nous ne serons plus sur terre. Bah ! peu importe, nous ne sommes même pas angoissés, mais vous, vivez, vivez pour l'avenir merveilleux.

Je veux vous remercier en particulier, mes chers Maman et Papa, pour tous les soins, la sollicitude dont vous m'avez entouré depuis ma naissance, et qui n'auront pas été inutiles, puisque j'ai vécu vingt heureuses années, exemptes de tout souci matériel. Merci aussi pour tout ce que vous avez fait pour moi depuis mon emprisonne-

---

[1] Voir la lettre précédente.

ment, des témoignages incessants de votre affection.

Le long de notre voyage en camion, j'ai pu voir la route, la belle route de France si ensoleillée, fraîche, que nous avons parcourue joyeusement dans nos équipées de camping auxquelles je suis tellement heureux d'avoir participé.

Oui, mes courtes années de jeunesse ont été heureuses et je les quitte avec la pensée que Gaston et Denise profiteront pleinement des joies que la vie offre. Que Gaston et Denise, qui sont jeunes, regardent vers l'avenir, que bientôt ils ne pensent plus à leur frère disparu, mais n'aient qu'une seule pensée, vivre.

À mes chers frère et sœur, aussi, je vous demande d'être courageux et d'entourer notre maman, qui a été frappée si terriblement, de votre sollicitude constante, afin d'alléger le poids de son chagrin. Papa sera fort, et il supportera sans défaillance sa douleur.

Je regarde l'avenir, si plein de promesses pour la jeunesse, car je pense *[passage censuré]*.

Enfin, pour terminer, je suis fort, courageux devant cette dernière épreuve. Et je vous demande de l'être aussi, mes chers parents, c'est une blessure qui se guérira, pour vous. Soyez courageux.

J'ai devant moi toutes vos photos et c'est avec plaisir que je contemple vos visages chéris que je ne reverrai plus jamais.

Ma vie a été droite, honnête et je suis fier de mourir ainsi. Ma chère maman chérie, mon cher papa chéri, mon cher vieux frangin, ma chère petite sœur, de tout mon cœur.

ADIEU, SOYEZ COURAGEUX.

Bernard.

P.-S.: Merci à l'oncle Simon et à la tante Louise pour tout ce qu'ils ont fait pour moi. Je vous rends sous ce pli les photos, la montre, le portefeuille, la bague. J'espère que les autres affaires vous parviendront de Rouillé.

Cher vieux frangin, chère petite sœur, papa chéri,

Ce mot pour recommander une dernière fois de vous instruire en général, et aussi de devenir maîtres dans votre métier.

Cultivez aussi votre corps. Pratiquez le sport, basket, athlétisme, et aussi la culture physique. La vie s'ouvre devant vous et il faut que vous sachiez en profiter, tant au point de vue intellectuel que corporel.

Ne me pleurez pas. Je meurs, un dans les quelques millions qui le sont ou le seront dans ces événements. Je ne tremble pas, ce n'est qu'une dernière épreuve, le dernier voyage et après c'est le néant, la fin… Je n'aurai pas souffert avant et pas davantage après, bien entendu.

Adieu à tous mes amis, que je quitte avec quelques regrets. Nous avions encore quelques moments joyeux à passer ensemble.

Je pense à vous, chers frangin et sœur, et encore une fois, soutenez sans défaillance notre pauvre Maman.

Je pense à toi, Papa chéri, qui as tant travaillé pour moi et que j'aurais voulu revoir encore.

Bernard.

Bernard Grinbaum est né en 1921 à Paris, de parents juifs d'origines russe et polonaise qui avaient fui les pogromes de l'empire tsariste pour la France. Il commence à travailler à l'âge de quinze ans, après des études de sténo-dactylo. Il adhère aux Jeunesses communistes dans le 10e arrondissement et à un club de la FSGT[1] *dans le 12e arrondissement. C'est dans ce dernier cadre qu'il organise, dès l'été 1940, un groupe clandestin. Il est arrêté en décembre 1940 lors d'une distribution de tracts. Condamné à trois mois d'emprisonnement, il est détenu à Fresnes. À la fin de sa peine, il est interné administratif au camp d'Aincourt (Seine-et-Oise*[2]*), puis transféré au bout d'un an au camp de Rouillé (Vienne), près de Poitiers. Le 30 avril 1942, avec cinq de ses camarades, il est fusillé comme otage par les Allemands. Ses parents, Henoch Grinbaum et Bluma Grinbaum, née Ferdman, sont arrêtés au passage de la ligne de démarcation, en juillet 1942, et déportés. Son frère Gaston s'engage, lui aussi, dans la Résistance ;*

[1] Fédération sportive et gymnique du travail, liée à la CGT. Voir *infra*, p. 348.
[2] Aujourd'hui Val-d'Oise.

emprisonné à la prison Saint-Paul de Lyon, il sera libéré à la faveur de l'insurrection de Villeurbanne, en août 1944.

Paul Libermann à sa femme et à son fils
Prison de Fresnes (Seine[1]) – 20 mai 1942

Libermann Paul 72 rue des Rigolles 20e.

Prison de Fresnes, le 20 mai 1942 à 8 h

Ma chère femme et enfant,

Lundi 18 mai vers 4 h, je fus emmené du Camp de Drancy où j'étais depuis plus de huit mois ; on m'a mis seul dans une cellule.

Ce matin, les papiers sont arrivés et on m'a pris comme otage, et nous serons fusillés.

Il ne m'est pas permis de faire la moindre démarche, ni protestation. L'ordonnance est signée du Commandant du Grand Paris[2] ; donc, personne ne peut rien pour moi.

Je comprends, ma chère, ta triste douleur ; mais crois-moi, chérie, que ça ne peut changer en rien *(sic)*. Donc, sois courageuse et élève bien notre enfant ; sois une bonne mère pour lui.

Quoi qu'il t'arrive dans la vie, n'abandonne pas notre cher Marcel, et parle-lui souvent de moi. Sois brave et forte, remonte de son mieux le moral à Maman chérie, et aide-la de ton mieux comme ta propre Maman.

Jusqu'à la dernière minute, je tiendrai votre photo devant mes yeux.

Paul.

Mon petit Marcel chéri,

---

1 Aujourd'hui Val-de-Marne.

2 Le général von Schaumburg, commandant du Grand-Paris (*Kommandant von Gross-Paris*), une des quatre régions d'occupation militaire de la zone nord.

Sois intelligent et instruis-toi bien, et pense toujours à ta Maman; car il est rare d'en trouver une pareille; aide-la toujours et facilite-lui sa tâche.

Crois-moi, mon petit, que je n'ai jamais voulu que ton bonheur, et si je pars avant l'heure, ce n'est réellement pas de ma faute; je n'ai rien fait qui puisse mériter cette sentence.

Adieu, mon enfant chéri, sois grand et courageux.

Paul.

Ce document dactylographié porte en bas un tampon de légalisation par la mairie de Montauban, en date du 21 avril 1944, ainsi que la mention manuscrite suivante:

«Je soussignée Madame Loiseau certifie que le texte ci-dessus [est] conforme à l'original.»

Loiseau.

Lettre reproduite dans le cahier iconographique, nº 16.

Paul Lejak Libermann, né en 1909, est fusillé par les Allemands au mont Valérien le 20 mai 1942, avec quatre autres otages.

Félix Cadras à sa femme et à sa mère
Dépôt[1], 12 mars 1942
Prison de Fresnes (Seine[2]) – 29 avril au 19 mai 1942

12 mars 1942

Mes bonnes chéries[3],

Vous devinez sans peine quelle grosse émotion j'ai ressentie à l'heureuse nouvelle que m'a apportée ma jolie et fine petite Mary. Ç'a été, dans l'infecte prison où je végète, comme un grand rayon de soleil, un souffle vivifiant d'air pur venu du large. La vie, l'éternelle vie pénétra avec Mary et sa douce nouvelle dans la geôle, et mes compagnons et moi, nous en eûmes les larmes aux yeux, de bien douces larmes !

Cette naissance, voyez-vous, chéries, est un heureux présage. La petite Georgette[4] précède de quelques semaines une autre naissance qui va de nouveau changer le monde, celle de la France Nouvelle pour laquelle depuis dix ans, sans répit ni trêve, je n'ai cessé de combattre avec force.

Et c'est pour cela, dans cette certitude que je suis, que tout mon être est tranquille, oui, parfaitement calme, car je suis sûr que mes chères petites vont connaître une enfance et une jeunesse heureuses dans un monde affranchi de toute contrainte. Cela rend fort et inébranlable.

Vous aussi, chère petite femme et bonne mémée, soyez fortes et calmes, comme vous saurez l'être, et levez bien haut vos têtes. Comme ma grande sœur[1], rien ne saurait me faire peur.

---

[1] Le Dépôt est le centre de rétention administrative de la préfecture de police de Paris, situé dans le sous-sol du Palais de Justice.

[2] Aujourd'hui Val-de-Marne.

[3] Lettre glissée dans la doublure du manteau de Mary, la fille aînée de Félix Cadras, lors de sa seconde et dernière entrevue avec son père au Dépôt, le 19 mars 1942. Le stratagème avait été mis au point le 12 mars précédent, lors d'une première visite.

[4] La fille cadette de Félix Cadras, née le 8 mars 1942.

Merci, chère femme, de m'avoir donné la grande joie d'être père une nouvelle fois. Certes, les circonstances sont moins douces que pour la première naissance. Mais le chemin qui reste à parcourir pour atteindre le bonheur est si court que la peine d'être séparés et de ne pouvoir ensemble se pencher sur le berceau de notre enfant est atténuée. Oui, le bonheur et la joie de vivre sont tout proches, et c'est pourquoi il faut faire front à l'adversité avec foi et courage.

Je sais que ces qualités sont les vôtres, aussi suis-je très libre d'esprit pour continuer le combat… aussi, la lutte se poursuit avec acharnement.

Ma grande fille m'a dit que tout s'était bien passé et que ma chère petite femme avait beaucoup moins souffert que lors de son premier accouchement. Tant mieux, c'était déjà assez d'être brutalement séparés à la veille d'un tel événement. Je t'embrasse, chère femme, bien tendrement pour te faire oublier ces pénibles instants. Sois sûre, je t'aime bien, et encore une fois merci pour ce bonheur d'être papa.

Je suis aussi très heureux que les soucis d'ordre matériel aient été écartés avec promptitude, et cela me rassure pour l'avenir du bébé et de la maman.

Toutes ensemble, entourées d'affection et d'amitié, vous tiendrez jusqu'au bout. Cela est beaucoup pour moi. Voici bientôt venir les beaux jours et la petite Georgette va en profiter largement. Elle sera déjà un joli et fort bébé pour aborder l'hiver prochain. Je n'ose espérer faire sa connaissance pour sa première sortie. Ce serait pourtant bien doux.

Et toi, ma chère et bonne maman, te voilà une seconde fois mémée et, comme tu aimes beaucoup les enfants, tu vas connaître de bien douces émotions à voir s'éveiller la petite Georgette.

Je te remercie et t'admire pour le beau courage que tu montres face à l'adversité. D'ailleurs, toute ta vie a été celle d'une admirable mère française. Tu es la plus digne et la plus noble des mères que j'ai connues, et je te baise respectueusement les mains, chère et vieille maman.

---

[1] Georgette Cadras, née en 1912, dirigeante nationale de l'Union des jeunes filles de France. Responsable de l'action parmi les femmes de la région parisienne, sous la direction de Danielle Casanova, elle a été arrêtée le 26 mars 1941 et condamnée par la justice française à dix ans de prison. Elle sera ensuite déportée au camp de concentration de Ravensbrück, en Allemagne.

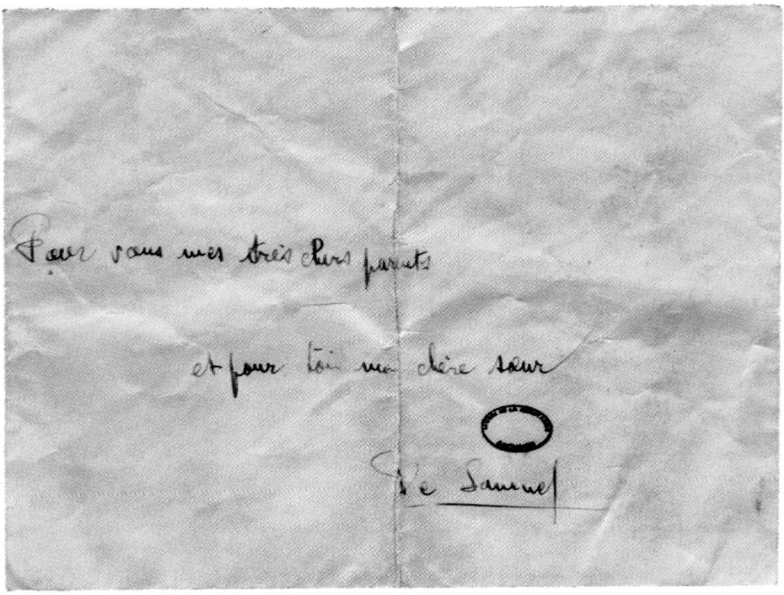

1

2

1 et 2. Enveloppe renfermant la dernière lettre de Samuel Tyzelman (Paris, prison de la Santé, 19 août 1941). Recto : adresse et signature de la main de Samuel. Verso : visa manuscrit de la censure allemande (« La lettre peut être envoyée »). © Musée de la Résistance nationale, Champigny-sur-Marne.

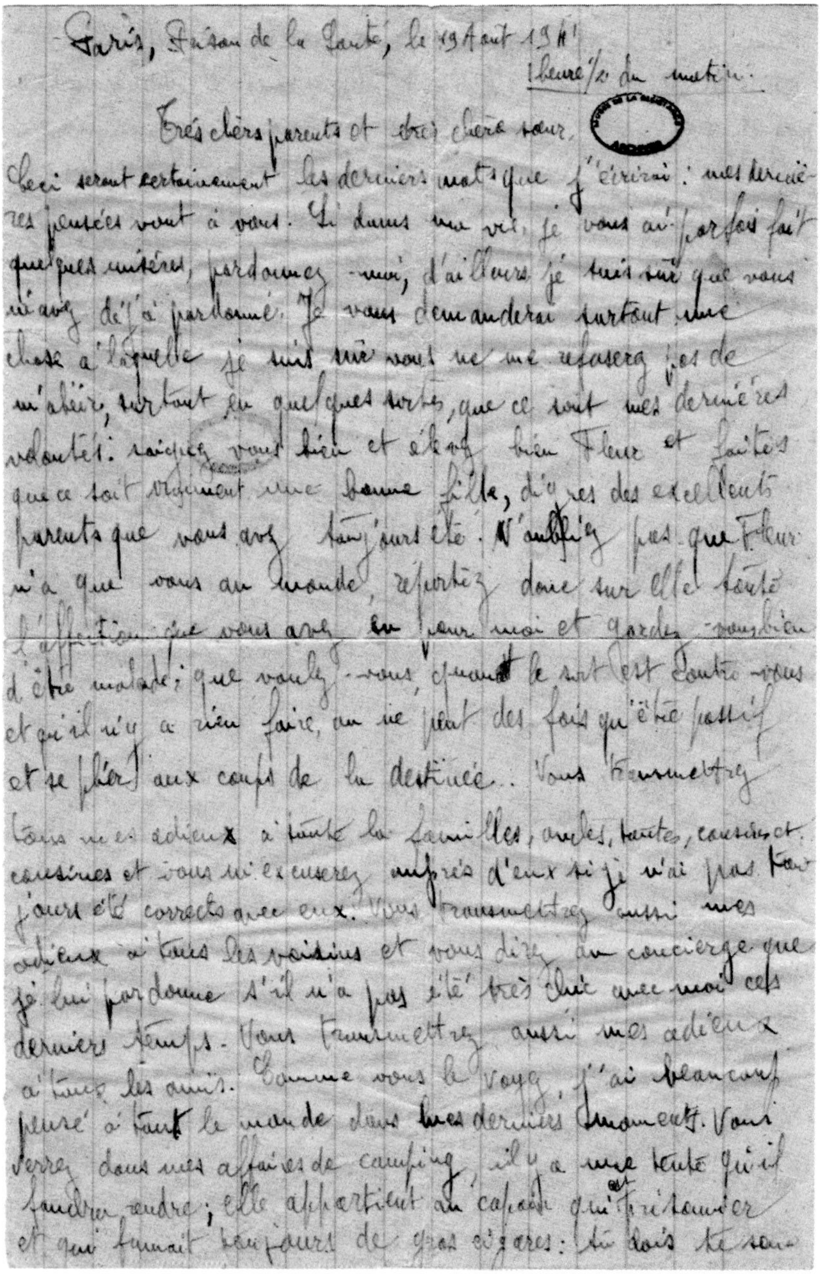

Paris, Prison de la Santé, le 19 Août 1941
1 heure ½ du matin.

Très chers parents et très chère sœur,

Ceci seront certainement les derniers mots que j'écrirai : mes dernières pensées vont à vous. Si dans ma vie, je vous ai parfois fait quelques misères, pardonnez-moi, d'ailleurs je suis sûr que vous m'avez déjà pardonné. Je vous demanderai surtout une chose à laquelle je suis sûr vous ne me refuserez pas de m'obéir, surtout en quelques sortes, que ce sont mes dernières volontés : soignez vous bien et élevez bien Fleur et faites que ce soit réellement une bonne fille, d'après des excellents parents que vous avez toujours été. N'oubliez pas que Fleur n'a que vous au monde, reportez donc sur elle toute l'affection que vous avez eu pour moi et gardez-vous bien d'être malade ; que voulez-vous, quand le sort est contre vous et qu'il n'y a rien à faire, on ne peut des fois qu'être passif et se plier aux coups de la destinée. Vous transmettrez tous mes adieux à toute la familles, oncles, tantes, cousins et cousines et vous m'excuserez auprès d'eux si je n'ai pas toujours été corrects avec eux. Vous transmettrez aussi mes adieux à tous les voisins et vous direz au concierge que je lui pardonne s'il n'a pas été très chic avec moi ces derniers temps. Vous transmettrez aussi mes adieux à tous les amis. Comme vous le voyez, j'ai beaucoup pensé à tout le monde dans mes derniers moments. Vous verrez dans mes affaires de camping, il y a une tente qu'il faudra rendre ; elle appartient au copain qui est prisonnier et qui fumait toujours de gros cigares : tu dois te sou-

3

3. Manuscrit de la dernière lettre de Samuel Tyzelman (Paris, prison de la Santé, 19 août 1941), recto. © Musée de la Résistance nationale, Champigny-sur-Marne.

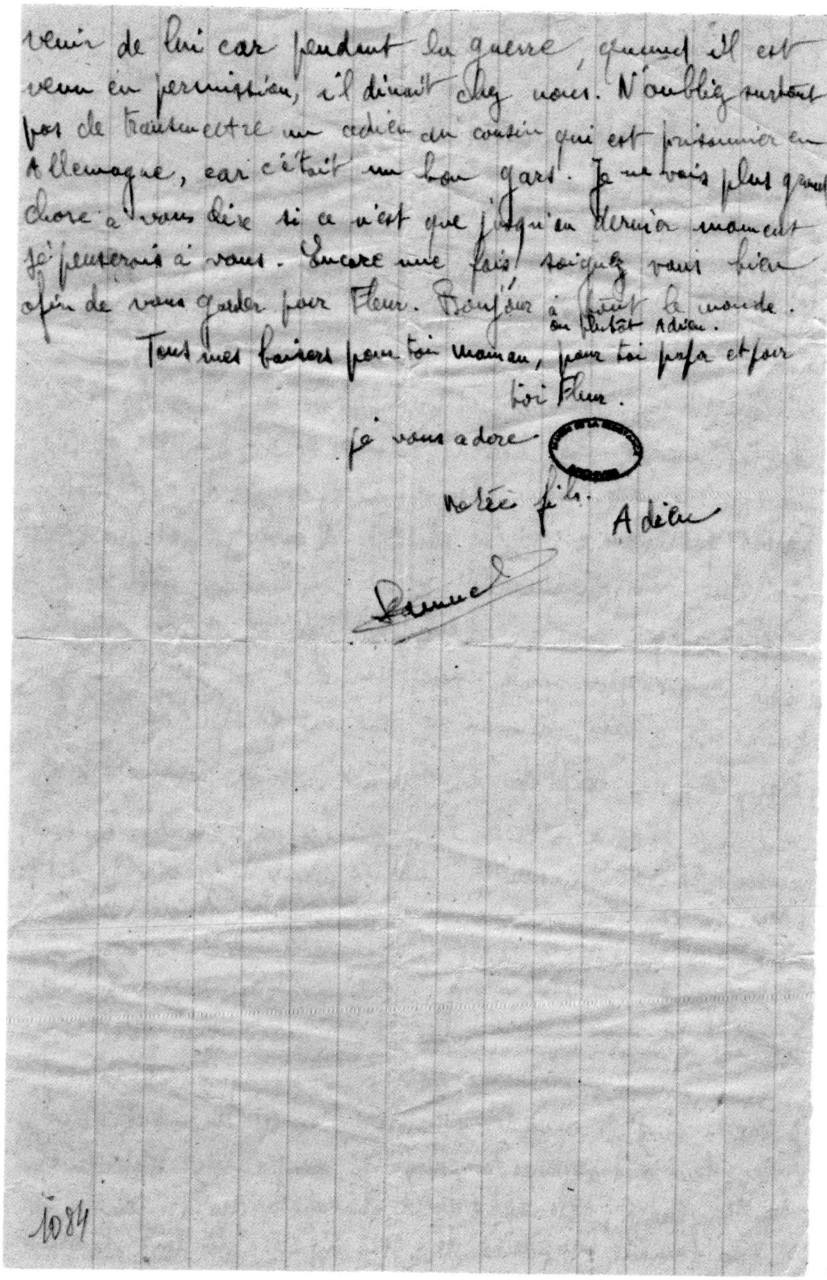
venir de lui car pendant la guerre, quand il est venu en permission, il dînait chez nous. N'oubliez surtout pas de transmettre un adieu au cousin qui est prisonnier en Allemagne, car c'était un bon gars. Je ne vais plus grand chose à vous dire si ce n'est que jusqu'au dernier moment je penserais à vous. Encore une fois soignez vous bien afin de vous garder pour Fleur. Bonjour à tout le monde. ou plutôt Adieu.

Tous mes baisers pour toi maman, pour toi papa et pour toi Fleur.

Je vous adore

votre fils.

Adieu

Samuel

1084

4

4. Manuscrit de la dernière lettre de Samuel Tyzelman (Paris, prison de la Santé, 19 août 1941), verso. © Musée de la Résistance nationale, Champigny-sur-Marne.

5

6

5. Photographie de sa femme et de ses enfants conservée par Honoré d'Estienne d'Orves jusqu'au matin de son exécution, avec un mot manuscrit au verso (prison de Fresnes, 29 août 1941). © Collection de la famille d'Estienne d'Orves.

6. Photographie d'Honoré d'Estienne d'Orves et de ses deux filles aînées, à Cancale, en 1935. © Collection de la famille d'Estienne d'Orves.

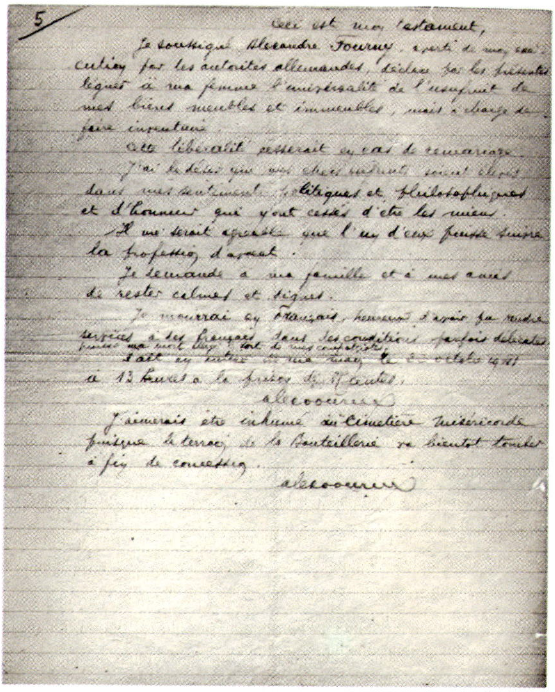

5

Ceci est mon testament,

Je soussigné Alexandre Fourny, [illegible] de mon exécution par les autorités allemandes, déclare par les présentes léguer à ma femme l'universalité de l'usufruit de mes biens meubles et immeubles, mais à charge de faire inventaire.

Cette libéralité cesserait en cas de remariage.

J'ai le désir que mes chers enfants soient élevés dans mes sentiments politiques et philosophiques et d'honneur qui n'ont cessé d'être les miens.

Il me serait agréable que l'un d'eux puisse suivre la profession d'avocat.

Je demande à ma famille et à mes amis de rester calmes et dignes.

Je mourrai en Français, heureux d'avoir pu rendre services à des Français dans des conditions parfois délicates.
[illegible] ma mort [illegible] de mes compatriotes.

Fait en entier de ma main, le 22 octobre 1941 à 13 heures à la prison de Nantes.

[illegible]

J'aimerais être inhumé au Cimetière Miséricorde puisque le terrain de la Bouteillerie va bientôt tomber à fin de concession.

[illegible]

7

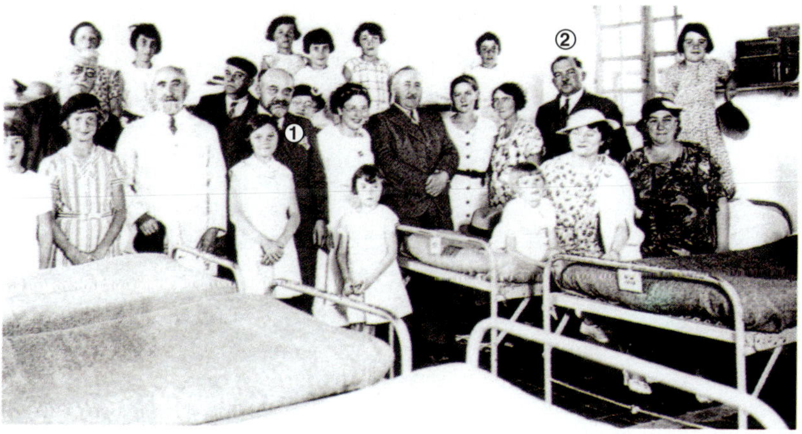

8

7. Manuscrit de la partie testamentaire de la lettre d'Alexandre Fourny (Nantes, prison Lafayette, 22 octobre 1941). © Association des familles d'otages fusillés à Nantes et à Paris le 22 octobre 1941.
8. Photographie de Léon Jost (1) et d'Alexandre Fourny (2), en visite dans une colonie pour les enfants des combattants français, ouverte par le comité d'entente des Anciens Combattants. Ils sont accompagnés d'Auguste Pageot, maire de Nantes. © Collection Michel Jost.

9

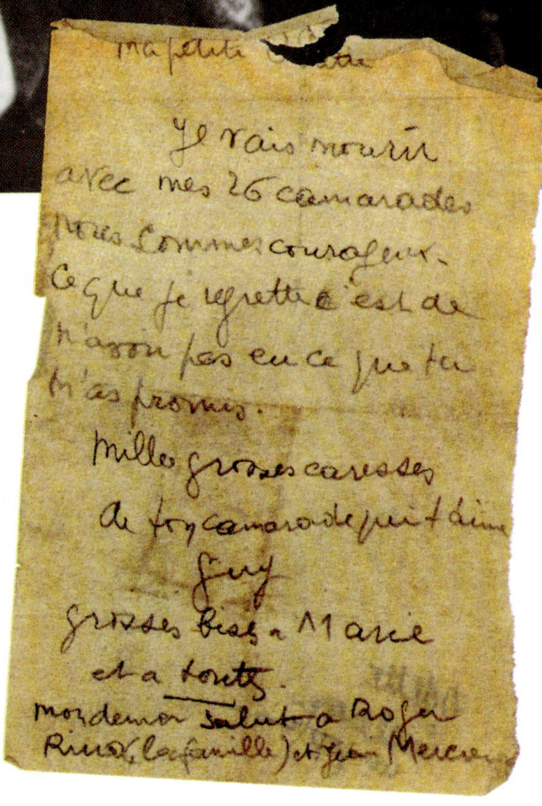

Ma petite Odette

Je vais mourir avec mes 26 camarades nous sommes courageux.
Ce que je regrette c'est de n'avoir pas eu ce que tu m'as promis.

mille grosses caresses
de ton camarade qui t'aime
Guy
grosses bises à Marie
et à toutes.
mon dernier salut à Roger
Rinux (la famille) et Jean Mercier

10

9. Guy Môquet et ses amis Henri Breux et Lucien Bercelli sur les « fortifs », porte de Clichy, avant-guerre (Guy Môquet est le deuxième à partir de la gauche). © Musée de la Résistance nationale, Champigny-sur-Marne, fonds Saffray/Môquet.

10. Dernier billet de Guy Môquet à Odette Leclan, internée au camp de Choisel (Châteaubriant, camp de Choisel, 22 octobre 1941). © Musée de la Résistance nationale, Châteaubriant, fonds Amicale Châteaubriant-Voves-Rouillé.

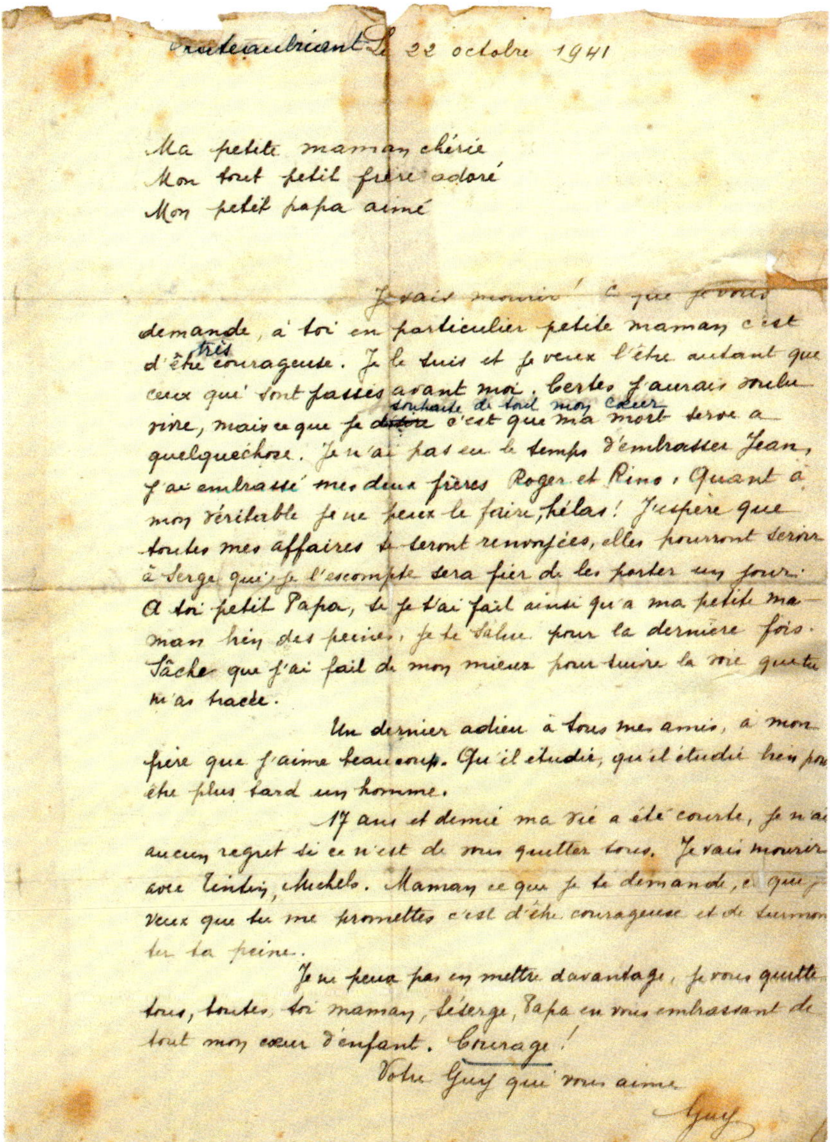

Châteaubriant le 22 octobre 1941

Ma petite maman chérie
Mon tout petit frère adoré
Mon petit papa aimé

Je vais mourir ! Ce que je vous demande, à toi en particulier petite maman c'est d'être très courageuse. Je le suis et je veux l'être autant que ceux qui sont passés avant moi. Certes j'aurais voulu vivre, mais ce que je ~~dis~~ souhaite de tout mon cœur c'est que ma mort serve à quelquechose. Je n'ai pas eu le temps d'embrasser Jean, j'ai embrassé mes deux frères Roger et Rino. Quant à mon véritable je ne peux le faire, hélas ! J'espère que toutes mes affaires te seront renvoyées, elles pourront servir à Serge qui je l'escompte sera fier de les porter un jour. A toi petit Papa, si je t'ai fait ainsi qu'à ma petite maman bien des peines, je te salue pour la dernière fois. Sache que j'ai fait de mon mieux pour suivre la voie que tu m'as tracée.

Un dernier adieu à tous mes amis, à mon frère que j'aime beaucoup. Qu'il étudie, qu'il étudie bien pour être plus tard un homme.

17 ans et demi ma vie a été courte, je n'ai aucun regret si ce n'est de vous quitter tous. Je vais mourir avec Tintin, Michels. Maman ce que je te demande, ce que je veux que tu me promettes c'est d'être courageuse et de surmonter ta peine.

Je ne peux pas en mettre davantage, je vous quitte tous, toutes, toi maman, Serge, Papa en vous embrassant de tout mon cœur d'enfant. Courage !

Votre Guy qui vous aime

Guy

11

11. Dernière lettre de Guy Môquet à sa famille (Châteaubriant, camp de Choisel, 22 octobre 1941). © Musée de la Résistance nationale, Châteaubriant, fonds Saffray/Môquet.

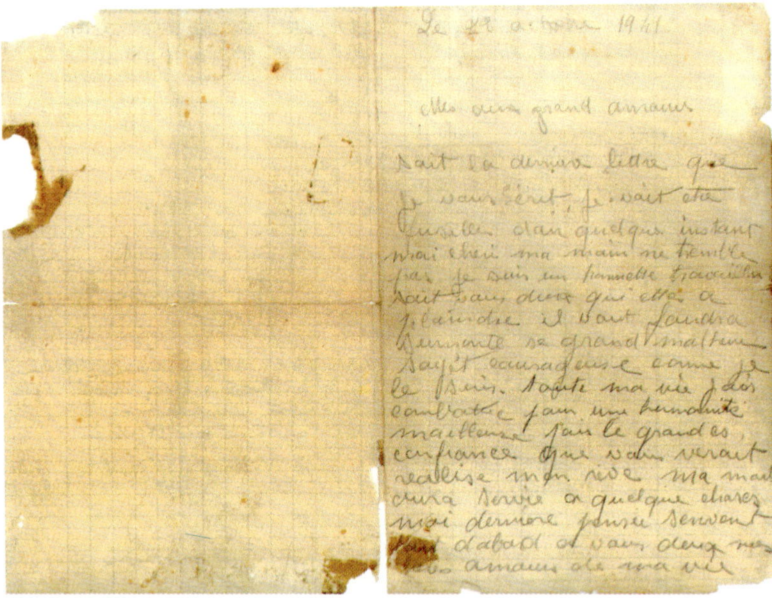

Le 22 octobre 1941

Mes deux grand amours

Sait la dernière lettre que
je vous écrit, je vait être
fusillé dans quelque instant
mai chérie ma main ne tremble
pas je suis un homme tranquille
sait vous deux qui etes a
plaindre il vaut faudra
surmonter se grand malheur
soyet courageuse comme je
le suis. Toute ma vie j'ai
combattu pour une humanité
meilleure j'ai la grandes
confiance que vous verait
réalise mon rêve ma mort
aura servie a quelque chose
mai dernière pensée seront
tout d'abord a vous deux mes
deux amours de ma vie

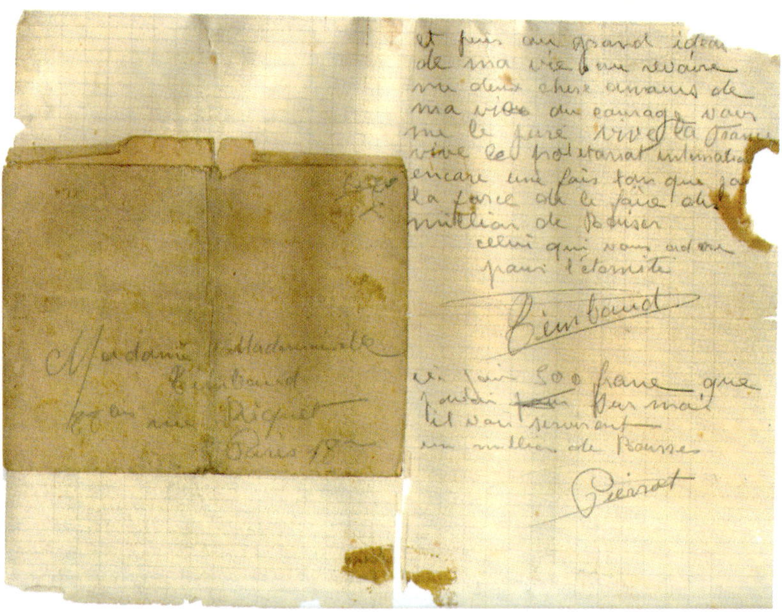

Madame Mademoiselle
Timbaud
rue Riquet
Paris 18e

et puis au grand idéal
de ma vie Au revoire
mes deux chère amours de
ma vie du courage vous
me le jure vive la France
vive le prolétariat internationa[l]
encore une fois tous que j'a[i]
la force de le faire des
millions de baiser
celui qui vous adore
pour l'éternité

Timbaud

je joins 500 franc que
j'avais ~~sur~~ sur moi
il vous serviront
un million de baisse

Pierrot

12

12. Dernière lettre, avec enveloppe, de Jean-Pierre Timbaud à sa femme et à sa fille (Châteaubriant, camp de Choisel, 22 octobre 1941), recto et verso. © Musée de la Résistance nationale, Châteaubriant, fonds Jacqueline Timbaud.

13

14

13. Photo de Jean-Pierre Timbaud (debout, 3e rang, 1er en partant de la gauche), avec l'équipe de football Métro-Sport (FSGT) prise à Villejuif en 1936, à l'issue du match qui l'opposait au Club corporatif de la maison Panhard. © Musée de la Résistance nationale, Champigny-sur-Marne, fonds Jacqueline Timbaud.

14. Photo de Jean-Pierre Timbaud et de sa fille Jacqueline, prise peu avant-guerre dans le parc de la maison des métallurgistes à Baillet (Seine-et-Oise, auj. Val d'Oise). En 1939, le centre est transformé en camp d'internement administratif. © Musée de la Résistance nationale, Champigny-sur-Marne, fonds Jacqueline Timbaud.

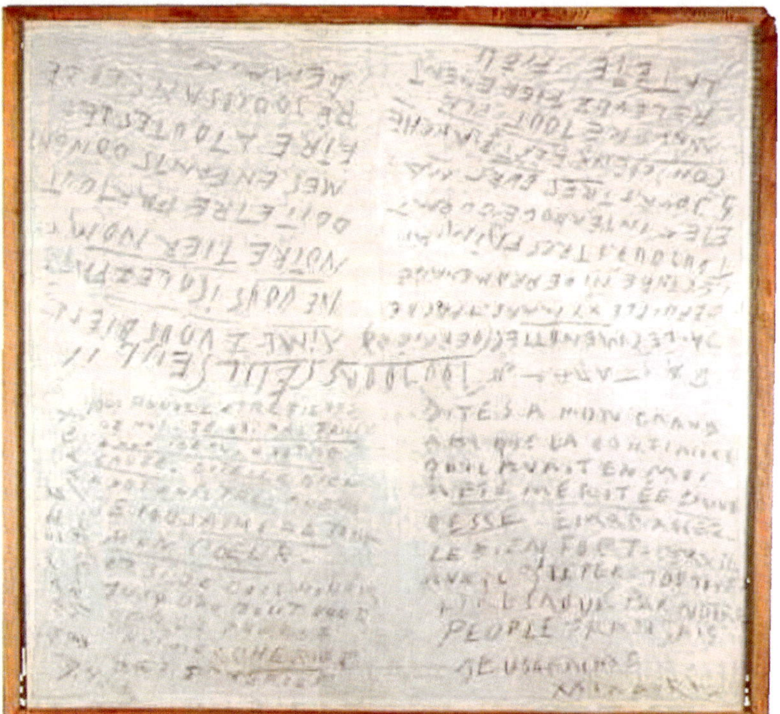

15

15. Derniers messages de Félix Cadras (prison de Fresnes, avril-mai 1942), inscrits sur un mouchoir et cachés par lui dans le pardessus remis à la famille après l'exécution, recto. En 1950, Georgette Cadras fait encadrer le mouchoir et l'offre en cadeau à Maurice Thorez, secrétaire général du PCF, pour son cinquantième anniversaire. © Archives municipales d'Ivry-sur-Seine, fonds Thorez, donation des héritiers (Photo R. Noury/MRN).

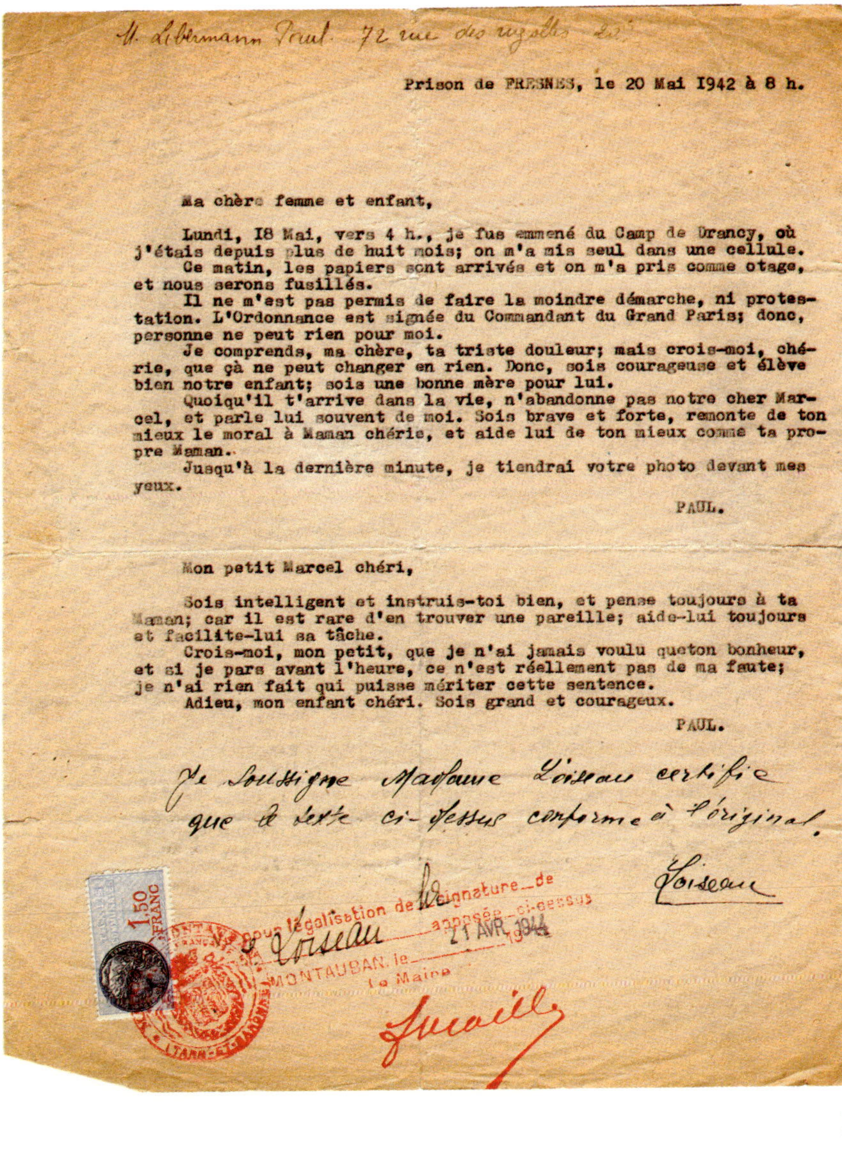

M. Libermann Paul 72 rue des rigoles 20e

Prison de FRESNES, le 20 Mai 1942 à 8 h.

Ma chère femme et enfant,

Lundi, 18 Mai, vers 4 h., je fus emmené du Camp de Drancy, où j'étais depuis plus de huit mois; on m'a mis seul dans une cellule.
Ce matin, les papiers sont arrivés et on m'a pris comme otage, et nous serons fusillés.
Il ne m'est pas permis de faire la moindre démarche, ni protestation. L'Ordonnance est signée du Commandant du Grand Paris; donc, personne ne peut rien pour moi.
Je comprends, ma chère, ta triste douleur; mais crois-moi, chérie, que çà ne peut changer en rien. Donc, sois courageuse et élève bien notre enfant; sois une bonne mère pour lui.
Quoiqu'il t'arrive dans la vie, n'abandonne pas notre cher Marcel, et parle lui souvent de moi. Sois brave et forte, remonte de ton mieux le moral à Maman chérie, et aide lui de ton mieux comme ta propre Maman.
Jusqu'à la dernière minute, je tiendrai votre photo devant mes yeux.

PAUL.

Mon petit Marcel chéri,

Sois intelligent et instruis-toi bien, et pense toujours à ta Maman; car il est rare d'en trouver une pareille; aide-lui toujours et facilite-lui sa tâche.
Crois-moi, mon petit, que je n'ai jamais voulu queton bonheur, et si je pars avant l'heure, ce n'est réellement pas de ma faute; je n'ai rien fait qui puisse mériter cette sentence.
Adieu, mon enfant chéri. Sois grand et courageux.

PAUL.

Je soussigne Madame Loiseau certifie que le texte ci-dessus conforme à l'original.

Loiseau

Vu pour légalisation de la signature de Loiseau apposée ci-dessus
MONTAUBAN, le 21 AVR 1944
Le Maire

16

16. Transcription de la dernière lettre de Paul Libermann (prison de Fresnes, 20 mai 1942) ; dactylographiée et certifiée conforme par la mairie de Montauban, le 21 avril 1944. © Musée de la Résistance nationale, Champigny-sur-Marne.

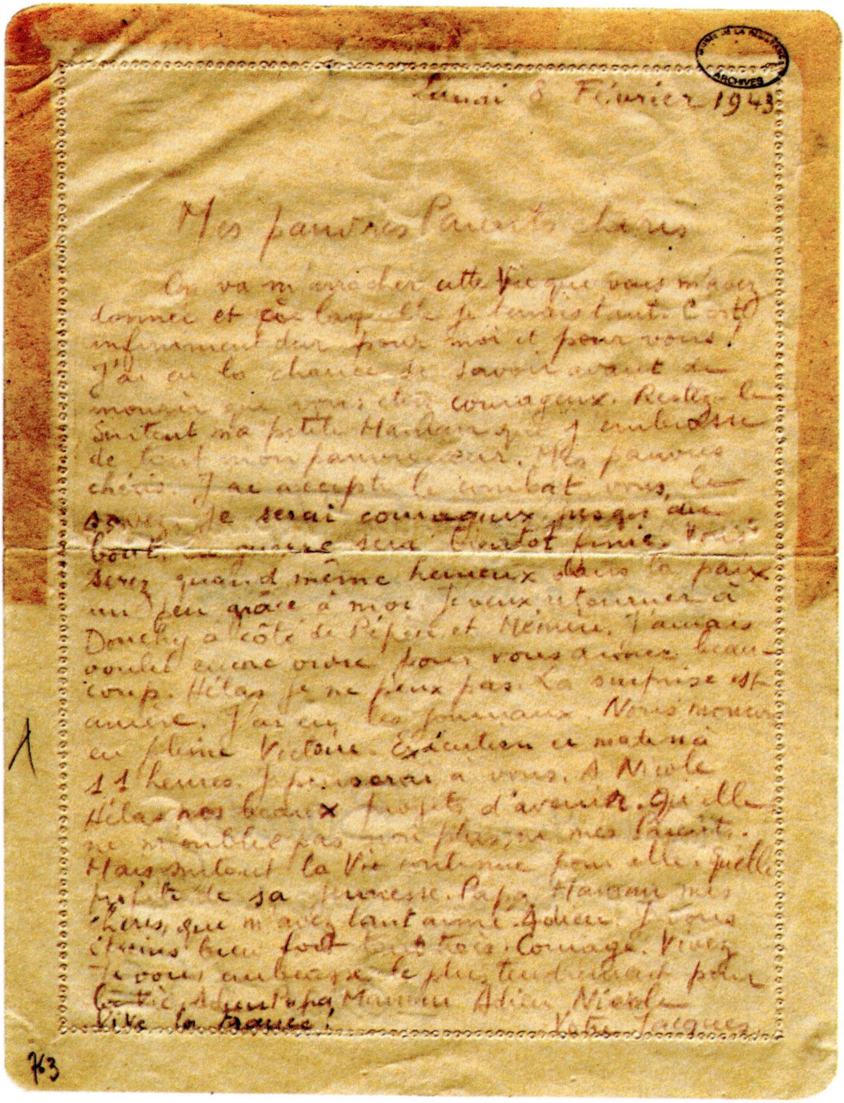

Lundi 8 Février 1943

Mes pauvres Parents chéris

On va m'arracher cette vie que vous m'avez donnée et à laquelle je tenais tant. C'est infiniment dur pour moi et pour vous ! J'ai eu la chance de savoir avant de mourir que vous étiez courageux. Restez-le surtout ma petite Maman que j'embrasse de tout mon pauvre cœur. Mes pauvres chéris. J'ai accepté le combat vous le savez. Je serai courageux jusqu'au bout. La guerre sera bientôt finie. Vous serez quand même heureux dans la paix un peu grâce à moi. Je veux retourner à Douchy à côté de Pépère et Mémère. J'aurais voulu encore vivre pour vous aimer beaucoup. Hélas je ne peux pas. La surprise est amère. J'ai lu les journaux. Nous mourons en pleine Victoire. Exécution ce matin à 11 heures. Je penserai à vous. A Nicole. Hélas nos beaux projets d'avenir. Qu'elle ne m'oublie pas non plus mes Parents. Mais surtout la vie continue pour elle. Qu'elle profite de sa jeunesse. Papa Maman mes chéris, qui m'avez tant aimé. Adieu. Je vous étreins bien fort tous trois. Courage. Vivez. Je vous embrasse le plus tendrement pour la vie. Adieu Papa Maman Adieu Nicole

Vive la France !

Votre Jacques

17

17. Manuscrit de la dernière lettre de Jacques Baudry à ses parents (prison de Fresnes, 8 février 1943), verso de l'enveloppe-lettre. © Musée de la Résistance nationale, Champigny-sur-Marne, fonds Baudry.

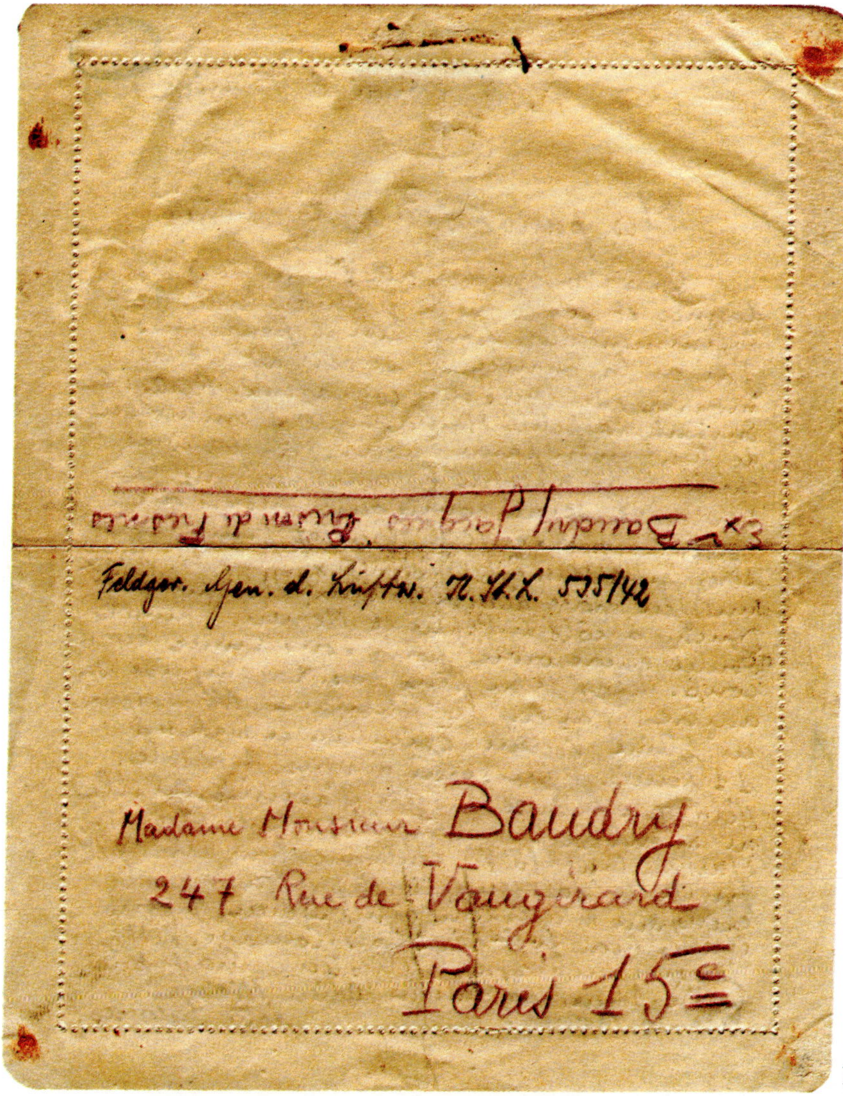

18

18. Manuscrit de la dernière lettre de Jacques Baudry à ses parents (prison de Fresnes, 8 février 1943), recto de l'enveloppe-lettre. L'adresse est de la main de Jacques Baudry. Au centre, au crayon à papier, le visa de la censure allemande. © Musée de la Résistance nationale, Champigny-sur-Marne, fonds Baudry.

19

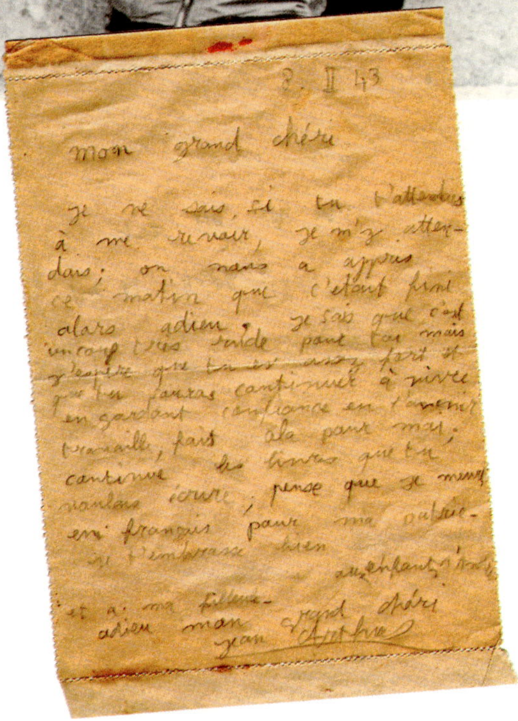

8. II 43

Mon grand chéri

Je ne sais si tu t'attendais à me revoir, je m'y attendais ; on nous a appris ce matin que c'était fini alors adieu. Je sais que c'est un coup très rude pour toi mais j'espère que tu es assez fort et que tu sauras continuer à vivre en gardant confiance en l'avenir ; travaille, fais-le pour moi ; continue les livres que tu voulais écrire ; pense que je meurs en français pour ma patrie.

Je t'embrasse bien

aux enfants [illegible]

et à ma filleule

adieu mon grand chéri

Jean Arthus

20

19. Photographie de Jean Arthus, un des « cinq » du lycée Buffon, fusillé au mont Valérien le 8 février 1943. © Archives nationales, donation Arthus-Rajon.

20. Manuscrit de la dernière lettre de Jean Arthus à son père (prison de Fresnes, 8 février 1943), recto. © Archives nationales, donation Arthus-Rajon.

21

22

21 et **22.** La tombe des seize jeunes résistants fusillés par les Allemands à la citadelle de Besançon, le 26 septembre 1943, fleurie par la population. © Besançon, musée de la Résistance et de la Déportation.

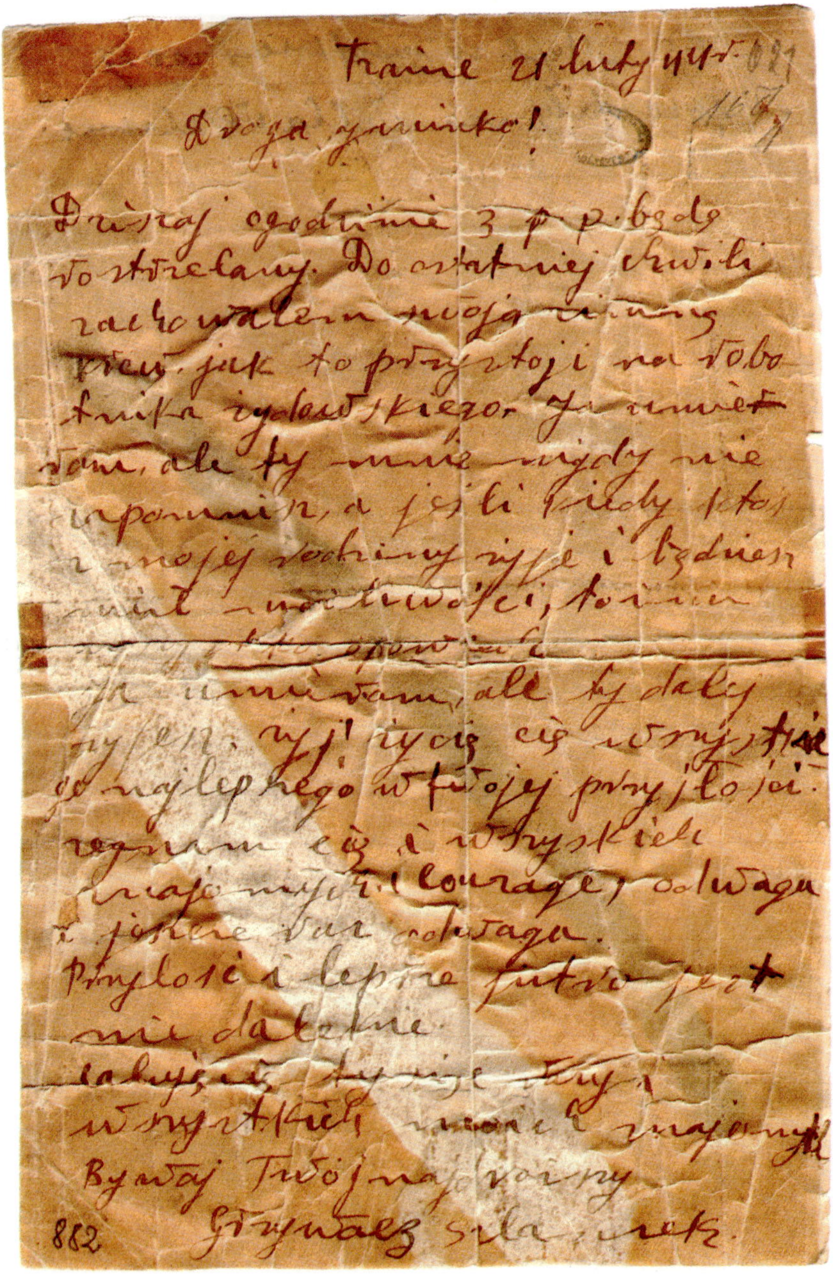
Fresne 21 luty 44r.

Droga żoneczko!

Dzisiaj o godzinie 3 p.p. będę rozstrzelany. Do ostatniej chwili zachowałem moją zimną krew, jak to przystoi na robotnika żydowskiego. Ja umieram, ale ty mnie nigdy nie zapomnisz, a jeśli kiedy ktoś z mojej rodziny żyje i [illegible]

Ja umieram, ale ty dalej żyjesz, życzę ci wszystkiego najlepszego w twojej przyszłości. Żegnam cię i wszystkich znajomych (courage) odwaga i jeszcze raz odwaga. Przyszłość i lepsze jutro jest nie daleko.

Całuję cię tysiące razy i wszystkich [illegible] znajomych

Bywaj Twój najwierniejszy

882 Grzywacz Szlama [illegible]

23

23. Manuscrit de la dernière lettre (en polonais) de Szlomo Grzywacz à sa femme (Fresnes, 21 février 1944), recto. © Musée de la Résistance nationale, Champigny-sur-Marne.

Je te demande d'être une grand-maman tendre et douce et de continuer à apprendre à Mary, et plus tard à la petite Georgette, toutes les bonnes choses que tu nous as enseignées à Georgette et à moi au cours de notre enfance et de notre adolescence. Tu peux et tu dois, chère mère, jouer encore un grand rôle d'éducation de mes enfants, car tu vivras encore de longues années heureuses dans ce monde nouveau auquel tu as toujours cru, même aux heures les plus sombres de ta vie de femme. Tu peux encore marquer l'esprit de mes petites d'un pli ineffaçable. Je te demande ce nouvel effort en souvenir de mon pauvre père auquel tu as su si magnifiquement demeurer fidèle dans ton cœur et ta chair. D'avance je te remercie pour tout ce que tu feras en ce sens. Merci même, ma chère maman, pour tout ce que tu as fait pour me forger l'âme.

À toutes deux, chères femme et mère, je demande surtout de soigner ma grande sœur Georgette. Depuis une année, elle souffre de la faim et du froid en prison. C'est vers elle que doivent tendre vos efforts. C'est elle qu'il faudra soutenir au maximum. C'est elle qu'il faut soutenir de toutes vos forces. Moi, je suis ici depuis peu de temps et n'y resterai que peu. Je suis un homme, et physiquement, je peux souffrir beaucoup plus qu'elle. C'est donc à elle qu'il faut envoyer les vivres que vous pourrez distraire de vos portions déjà si minimes. Moi, je tiendrai et j'ai encore plus de 400 francs au greffe. Je peux acheter chaque jour un bon casse-croûte à la cantine et je n'ai pas trop souffert jusqu'ici.

Elle, il faut qu'elle tienne, c'est sur elle que je compte pour l'avenir très prochain. Il faut donc tout faire pour qu'elle tienne encore quelques semaines.

J'espère qu'elle aura été heureuse de la naissance de sa petite Georgette. Quant à l'accident qui m'a frappé[1], mieux vaut ne pas le lui dire encore et le plus tard sera le mieux. Elle aurait tant de chagrin. Et cela peut se terminer très vite, aussi mieux vaut le lui cacher le plus longtemps possible. Pauvre chère petite sœur si noble et si courageuse, dont je suis si fier. J'insiste de nouveau, c'est elle qu'il faut soigner d'abord, moi après s'il en reste.

---

[1] Son arrestation, le 15 février 1942.

Ici, tous les amis m'envoient de quoi manger, car eux ont plus de possibilités à la cantine.

Depuis que j'ai quitté la Préfecture, c'est-à-dire il y a bientôt trois semaines, j'attends. Je ne sais encore ce qu'on veut faire de moi, j'attends calmement le sort qu'ils me réservent avec la tranquillité de ceux qui ont fait leur devoir et que rien ne peut effrayer. J'ai beaucoup d'espoir, car les nouvelles qui percent les murs les plus épais sont bonnes, très bonnes même. Tout peut aller très vite.

La force de mon père, l'amour de mon parti, me rendent fort comme le roc et inébranlable pour toujours.

Quant à vous toutes, soyez unies, aimez-vous bien, vous serez plus fortes encore pour attendre les heureux jours qui arrivent à grands pas.

J'ai bien reçu les trois lettres de ma petite femme ; mais le mot de mémée, ils me l'ont déchiré : je n'ai pu en prendre connaissance. Je suis très heureux de la petite lettre de Mary. Je vous demande de la mettre maintenant à l'école. C'est très bien ainsi, elle s'ennuiera moins, la chère petite. Je vous prie d'embrasser le père Cerquy et de lui dire mon amitié ainsi qu'à toute sa famille. Que mémée embrasse aussi bien les parents de la petite filleule de ma sœur et qu'elle leur dise que je pense beaucoup à eux et qu'ils doivent savoir être heureux. On le peut quand on veut.

Je ne sais si ma petite femme a annoncé la nouvelle de la naissance à ses parents, mais, à mon avis, mieux vaut continuer comme par le passé.

Je vous embrasse toutes quatre très tendrement.

Une bonne caresse à Taty qui doit s'enrager après ses maîtres.

À vous encore mille bonnes pensées de votre fils, époux et papa.

Félix Cadras.

Le premier jour, j'ai été battu par Pucheu le ministre[1], et on m'a laissé soixante-douze heures sans nourriture. Faites-le savoir.

---

[1] Pierre Pucheu (1899-1944), ministre de l'Intérieur du gouvernement de Vichy de juillet 1941 à avril 1942.

Félix Cadras n'a pas reçu l'autorisation d'écrire sa dernière lettre. Ces notes et messages, griffonnés sur un mouchoir, ont été retrouvés dans la doublure de son pardessus, remis après l'exécution à sa famille. Le mouchoir a été offert en cadeau à Maurice Thorez en 1950, pour son cinquantième anniversaire.

Pas tabac et toujours seul, seul !! J'ai les menottes[1] (derrière). Depuis le XX mars. + pas de lecture ni de promenade. Toujours très faim. Ai été « interrogé » durant 5 jours. Très durs. Ma conscience est blanche malgré tout cela relevez fièrement la tête fier !!

Aimez-vous bien. Ne vous isolez pas. Notre fier nom, doit être partout. Mes enfants doivent

être à toutes les réjouissances de demain.

Vous pouvez être fières de moi. Je n'ai pas failli à mon idéal, à notre cause. Dites-le bien

à nos amis très chers. Je vous aime de tout mon cœur. Et si je dois mourir jusqu'au bout vous

serez près de moi mes chéries, mes (5) chéries.

29 4 42

…..ma mère

……….mary

Dites à mon grand ami que la confiance qu'il avait en moi a été méritée sans cesse. Embrasse-le bien fort. Ce XXIX Avril j'espère toujours être sauvé par notre Peuple français. Je vous aime.

XXIX avril

Dès maintenant je suis sûr que ma chère cité et ma province natale resteront françaises, et que la France éternelle va de nouveau porter le flambeau de la Liberté à travers ce monde.

XXIX avril 1942

---

1 Tous les mots soulignés ici le sont dans l'original.

XXX/ 4 Vive le PCF Et son chef.
Vive ! JC et Staline.

2 mai que de souvenirs d'espoirs.

15 16 mai
4 mai toujours espoir. ai échangé qq. mots avec Catherine[1].

6 mai

IX mai
Mary[2] a 7 ans.

X beaucoup d'espoir.
X0 mai
Ils nous ont même pris vos lettres vos photos. N'oubliez jamais[3].

11 mai Grand espoir.

XIV mai
19 mai

Document reproduit dans le cahier iconographique, n° 15.

[1] L'épouse de Félix Cadras.
[2] La fille aînée de Félix Cadras, voir *supra*, p. 167, note 3.
[3] Soulignés dans l'original.

Félix Cadras naît en 1906, dans une famille d'ouvriers tullistes de Calais. Son père meurt au front en 1915. Pupille de la Nation, il étudie dans sa ville natale, d'abord à l'école primaire supérieure, puis, grâce aux cours du soir, à l'École d'art décoratif, dont il sort avec un diplôme de dessinateur en dentelle en 1919. Désormais brodeur et dessinateur, il épouse en 1925 une ouvrière brodeuse. Le couple a une première petite fille, Mary, en 1935, et une seconde, Georgette, en 1942. Félix Cadras adhère en 1924 à la Jeunesse communiste et en 1932 au Parti communiste, dont il devient rapidement l'un des responsables pour Calais et sa région. Pendant la crise économique des années 1930, il acquiert estime et autorité par son action politique en faveur des chômeurs – en particulier l'organisation de la solidarité et la popularisation de son étude économique, « Union pour sauver Calais de la misère », qui proposait des solutions pour redresser l'industrie de la dentelle. Conseiller municipal de Calais (1935), membre du comité de Front populaire dans le Pas-de-Calais, il accède en 1937 à des responsabilités nationales à la direction du PCF.

Mobilisé en septembre 1939, il participe à la campagne de France comme sous-officier d'artillerie. Après la débâcle et le repli de son unité en Vendée, il entre dans la clandestinité. Arrivé à Lyon, avec Victor Michaut et Jean Chaintron, il participe à la reconstruction du Parti communiste clandestin en zone sud. Au début de 1941, de retour en région parisienne, il est chargé de restructurer l'organisation clandestine du parti, jouant un rôle essentiel dans les divers aspects de son action: mise en place d'un appareil technique d'impression et de diffusion; encadrement à la base du mouvement social, notamment à travers les Comités populaires[1]; naissance du Front national de lutte pour la liberté et l'indépendance de la France; constitution de l'Organisation spéciale et des Francs-Tireurs et Partisans[2].

Félix Cadras est arrêté à Paris le 15 février 1942 par les Brigades spéciales, sous le pseudonyme de « Georges Dauvergne ». Sa véritable identité est vite démasquée: torturé, tour à tour, par la police française et par la Gestapo, il ne parle pas. Emprisonné à la Santé, puis dans le quartier de haute sécurité de Fresnes (seul et enchaîné nuit et jour),

---

[1] Voir *infra*, p. 348.

[2] Organisations du PCF. Voir *infra*, pp. 349 et 351.

[3] Dirigeant du PCF, assurant la liaison entre Jacques Duclos et Benoît Frachon

il est fusillé par les Allemands au mont Valérien le 30 mai 1942, avec trois autres otages parmi lesquels Arthur Dallidet[3] et Daniel Decourdemanche, dit Jacques Decour[3]. Il reçoit la Légion d'honneur à titre posthume.

Jacques Decour à ses parents et à sa fille
Paris, prison de la Santé – 30 mai 1942

Samedi 30 mai 1942 – 6 h 45

Mes chers parents,

Vous attendiez depuis longtemps une lettre de moi.

Vous ne pensiez pas recevoir celle-ci. Moi aussi, j'espérais bien ne pas vous faire ce chagrin. Dites-vous bien que je suis resté jusqu'au bout digne de vous, de notre pays que nous aimons.

Voyez-vous, j'aurais très bien pu mourir à la guerre ou bien même dans le bombardement de cette nuit. Aussi, je ne regrette pas d'avoir donné un sens à cette fin. Vous savez bien que je n'ai commis aucun crime, vous n'avez pas à rougir de moi, j'ai su faire mon devoir de Français. Je ne pense pas que ma mort soit une catastrophe; songez qu'en ce moment des milliers de soldats de tous les pays meurent chaque jour, entraînés, dans un grand vent qui m'emporte aussi.

Vous savez que je m'attendais depuis deux mois à ce qui m'arrive ce matin, aussi ai-je eu le temps de m'y préparer, mais comme je n'ai pas de religion, je n'ai pas sombré dans la méditation de la mort; je me considère un peu comme une feuille qui tombe de l'arbre pour faire du terreau.

---

[1] Voir la lettre suivante.

La qualité du terreau dépendra de celle des feuilles. Je veux parler de la jeunesse française, en qui je mets tout mon espoir.

Mes parents chéris, je serai sans doute [enterré] à Suresnes, vous pouvez si vous le désirez demander mon transfert à Montmartre.

Il faut me pardonner de vous faire ce chagrin. Mon seul souci depuis trois mois a été votre inquiétude. En ce moment, c'est de vous laisser ainsi sans votre fils qui vous a causé plus de peines que de joies. Voyez-vous, il est content tout de même de la vie qu'il a vécue, qui a été bien belle.

Et maintenant voici quelques commissions. J'ai pu mettre un mot à celle que j'aime[1]. Si vous la voyez, bientôt j'espère, donnez-lui votre affection, c'est mon vœu le plus cher. Je voudrais bien aussi que vous puissiez vous occuper de ses parents qui sont bien en peine. Excusez-moi auprès d'eux de les abandonner ainsi ; je me console en pensant que vous tiendrez à remplacer un peu leur « ange gardien ».

Donnez-leur des choses qui sont chez moi et appartiennent à leur fille : des volumes de la Pléiade, les Fables de La Fontaine, Tristan, les 4 Saisons, les petits poussins, les deux aquarelles (Vernon et Issoire), la carte des 4 pavés du Roy.

Je voudrais que le jeune Michel[2] ait mes affaires personnelles (stylo, porte-mine, portefeuilles montre et briquet). Embrassez-les tous les trois pour moi.

J'ai beaucoup imaginé, ces derniers temps, les bons repas que nous ferions quand je serais libéré. Vous les ferez sans moi, en famille, mais pas tristement, je vous en prie. Je ne veux pas que votre pensée s'arrête aux belles choses qui auraient pu arriver, mais à toutes celles que nous avons réellement vécues. J'ai refait pendant ces deux mois d'isolement, sans lecture, tous mes voyages, toutes mes expériences, tous mes repas. J'ai même fait un plan de roman. Votre pensée ne m'a pas quitté, et je souhaite que vous ayez, s'il le fallait, beaucoup de patience et de courage, surtout pas de rancœur.

---

[1] Maï Politzer, épouse de Georges Politzer, ami et camarade de Jacques Decour. Ce n'est qu'en juillet 2002, dans la revue *Europe*, que la dernière lettre de Jacques Decour fut publiée dans son intégralité. Les éditeurs précédents, par conformisme moral, avaient gommé les mots et les passages révélant son amour pour Maï.

[2] Michel Politzer, fils de Maï et de Georges Politzer.

Dites toute mon affection à mes sœurs, à l'infatigable Denise qui s'est tant dévouée pour moi, et à la jolie maman de Michel et de J. Denis.

J'ai fait un excellent repas avec Sylvain le 17, j'y ai souvent pensé avec plaisir, aussi bien qu'au fameux repas de réveillon chez Pierre et Renée. C'est que les questions alimentaires avaient pris de l'importance. Dites à Sylvain et Pierre toute mon affection, et aussi à Jean Bailly[1], mon meilleur camarade, que je le remercie bien de tous les bons moments que j'aurai passés avec lui.

Si j'étais allé chez lui le soir du 17, j'aurais fini tout de même par arriver ici, il n'y a donc pas de regret !

Je vais écrire un mot pour Brigitte à la fin de cette lettre, vous le lui recopierez. Dieu sait si j'ai pensé à elle. Elle n'a pas vu son papa depuis deux ans.

Si vous en avez l'occasion, faites dire à mes élèves de 1ère, par mon remplaçant, que j'ai bien pensé à la dernière scène d'Egmont[2], et à la lettre de TH-KI à son père – sous toute réserve de modestie.

Toutes mes amitiés à mes collègues et à l'ami[3] pour qui j'ai traduit Goethe sans trahir.

Il est 8 heures, il va être temps de partir.

J'ai mangé, fumé, bu du café. Je ne vois plus d'affaire à régler. S'il y a chez Mme Politzer, 170 ter, rue de Grenelle, des objets qui m'appartiennent (livres, notamment ceux du lycée, phono, etc.), tâchez de les récupérer. Il y a aussi votre *Mémorial de Sainte-Hélène*.

Mes parents chéris, je vous embrasse de tout mon cœur. Je suis près de vous et votre pensée ne me quitte pas.

Votre
Daniel.

---

1 Jean Bailly, frère de l'ex-femme de Jacques Decour.

2 *Le Comte d'Egmont*, pièce de Goethe inspirée du destin tragique d'un noble des Pays-Bas, exécuté pour rébellion par les Espagnols en 1568.

3 Jean Paulhan, directeur de la Bibliothèque de la Pléiade. Jacques Decour avait participé à la traduction du *Théâtre complet* de Goethe dans cette collection.

Ma petite Brigitte chérie

Ton papa ne t'a pas beaucoup vue depuis quelque temps; mais il a bien pensé à toi. Dis à ta Maman que je lui fais confiance pour faire de toi une fille forte, saine et gaie, bien solide sur ses deux bonnes jambes.

Travaille bien et tâche de devenir une bonne pianiste.

Songe souvent à ton grand ami de Papa et à toutes les bonnes parties que nous avons faites ensemble.

Je t'embrasse de tout mon cœur. Je t'aime.

Embrasse ta maman.

Daniel Decourdemanche, dit Jacques Decour, naît à Paris en 1910, dans une famille d'agents de change. Après des études secondaires au lycée Carnot puis au lycée Pasteur de Neuilly, il étudie le droit à l'université, avant d'obtenir l'agrégation d'allemand en 1932. Il enseigne dès lors cette langue et cette culture avec passion, jusqu'à son arrestation en 1942, d'abord au lycée de Reims, puis au lycée Descartes de Tours, enfin au lycée Rollin de Paris[1]. *Le professeur d'allemand se double d'un romancier, essayiste, critique et journaliste de talent: auteur chez Gallimard, sous le nom de plume de Jacques Decour, collaborateur de la NRF, traducteur de Goethe. Adhérent des Jeunesses communistes, il rejoint en 1936 le PCF, dont il devient un militant actif en Touraine puis à Paris. Il ne dédaigne aucune forme de militantisme, mais s'attache surtout à l'instruction, l'éducation et l'ouverture d'esprit des classes populaires. Orientation qui va de la création d'un ciné-club à Tours à la direction des revues* Commune *(1938) et* La Pensée *(1939). Mobilisé comme simple soldat à Vernon, il finit la campagne de France à Clermont-Ferrand, comme chauffeur du général de Lattre de Tassigny. Dès la rentrée des classes de 1940, en liaison avec Danielle Casanova, Jacques Solomon, docteur en physique, gendre du professeur Paul Langevin, et Georges Politzer, agrégé de philosophie, il organise la résistance intellectuelle contre l'occupant et le gouvernement de Vichy. En novembre 1940 paraît le premier numéro de* L'Université libre. *En février 1941 est*

[1] Devenu lycée Jacques-Decour à la Libération.

lancée la première revue clandestine, La Pensée libre. *Enfin, en janvier 1942, avec Jean Blanzat, Jean Guéhenno, le père Maydieu, Charles Vildrac, Jacques Debû-Bridel, il crée* Les Lettres françaises. *Il est arrêté le 17 février 1942 à Paris par la police française, en compagnie de Georges Politzer et de Jacques Solomon. Conduit à la Santé, torturé par les Français et les Allemands, il est fusillé au mont Valérien le 30 mai 1942.*

Anonyme à sa famille
Paris, prison de la Santé – 4 juin 1942

Prison de la Santé, 4 juin 1942

Dernier jour de ma vie, 9 heures du matin.

À ma chère petite mère, à mon cher vieux père, à mon petit frère Jean, ainsi qu'à *[passage censuré]* t'avertir de ce qui m'attendait, il va falloir être courageux et forts comme je le suis en ce moment.

Tu as dû savoir que j'ai été condamné à mort. Il est 9 heures du matin, et on vient de m'avertir que le recours en grâce a été rejeté, car j'ai été deux fois condamné à mort. La sentence va être exécutée aujourd'hui, qu'aujourd'hui je ne serai plus de ce monde *(sic)*. Il faut que toi, mon vieux Papa, tu sois courageux et que tu soutiennes Maman dans sa douleur pour moi. Je suis calme et plein de courage. Je regarde la mort en face, car je n'ai rien à me reprocher de la vie passée : j'ai toujours été travailleur. J'ai peut-être été des fois injuste avec toi, Maman, et je te demande pardon. Toi aussi, mon vieux Papa, nous nous sommes disputés, mais j'espère que c'est oublié.

Je vous demande à vous deux, Maman et Papa, de ne pas tomber dans le chagrin et d'élever mon petit frère Jean, comme vous avez fait de moi, un honnête et courageux travailleur ; tâchez d'en faire un bon ouvrier et faites-lui passer son certificat d'études en allant à l'école du soir.

J'avais fait des projets futurs pour après la guerre, j'ai eu l'intention de fonder un foyer, avoir des enfants que vous auriez pu chérir, mais vous allez pouvoir reporter votre tendresse sur le petit Michel, le petit garçon de Céline, et Sylviane, vos petits-enfants.

Je sais que vous allez avoir un gros chagrin, mais il va falloir avoir une fin digne de vous.

Il ne faut pas croire que je suis heureux de vous quitter, non, mais la fatalité a voulu que je ne vive pas jusqu'à mes 25 ans. Vous avez fait des sacrifices pour m'élever, et maintenant que j'aurais pu vous acquitter de ma dette envers vous *(sic)*, je vous quitte. Que voulez-vous, c'est la mort. Ces derniers temps, j'ai beaucoup pensé aux petits plats que Maman préparait pour me gâter et je les ai dégustés en mémoire ; c'était merveilleux.

J'ai demandé aux amis que j'ai vus au tribunal de vous donner mon adresse de la prison, ainsi que les jours de réception des colis, j'ai demandé si je pourrais l'avoir, on m'a dit qu'à titre exceptionnel, je l'aurais, mais il faudrait qu'il soit apporté ce matin ; en tous les cas, ça ne fait rien, ma petite mère, si tu n'as rien apporté, je serai encore en pleine forme. J'ai droit à écrire trois lettres. Je vais en écrire une à ma tante et les deux autres feuilles sont pour tous.

Il fait beau aujourd'hui et je pensais mourir un beau jour.

Maman, je te demande encore d'être forte, surtout continue à te nourrir et que mon vieux Papa fasse pareil ; bien sûr j'étais l'enfant gâté, mais il faudra remonter ça, d'ailleurs Jean *[passage censuré]* juillet vous pourrez *[passage censuré]* mes affaires, mais certainement en payant un terme d'avance. Tout ce qui est dans ma chambre m'appartient, vous prendrez également les aliments qui se trouvent dans ma chambre sur la fenêtre de mon débarras et dans la cheminée. Jean, tu iras avec Maman et tu demanderas la suppression du courant à la compagnie. Maintenant pour *[passage censuré]*. Vous irez à la Kommandantur ou la prison de la Santé[1], d'ailleurs vous

[1] Sur les affaires des condamnés, voir *infra*, p. 357.

viendrez à la prison de la Santé toucher mes affaires et 345 Frs qu'on avait pris sur moi quand j'ai été arrêté. Vous irez également chez mon patron pour lui demander les quatre journées [que] je crois qu'il me doit et vous lui demanderez s'il ne peut pas vous faire toucher mes congés payés, ce sera toujours pour vous. Si vous avez des difficultés pour rentrer dans ma chambre, allez demander un papier à la Kommandantur comme quoi je suis mort, il vous le donnera[1]. Si tu veux faire un agrandissement de la personne, ma meilleure et la plus récente photo est celle où je suis en blouson. Louisette, je crois, en a une, elle te la prêtera.

Recopiez ma lettre car, au bout de quelques jours, le crayon sera effacé et vous n'aurez aucun souvenir de moi.

Pour mon complet, vous pourrez le faire ajuster pour Jean, justement il en a besoin.

On vient de me permettre de faire trois procurations, si ça vous est nécessaire, je vous les envoie dans une autre enveloppe.

Je ne parle pas de tout le monde, car je n'ai pas assez de place, mais vous pourrez lire à tous mes amis et camarades que, durant ma captivité, j'ai pensé à chacun d'eux.

Vous ne saviez pas ce que je faisais, mais vous le saurez un jour, et je vous assure que vous pourrez lever la tête fièrement car je meurs avec courage et en sachant pourquoi j'ai lutté ; il faut vous faire à l'idée que j'aurais pu mourir pendant cette guerre qui n'était pas mon idée, tandis que mourir comme je vais mourir, je suis fier de mourir pour ma Patrie, pour la *[passage censuré]* et pour un monde meilleur où il n'y aura plus *[passage censuré]* l'homme par l'homme ; bien sûr, vous n'allez pas y comprendre grand-chose, mais d'ici quelques mois, vous comprendrez.

Je demande avant de mourir à mon frère Marcel de se réconcilier avec Papa et Maman et de les aider à surmonter ce moment douloureux, et de ne pas oublier que l'argent ne fait pas le bonheur.

J'ai beaucoup pensé à Louisette, qui fait de merveilleux plats, et à tous les amis chez lesquels j'ai dîné, et ça m'a fait passer de bons moments.

J'ai pensé au père de la petite Yvette et enfin à tous mes amis que je ne puis énumérer faute de place, mais tous ont passé dans ma tête.

---

[1] Sur les questions de succession, voir *infra*, p. 357.

Je vais vous quitter, mes chers parents, ma lettre est un peu embrouillée, mais j'ai dit ce que je pensais. ADIEU, chère maman, sois courageuse et fière. ADIEU Papa, Jean, Marcel, Louisette, Sylviane, Paul, Céline.

Marcel, aide Papa et Maman à surmonter ce mauvais moment.

Pensez à moi tous les ans le 4 juin et faites un bon dîner ; ça sera mon dernier mot.

Beaucoup de baisers.

ADIEU, il est midi et on m'attend.

ADIEU MAMAN, ADIEU PAPA, Bons baisers à tous.

VIVE LA FRANCE !

Roger Pironneau à ses parents
Paris, prison de la Santé – 29 juillet 1942

29 juillet 1942

Parents adorés,

Je vais être fusillé tout à l'heure à midi. Il est 9 h 1/4. C'est un mélange de joie et d'émotion. Pardon pour tout : [de] la douleur que je vous ai causée, de celle que je vous cause, [de] celle que je vous causerai. Pardon à tous pour tout le mal que j'ai fait, pour tout le bien que je n'ai pas fait.

Mon testament sera court : je vous adjure de revenir à la foi.

Surtout, aucune haine contre ceux qui me fusillent. « Aimez-vous les uns les autres », a dit Jésus, et la religion à laquelle je suis revenu, celle à laquelle vous devez revenir, car mes frères et sœurs chéris, vous vous en étiez écartés, est une religion d'amour.

Je vous embrasse tous de toutes les fibres de mon cœur. Je ne cite pas de noms, car il y en a de trop gravés dans mon cœur.

Votre fils, petit-fils et frère qui vous adore.

Roger.

10 h 1/4. Je suis calme, serein.
J'ai serré la main de mes gardiens, grand plaisir.
Je vais tout de suite voir l'abbé, immense joie.
Dieu est bon.

Roger Pironneau, né à Paris en 1920, fait des études d'histoire à l'Institut catholique. Au début de 1941, il entre en contact avec des membres du réseau de renseignements «Saint-Jacques», créé à Londres en août 1940 et dirigé par le capitaine Maurice Duclos. Les principaux responsables en sont Charles Deguy, Jean Vérines, commandant de la Garde républicaine, le docteur Roche, et l'abbé Roger Derry, vicaire à Saint-François-Xavier (Paris).

Roger Pironneau devient l'agent de liaison de Charles Deguy. Après la trahison du radio-technicien Mulleman, il est arrêté le 8 août 1941. Emprisonné en Allemagne et torturé, il est condamné à mort le 23 mars 1942. Il est ramené à Paris pour être fusillé avec Charles Deguy au mont Valérien, le 29 juillet 1942. L'abbé Derry sera décapité à Cologne le 15 octobre 1943, Jean Vérines, fusillé dans la même ville le 20 octobre suivant, le docteur Roche, déporté.

Anonyme à son frère et à ses sœurs
5 octobre 1942

5 octobre 1942

Très chers frère et sœurs,

J'ai à vous demander pardon de la peine que je vais vous causer lorsque vous apprendrez la nouvelle de ma mort ; soyez forts, ayez courage, Dieu a été bon avec moi. Pardon aussi pour tout ce par quoi j'ai pu manquer à la charité envers vous, à la reconnaissance que je vous dois pour tant de bienfaits qui m'ont été procurés par vous et parmi lesquels les grâces spirituelles sans nombre que vos prières m'ont obtenues.

Pardon également pour les mauvais exemples qui ont pu vous contrister dans ma vie passée. Vous devinez combien j'ai pensé et prié pour vous depuis mon arrestation et que, jusqu'à la dernière minute, c'est à vous encore que je penserai.

Je veux mourir en chrétien et en Français. Il n'est pas nécessaire, entre nous, de formuler des désirs exprès sur papier timbré, et je me contenterai de vous dire bien simplement quelques petites choses que j'eusse désiré faire s'il avait été dans la volonté de Dieu que je reste ici-bas. Dans les biens qui pourront vous revenir, je pense qu'il doit être possible de fournir la pension de deux prêtres à l'œuvre des Missions étrangères[1]. Pour la part d'Annecy, vous aurez peut-être des difficultés ; j'ai longuement réfléchi et j'ai désiré, dans le ferme espoir que Dieu ait sauvé l'âme de notre oncle François, remettre ma part à l'Archevêché ou à une fondation pieuse. Il ne faut pas que cela vous contraigne à vendre ; cela n'est pas dans ma pensée, et si vous désiriez vous associer à ce geste, vous pourriez remettre la propriété à

[1] La Société des Missions étrangères de Paris, fondée au XVIIe siècle pour développer l'apostolat des prêtres outre-mer, surtout en Extrême-Orient.

l'Archevêché, lequel aurait à rembourser la part de Paul qui, lui, a des héritiers directs, en vous laissant la jouissance durant votre vivant de la partie du rez-de-chaussée que nous occupons dans nos séjours de vacances. De toutes manières *(sic)*, que ce désir exprimé ci-dessus ne soit pas pour vous une occasion de soucis.

Pour mon filleul, munissez-le d'un livret de caisse d'épargne avec dix mille francs. Qu'il n'y touche pas avant son retour du régiment ou, ce qui est mieux, à son mariage.

Mais mon plus cher désir, c'est de vous savoir tous très unis par les liens de la charité fraternelle, et que vous viviez tous dans la pratique de vos devoirs de chrétiens.

Redemandez bien toutes mes affaires et papiers personnels, il y a dans mon porte-monnaie un crucifix indulgencié de la bonne mort[1] ; qu'il soit remis à Paul.

Je ne sais où sera mis mon corps ; si cela est possible, qu'il soit mis à côté de celui de mes parents.

Disposez de tous mes autres biens comme vous l'entendrez. Il n'est pas nécessaire que je nomme ici tous ceux que j'ai connus et aimés ; qu'ils sachent que j'aurai pour chacun d'eux une pensée et une prière avant de mourir.

Acceptez la volonté de Dieu comme je l'accepte, pour la France et pour votre salut à tous.

Que Dieu qui nous aime vous garde, et qu'il nous réunisse tous un jour dans la joie près de lui. Vive la France.

[Adressé à :]

Mlle Perot
63, rue de Dunkerque
Paris 9e.

---

[1] Crucifix béni par l'Église, auquel est rattachée une indulgence plénière. Tout fidèle à l'article de la mort peut gagner la rémission de sa peine au purgatoire, en embrassant ou touchant ce crucifix après s'être confessé et avoir reçu l'Eucharistie.

Raymond Losserand à ses parents
Paris, prison de la Santé – 21 octobre 1942

Paris, le 21 octobre 1942

Chère Maman, Cher Papa,

Cettc lcttrc est la dernière. Dans quelques heures, j'aurai cessé de vivre.

Je sais la peine immense que cela va vous faire. Aussi, je vous supplie d'être aussi forts que moi.

Je tombe comme un soldat, et Dieu sait si cette maudite guerre fera pleurer des mères et des êtres qui sont chers. À toi, mon père, qui m'a légué le culte du nom et de l'honnêteté, je jure que je n'ai pas faibli et que ceux qui le porteront pourront être fiers.

À toi, maman chérie qui va tant pleurer, je voudrais qu'une consolation te soit accordée, celle de savoir que ton grand ne sera jamais complètement mort.

Mes derniers jours ont été adoucis grâce aux bontés de la sœur à Louisette[1]. Je vous demande d'être auprès d'elle l'interprète de ma reconnaissance.

Je vous demande de toujours être près de Louisette qu'elle aussi aura bien souffert *(sic)*.

Dites à mon frère, à sa femme, que j'ai beaucoup songé à eux. Tous, vous aurez été près de moi jusqu'à la dernière minute. À notre petit Raymond, dites-lui qu'il travaille bien et qu'il soit digne du nom qu'il porte.

---

[1] Louise Losserand, née Marié, surnommée « Louisette » par son époux. Elle sera arrêtée et déportée à Auschwitz (convoi dit « des 31 000 », 24 janvier 1943) puis à Mauthausen.

Je vous quitte, chère maman et papa. Pour la dernière fois, je vous embrasse très fort.

Votre fils qui vous aimait tant.

Losserand.

Raymond Losserand naît en 1903, dans une famille de petits paysans savoyards, devenus restaurateurs à Paris. Après le certificat d'études, en 1916, il entre en apprentissage comme fourreur : d'abord ouvrier en atelier, il s'installe à son compte en 1922. Il milite à la CGT (syndicat fourrure-habillement) et au syndicat général des maîtres artisans fourreurs. Anarchisant, puis sympathisant communiste, il adhère au PCF après les événements de février 1934, accédant rapidement à des responsabilités importantes au sein du parti. Il est élu à deux reprises conseiller municipal de Paris, mandat dont il est déchu le 21 janvier 1940. Mobilisé en 1939, il est fait prisonnier lors de la campagne de France, mais s'évade en juillet 1940 et parvient à rejoindre Paris. Il passe dans la clandestinité à la fin de l'année 1940, dans le 19e arrondissement, sous le pseudonyme de « Denis » et devient un des responsables en région parisienne de l'Organisation spéciale, puis des FTP[1]. Arrêté le 16 mars 1942, torturé – il subit cinquante-quatre interrogatoires –, il est condamné à mort le 30 septembre 1942. Il est fusillé avec treize autres résistants le 21 octobre de la même année, au stand de tir d'Issy-les-Moulineaux.

---

[1] Organisations du PCF. Voir *infra*, pp. 349 et 351.

Jehan de Launay à ses parents, à sa femme, à ses enfants
Paris – 27 octobre 1942

Le 27 octobre 1942

Restez calmes et priez Dieu.

Ma chère maman Suzanne,

Quand vous aurez cette lettre en mains, je serai mort courageusement. Dieu, qui a toujours été bon pour vous, vous envoie une rude épreuve ! Je souffre surtout pour vous tous que j'aimais tant.

Restez tous calmes et élevez vos cœurs vers Dieu.

Surtout, consolez ma pauvre Thérèse[1], qu'elle revienne à Paris et qu'elle reprenne goût à la vie. Dites-lui que du haut du ciel, je serai toujours près d'elle et de vous tous.

Que Thérèse se soigne, se guérisse et ne tâche pas de rentrer au couvent avant au moins cinq années.

Je vous demande pardon du malheur que j'apporte à notre famille, j'ai sincèrement cru faire tout mon devoir de Français. Je vous aimais tant tous et surtout ma petite Thérèse qui fut le seul amour de ma vie. Qu'elle soit courageuse et transmettez-lui ma lettre et la triste nouvelle avec ménagement ! Surtout, cachez l'atroce vérité à papa Ernest. Et puis priez tous avec courage, mon frère Paul sera pour vous un affectueux et sincère appui.

Gardez bien mon petit Claude et mon petit Jehan pour les élever comme vous l'avez fait si bien avec vos deux filles, qui sont de bonnes chrétiennes et de belles Françaises.

Dites à ma petite Josette qu'elle soit aussi courageuse et que je compte aussi sur ses prières. Je l'aimais tant aussi.

Pardon encore de toute la peine et du mal que je vous fais.

---

[1] L'épouse de Jehan de Launay.

Je vous aimais tant tous et la vie auprès de vous m'aurait semblé si douce et si belle. Que la volonté de Dieu soit faite. Un jour, nous nous retrouverons tous dans un monde meilleur.

J'écris à Paul et lui adresse un testament où je laisse tout ce que je possède à ma pauvre petite Thérèse.

Adieu donc, chère petite maman Suzanne. Votre pauvre enfant vous serre sur son cœur malheureux et vous embrasse bien tendrement ainsi que tous, mémé, tante Paulette, taty et toute la famille, sans oublier mes chers petits et les amis.

Consolez bien ma petite Thérèse. Encore de gros baisers pour vous et tous.

Votre fils affectueux.

Jehan de Launay.

Je veux que mes deux enfants soient élevés par toi et ta famille.

Ma Miquette chérie[1],

Le Procureur Kessler vient de nous annoncer la fatale nouvelle. Ma pauvre chérie, je dois mourir. Je souhaite de le faire avec courage, en chrétien et en Français. Je te demande d'être toujours très courageuse ; aie toujours confiance en Dieu et reste bonne Française. Élève nos deux petits dans ces nobles sentiments.

Je te demande pardon de l'immense chagrin que je vais te faire. Tu es jeune, jolie, belle et bonne, et regarde la vie en face.

Au ciel où j'espère aller, je veillerai sur vous tous. Embrasse avec tendresse, comme je t'embrasse moi-même, nos deux petits que j'adore, ta bonne maman Suzanne, mémé, tante Paulette, Taty et ma chère petite Josette, tes oncles et toute ta famille que je ne connais pas, ton cher papa quand tu le reverras.

---

[1] L'épouse de Jehan de Launay.

Mes pauvres camarades sont aussi courageux que moi et si notre dernière pensée va à nos chers nôtres, notre dernier cri sera : « Vive la France. »

Je t'aime, Miquette chérie, tu as été le plus bel et le plus grand amour de ma vie (l'unique).

Surtout, tâchez de cacher ma mort à ton pauvre papa que j'aimais tant.

Je fais un testament que j'adresse à Paul. Bien entendu, je te laisse le peu que je possède. J'espère que la Patrie, que j'ai tant aimée, t'aidera à élever matériellement nos enfants. Presse-les bien sur ton cœur pour moi. Surtout, chérie, soigne-toi bien, il te faut guérir vite et complètement.

Je te demande comme une prière suprême d'aimer la vie ; pense que mon âme immortelle sera toujours à tes côtés ; je te répète que tu es jeune, et que c'est dans la prière que tu dois chercher une consolation. Je t'aime de toutes mes forces.

Miquette chérie, je pense que c'est grâce à notre amour que je me suis rapproché de Dieu, je te remercie de cela de tout mon cœur. À cause de cela, tu ne dois pas désespérer de la vie. Pense à ma dernière volonté qui est de te supplier de vivre avec courage, pour élever nos enfants comme je l'aurais fait moi-même.

Ne cesse pas de prier et d'espérer en Dieu. Cette dernière preuve d'amour, je te la demande au pied du fatal poteau d'exécution. Je suis sûr que tu me comprendras, et cette suprême pensée me donne tous les courages.

Ma douce chérie, je te dis adieu ; dans ce mot, j'ai mis tout mon amour et toute ma tendresse, je t'embrasse comme je t'aime, ainsi quc tous ct mes petits.

Ton mari, tendrement.

Jehan de Launay.

Réclame pour toi mon chapelet, mon Christ que j'ai tant prié et mon livre de prières, ainsi que mon alliance.

Je t'aime. Ma dernière pensée est pour toi et nos petits.

Jehan.

Je te laisse mon alliance que je te demande de porter toujours en souvenir de moi.

Ma chevalière en or avec mes armoiries sera portée par celui de mes fils que tu désigneras (le plus méritant). Josette pourra la porter en attendant que l'un d'eux puisse la porter.

Pierre et Roland sont courageux et t'embrassent.

Ma pauvre chère Miquette, je n'ai jamais aimé que toi, je t'ai aimée follement, encore de doux baisers.

Vive Dieu, vive la France.

Ton Jehan.

Ma plume est mauvaise.

Je te demande, au nom de notre amour, de te guérir, d'élever nos enfants et de ne pas tâcher de rentrer dans un couvent avant au moins 5 années, passée cette date tu feras ce que tu voudras. Je compte sur toi.

Si parfois je t'ai fait de la peine, Miquette chérie, je t'en demande pardon. Je t'aime. Courage.

Garde cette lettre que tu remettras plus tard à mes petits.

Ma plume est mauvaise.

Mon cher petit Claude et mon cher petit Jehan[1],

Quand vous serez en âge de comprendre et de lire, vous lirez cette lettre, qui est non seulement un adieu de votre cher papa qui va mourir, mais aussi un testament.

D'abord, restez de bons chrétiens, et priez toujours Dieu avec confiance et amour. Aimez la France, votre patrie, comme je l'ai aimée moi-même jusqu'au sacrifice.

Aimez aussi vos chers parents si bons et si dévoués ; consolez votre petite maman Thérèse par votre cœur, votre courage et votre amour.

Soyez *[mot illisible]*[2] et de Launay complètement, car vous puiserez dans l'exemple et les traditions de ces belles familles tout ce qu'il y a de noble et de digne.

En un mot, restez, je vous le répète encore, de bons Français et de bons chrétiens.

Vive la France.
Je vous embrasse comme je vous aime.

Votre père affectueux.

Jehan de Launay.

---

[1] Les fils de Jehan de Launay.
[2] Nom de famille de l'épouse de Jehan de Launay.

Gaston Père à sa femme
Prison de Fresnes (Seine[1]) – 24 novembre 1942

Fresnes, 24 Novembre 1942

Ma chère Petite femme chérie,

Je t'envoie ce mot qui est ma lettre d'adieu, il est 10 heures du matin, et je vais être fusillé à midi.

Mon trésor, je m'en vais en pensant à toi, et te demande du courage, je m'en vais en pensant à mon petit Michou, que j'adore, on ne m'a pas permis de vous voir une dernière fois.

Je meurs en homme et en Français, tu le diras aux parents, tu les embrasseras tous, et tu leur diras que je meurs *[passage censuré]*.

Je te laisse tout[2] ce que je possède, et je veux que cette lettre te serve de testament, ainsi que tout ce qui me revient de ma pauvre maman.

Comme je le demande à mes parents, je veux être enterré à Véreux, à côté de maman.

Je te dis au revoir, ma chère petite Jeanne à moi, et mon petit Michou et à mon petit garçon qui va naître[3].

Au revoir.

Ton Gaston à toi pour la vie.

Pere, Gaston.

---

[1] Aujourd'hui Val-de-Marne.
[2] Souligné dans l'original.
[3] Gaston Père a un enfant de dix mois, et sa compagne est enceinte.

Né en 1910 à Paris (17e arrondissement), Gaston Père est terrassier de formation. Il a adhéré au PCF en 1935, alors qu'il était employé à l'hôpital Laennec. Membre d'un groupe FTP[1] de la région parisienne, il est arrêté par la police française le 15 septembre 1942, à la suite d'une agression armée contre un encaisseur[2], à La Courneuve. Livré aux Allemands, il est condamné à mort le 13 novembre 1942 par me tribunal militaire allemand de Paris, comme franc-tireur. Il est fusillé le 24 novembre 1942 au mont Valérien.

1 Voir *infra*, p. 349.

2 Un des moyens de se procurer les finances indispensables aux organisations de résistance.

1943

Stanie à sa femme
Lyon – 1943

« Cum tenebrae erant super terram[1] *! »*

Ma chère Marie,

« Pax tecum[2]. » C'est bien le mot qui est dans nos cœurs et sur nos lèvres, plus que par le passé encore, ma chérie. Oui, je sais que tu as cette précieuse paix, don de l'Esprit Saint, cette paix que tu as si admirablement su me communiquer durant les années de bonheur vrai et intégral que nous avons passées ensemble.

Tu te demandes certes quels sont les sentiments qui prédominent en cette heure suprême ! Vais-je te décevoir en te disant que le premier de tous est un sentiment de reconnaissance.

Non, tu me comprends mieux que personne en ce domaine et il me semble que nos deux âmes se fondent en une même action de grâce que j'irai achever devant le trône de Dieu dans peu d'instants. Nous venons de communier une dernière fois ici sur terre et cette dernière communion « sous les voiles de la foi » va s'achever dans une communion pleine et éternelle, là-haut. Chère M… de mon cœur, c'est dans l'Eucharistie, action de grâce, que nous nous retrouverons, toi et les petits ici-bas, moi là-haut et à chaque instant du jour.

---

[1] Latin : « Alors que les ténèbres couvraient la terre. » Formule inspirée de Genèse, 1, 1 : « *Et tenebrae erant super faciem abyssi* », « Et les ténèbres couvraient la surface de l'abysse. »

[2] Latin : « La paix soit avec toi. » Formule de paix de la liturgie catholique. Cf. la salutation de Jésus à ses disciples lors de la Pentecôte : *« Pax vobis »*, « La paix soit avec vous. »

Reconnaissance du don par excellence de la vie et de la vie au sein de l'Église, de la vie du Christ en nous. Vivre, c'est avant tout se donner et servir, nous disait-on jadis au Collège ; et de cette vie, nous avons les immenses exemples de nos chers et bien-aimés parents, et de tous ceux et celles de la famille qui donnèrent leur vie au service de la plus belle cause, au service de l'Église et des âmes. Le second sentiment qui est bien vif en mon âme, c'est précisément ce besoin de donner la vie, de la donner en pleine acceptation de la volonté divine ; et de la donner en union de ton âme, et qu'ensemble nous offrions notre sacrifice, car il est plus pour toi que pour moi ; je le réalise si bien. Que nous l'offrions avec, sur les lèvres, la parole du Christ-Jésus « Père pardonnez-leur car ils ne savent pas ce qu'ils font. » Donner sa vie pour la plus noble cause : la cause des âmes. Que de fois, t'en souviens-tu, en ces dernières années, nous nous demandions ce que nous aurions dû faire pour apporter notre effort à l'immense redressement de conscience qui s'avère si nécessaire.

Dieu lui-même s'est chargé de nous la signifier et, dans quelques instants, nous aurons toi et moi le bonheur de « servir dans le don le plus absolu ». Ce don, nous le faisons « infiniment » comme lui, le Maître de la Vie et l'auteur de notre vie. Infiniment, c'est-à-dire jusqu'à la possibilité extrême du service et du don.

Oui, nous l'offrons pour ceux qui, se laissant aller à leurs basses passions, n'ont pas su ce qu'ils faisaient.

M… chérie, la plus grande consolation pour moi, en ce moment, c'est de savoir que, toi, tu pardonnes et que, dans ton cœur comme dans le mien, il n'y aura jamais l'ombre d'un ressentiment. Je te demande d'entretenir toujours dans le cœur de nos chéris, de nos chers petits, ces mêmes sentiments, surtout le jour où ils comprendront toute la vérité : à toi incombe la tâche. De là-haut, je t'aiderai, car il ne peut être question entre nous de séparation, nous sommes plus que jamais « un » en celui qui est le Bien par excellence.

Lorsque le dernier fruit de notre mutuelle affection sera là, dans son berceau, et te rappellera la force de notre amour, je serai près de toi, chérie, et lorsqu'on te ramènera ce cher enfant des Fonts baptismaux, en l'embrassant, tu embrasseras celui qui se survit en lui.

À toi la douce charge d'élever dans une foi profonde nos chers petits, ta couronne ici sur la terre et la nôtre un jour dans l'éternité. Je m'arrête volontiers à ce spectacle des anges gardiens de ces chers petits et du tien qui, si souvent, viendront me trouver, montrant la récolte faite à notre foyer et me chargeant de la montrer au Père qui tant nous aime.

Ma précédente lettre contient nos désirs au sujet de mes chers parents. Je sais que tu les entoureras de ton affection filiale, comme par le passé. Merci, chérie, de les aimer pour deux.

Dans quelques instants, nous partirons pour l'Autel suprême. Mes dernières paroles vont à toi et à nos quatre et bientôt cinq petits, et dans une immense confiance, je vous jette tous dans le Cœur Divin et vous mets tous sous la protection de la très Sainte Vierge.

Que la force de Dieu soit en toi, chère M… Je te remercie pour tout ce que tu as été pour moi dans ces années de bonheur que tu m'as données, dans cette union si pleine et si totale de nos esprits et de nos cœurs… Union qui n'ira que grandissant pour se consommer dans l'Union Éternelle.

Fredy m'a fait savoir qu'il offrait la Messe à l'heure de mon exécution et qu'il communierait à cette messe. Quelle force pour toi et pour moi ! et comme jusqu'au bout le Seigneur nous traite « comme les brebis de son bercail » !

Veni Domine et noli timere[1]… ne devait-elle pas aussi, la Très Sainte Vierge, le dire en ce jour de son Assomption. Mourir non, plutôt monter au Ciel, le même jour que notre Mère.

Attrahe nos[2]… et Elle le fait pour moi, comme pour toi, sans fin.

Au revoir, chérie, je t'embrasse avec amour et respect, plus unis que jamais dans cette communion.

Ton Stanie.

---

[1] Latin : « Viens, Seigneur, et ne crains point. » Référence au thème de la liturgie catholique, présent dans l'*Alleluia* du 4e dimanche de l'Avent : *« Veni, Domine, et noli tardare »*, « Viens, Seigneur, et ne tarde point. »

[2] Latin : « Entraîne-nous. » Tiré du Cantique des cantiques, 1. 4.

Robert Beck à ses enfants et à ses amis
Paris, prison de la Santé – 5 février 1943

Le 5/02/43

Mes bien chers petits, mes chers amis,

Je ne puis plus vous donner d'autres témoignages de mon affectation [affection] que cette lettre. Colvert ne verra plus son Plouf, ni sa petite Plumette[1]. Il part pour un grand grand voyage. Alors, vous serez très sages et vous travaillerez très bien à l'école, n'est-ce pas ? Un jour, la Mère Poule[2] reviendra, et vous lui ferez voir ce que vous aurez appris. Elle sera bien contente, si vous avez fait beaucoup de progrès, et elle vous récompensera.

Mes chers amis, je vais mourir demain matin. C'est-à-dire dans quelques heures. Je vous demande instamment de n'avoir aucune conversation à ce sujet devant les petits. Ils ne peuvent comprendre, et leur chagrin serait inutile. La mort ne m'impressionne nullement. Je savais depuis toujours que la lutte exigeait des sacrifices et je les ai tous consentis sans hésiter. Il vaut mieux perdre la Vie que les raisons de vivre. La libération de notre France et l'affranchissement des travailleurs ont été mes raisons de vivre. Je meurs pour elles avec la certitude de notre prochaine victoire. Courage !

Je confie les petits au peuple de France. Je leur laisse un nom et un exemple honorables.

---

[1] Il s'agit des deux jeunes enfants de Robert Beck et d'Yvette Leblanc, Daniel et Clara.

[2] Surnom de la compagne de Robert Beck, Renée Hogge, née en 1902. Elle est arrêtée et jugée avec lui, puis déportée *Nacht und Nebel* (« Nuit et Brouillard », voir *infra*, p. 351), terme désignant les résistants arrêtés par les Allemands et destinés, en vertu du décret Keitel du 7 décembre 1941, à disparaître sans laisser de trace. Elle reviendra de déportation.

Avez-vous reçu les 26 pommiers cordons, les 30 groseilliers et les 4 tiges commandés et payés chez Dumet, quai aux Fleurs à Paris ? C'est le dernier à droite ; sinon, écrivez énergiquement.

Les arbres vous rappelleront mon souvenir. Prenez-en soin. Votre terre est argilo-siliceuse et manque plutôt de calcaire, je crois. Dans ces conditions, ne ménagez pas les scories de déphosphoration et le sulfate de potasse.

Cette année, si la taille a été bien faite, vous devez avoir quelques fruits. N'oubliez pas les 3 beaux noyers, ni les abricotiers : il faut un coup de bêche au printemps et à l'automne, en faisant attention aux racines des noyers qui sont horizontales, pour la surface couverte par les branches. C'est l'occasion d'enterrer la scorie et le sulfate de potasse (200 g [de] scories et 2 ou 3 grammes de sulfate par mètre carré).

Pour le moteur, je regrette vivement de n'avoir pas terminé cette affaire, mais il n'y a pas eu de ma faute. Écrivez à La Comète, ou téléphonez pour savoir où ça en est. Vous aurez ainsi de quoi couper votre bois sans trop de fatigue pour Marcel, et vos accus seront rechargés. Ne les laissez pas se vider, c'est leur mort. N'ayez plus l'espoir de faire faire vos travaux s'ils n'ont pas été faits et achetez tout le matériel que vous pourrez pendant que votre argent a encore quelque valeur.

Je me suis souvent rappelé le grand Poirier et les bonnes vacances de 1940. Embrassez pour moi le petit Lazare, saluez bien le grand et la grand-mère, et M. Raymond et le Docteur.

Je vous dis à tous adieu et courage.

J'envoie votre adresse à mon fils Milou[1] pour qu'il trouve Renée quand la situation actuelle aura pris fin.

Je vous embrasse tous très fort. Adieu. Vive la France !

R. Beck.

---

[1] Le fils aîné de Robert Beck, né au Maroc.

Robert Beck naît à Arpajon (Seine-et-Oise[1]) en 1897, dans une famille d'ouvriers : son père, syndiqué à la CGT, est charpentier-couvreur, sa mère, femme de ménage-blanchisseuse. Il étudie dans des institutions religieuses jusqu'à son exclusion du séminaire de Chartres, en 1911. Mobilisé en 1915, il est condamné en 1917 à cinq ans de colonie pénitentiaire au Maroc pour avoir participé à une tentative de mutinerie. À sa sortie du bagne, il s'installe en Tunisie et devient ouvrier docker, militant à la CGTT[2], à l'ARAC[3], ainsi qu'au PCF auquel il adhère en 1925. Il retourne en prison cette année-là, à la suite d'une distribution de tracts contre la guerre du Rif. Durant ces années, il demeure en contact avec la section coloniale du PCF. En 1929, il quitte définitivement la Tunisie et revient en région parisienne. Il est officiellement exclu du Parti communiste en 1935, mais il s'agit à l'évidence d'une manœuvre pour laquelle il est volontaire, destinée à couvrir son activité clandestine pour le Komintern, puis en faveur de l'Espagne républicaine.

Mobilisé à l'automne 1939 dans un régiment de travailleurs, réformé en avril 1940, Robert Beck prend en octobre suivant la direction, sous le pseudonyme de « Raoul », d'un important réseau de renseignements et d'action lié aux services secrets soviétiques – l'une des trois organisations de ce type agissant en France pendant la guerre. Il est secondé par Hillel Gruszkiewicz, dit « Bill », Jacques Kaminski assurant la liaison avec le PCF clandestin. Tous les membres du groupe se sont connus en Palestine ou dans les Brigades internationales. Le réseau est démantelé à l'été 1942 par la police française et la Gestapo. Beck lui-même est appréhendé le 2 juillet. Pour éviter de parler, Bill se suicide en se jetant par la fenêtre des locaux de la Gestapo ; Beck tente, lui aussi, de mettre fin à ses jours, mais en vain. Il avait dessiné de son sang une faucille et un marteau sur le mur de sa cellule. Il reste silencieux sous la torture. En octobre 1942, il est condamné à mort par un tribunal allemand qui siège exceptionnellement dans l'enceinte de la Santé, par crainte d'une action visant à faire évader le groupe. Il est exécuté le 6 février 1943.

---

[1] Aujourd'hui Essonne.

[2] Confédération générale des travailleurs tunisiens.

[3] Association républicaine des anciens combattants. Voir *infra*, p. 347.

Jacques Baudry à ses parents
Prison de Fresnes (Seine[1]) – 8 février 1943

Lundi 8 février 1943

Mes pauvres Parents chéris,

On va m'arracher cette vie que vous m'avez donnée et à laquelle je tenais tant. C'est infiniment dur pour moi et pour vous ! J'ai eu la chance de savoir avant de mourir que vous étiez courageux. Restez-le. Surtout ma petite Maman, que j'embrasse de tout mon pauvre cœur. Mes pauvres chéris. J'ai accepté le combat, vous le savez. Je serai courageux jusqu'au bout. La guerre sera bientôt finie. Vous serez quand même heureux dans la paix, un peu grâce à moi. Je veux retourner à Douchy[2], à côté de Pépère et Mémère. J'aurais voulu encore vivre pour vous aimer beaucoup. Hélas, je ne peux pas. La surprise est amère. J'ai eu les journaux. Nous mourrons en pleine victoire[3]. Exécution ce matin à 11 heures. Je penserai à vous. À Nicole. Hélas, nos beaux projets d'avenir ! Qu'elle ne m'oublie pas non plus, ni mes Parents. Mais surtout la vie continue pour elle. Qu'elle profite de sa jeunesse. Papa, Maman, mes chéris, qui m'avez tant aimé. Adieu.

---

[1] Aujourd'hui Val-de-Marne.

[2] Douchy-les-Mines (Nord).

[3] Allusion à la capitulation de la VIe armée allemande à Stalingrad. Depuis le mois d'août 1942, la ville, grand centre industriel et stratégique, était la cible de la principale offensive allemande. Parmi les combats que se livrèrent les troupes du général soviétique Tchouïkov et de l'Allemand Paulus figure celui pour l'usine Octobre rouge. Les Allemands tinrent jusqu'à la capitulation de Paulus le 2 février 1943. La défaite de Stalingrad marqua pour l'Allemagne un tournant décisif dans la guerre à l'Est.

Je vous étreins bien fort tous trois. Courage. Vivez. Je vous embrasse le plus tendrement pour la vie. Adieu Papa, Maman.

Adieu Nicole. Vive la France !

Votre Jacques.

Lettre reproduite dans le cahier iconographique, n°s 17 et 18.

Jacques Baudry naît à Paris, en 1922, dans une famille d'enseignants : son père est professeur de sciences et de techniques économiques. Il entre en 1932 au lycée Buffon pour suivre des études classiques ; très bon élève, il obtient les deux baccalauréats en 1939. Il fait sa première année de mathématiques spéciales au lycée d'Orléans, aucune classe préparatoire n'étant ouverte à Paris en septembre 1939, puis revient en octobre 1940 à Buffon, pour la deuxième année, avec comme objectif l'entrée à Polytechnique. Jacques est influencé par les écrits clandestins circulant dans l'établissement et dont l'auteur est le professeur Raymond Burgard, l'un des fondateurs du journal clandestin Valmy. *Il organise, avec ses camarades Pierre Benoît, Pierre Grelot*[1] *et Lucien Legros, la participation des lycéens de Buffon à la manifestation patriotique du 11 Novembre 1940.*

Le 2 avril 1942, Burgard est arrêté. Les quatre jeunes lycéens, ainsi que Jean Arthus[2]*, décident d'organiser une manifestation de protestation. Le 16, jour de la rentrée des vacances de Pâques, deux groupes, représentant probablement une centaine de jeunes, se dirigent vers la cour des grands, criant : « Libérez Burgard », chantant la* Marseillaise *et lançant des tracts. Alors que les manifestants vont se disperser, un agent du lycée fait fermer les portes et prévenir les forces de l'ordre. La police française et la Gestapo encerclent le lycée, puis y pénètrent. Les « cinq » parviennent à s'échapper, Arthus et Legros par le petit lycée, Baudry, Benoît et Grelot, en se cachant dans les caves, avec l'aide de Jacques Talouarn. Le groupe, désormais*

---

[1] Sur Pierre Grelot, voir la lettre suivante.

[2] Voir la lettre de Jean Arthus, *infra*, pp. 207-208.

recherché, doit entrer dans la clandestinité, au sein des FTP[1]*. Benoît et Legros sont déjà fichés par la police comme des «jeunes gens très dangereux». Pendant les deux mois qui suivent, les «cinq» multiplient les actions contre l'occupant. Quatre d'entre eux sont arrêtés en juin 1942. Benoît se cache quelques semaines en forêt de Fontainebleau, où il dirige un groupe FTP formé d'étudiants; blessé lors d'une action de sabotage, il reste caché huit jours dans un égout; il est finalement pris à son tour gare Saint-Lazare, le 22 août. Le 15 octobre, les « cinq » sont condamnés à mort. Le 8 février 1943, ils sont fusillés au stand de tir d'Issy-les-Moulineaux: deux à 11h05, deux autres à 11h17, le dernier à 11h22.*

À la Libération, les «cinq» sont cités à l'ordre de la nation, et décorés à titre posthume de la Légion d'honneur, de la croix de guerre avec palmes et de la médaille de la Résistance. Un chef de secteur de l'Armée secrète[2] *de la région de Bourg-en-Bresse prendra le pseudonyme de «Benoît» en hommage aux jeunes gens. Les « Cinq martyrs du lycée Buffon» ont donné leur nom à un pont qui relie la rue du Château au boulevard Pasteur, à Paris. En 1952, leurs corps sont incinérés, et l'urne contenant leurs cendres, placée dans la crypte de la chapelle de la Sorbonne.*

---

[1] Sur les Francs-Tireurs et Partisans, voir *infra*, p. 349.

[2] Voir *infra*, p. 347.

Pierre Grelot à sa mère
Prison de Fresnes (Seine[1]) – 8 février 1943

Maman Chérie,

La censure allemande ne me permettant pas de mettre sur mes lettres tout ce que je désirerais te faire savoir, je te fais parvenir ce message que tu ne liras qu'après la Victoire.

Je voudrais te dire tout d'abord le chagrin que j'ai de ton malheur, et mon angoisse quand j'ai appris que vous aviez failli être fusillés et que ce n'est qu'à la dernière minute que vous avez été sauvés. Il ne suffisait pas que tu me perdes, il fallait aussi que toute la famille expie le crime d'avoir voulu sauver la Patrie.

Tu sais, maman chérie, combien je t'aimais ; mon amour pour toi, si grand et si plein déjà, n'a été qu'en grandissant. C'est ici, dans mon cachot, que j'ai vraiment compris ce que tu es. Tu es une héroïne, tu es la *[mot censuré]* ; aussi je te demande pardon à genoux si je t'ai parfois manqué de respect. Que n'ai-je écouté toujours tes conseils ; tu ne me trompais jamais et tu les as toujours donnés dans le sens de l'amour et de la vertu. Si je te cause aussi cet immense chagrin, c'est parce que, comme toi, j'ai voulu le bonheur des autres, comme tu as voulu le bonheur des tiens. Tant de perfection rend ma douleur encore plus grande de te quitter. Je ne peux oublier celle qui a dit dans une lettre, lors de l'affaire de la rue *[mot censuré]* : « Mais songe donc, mon pauvre petit Pierre, que je donnerais ma vie pourvu que la tienne fût épargnée ! »

Dans ma conscience, je ne me souviens pas d'avoir commis de graves fautes envers toi. Je ne t'ai jamais rien caché que je n'aie fini par te révéler. Ta joie était la mienne, ton bonheur le mien. Ton fils n'a rien fait dont tu aies à rougir, au contraire.

Je voudrais maintenant te dire, maman chérie, ce qu'a été ma vie depuis le 30 juin. Je suis seul dans une cellule sans soleil, comme la

[1] Aujourd'hui Val-de-Marne.

plupart des autres camarades de souffrances et de combat, mourant de faim, sale, à peine à manger, pas de promenade, pas de lecture, souffrant de froid, et depuis le 7 juillet, je porte nuit et jour les menottes derrière le dos. Je serais un bien mauvais Français, si je n'avais pu trouver le moyen de les ôter ! Le seul réconfort à tous ces supplices (j'oubliais les coups de nerfs de bœuf que j'ai reçus à la Gestapo), c'est la certitude de la victoire[1] (car, bien qu'au secret, on réussit à avoir quelques nouvelles) et l'héroïsme des camarades qui partent à la mort en chantant. La France peut être fière d'avoir de tels enfants. J'espère que la Patrie reconnaissante saura récompenser votre sacrifice, qui est celui de tant de familles, et qu'elle saura reconstruire tous les foyers détruits par la barbarie impérialiste.

J'ai été jugé avec mes camarades le 15 octobre. Cela n'a été qu'une comédie. Nous savions à l'avance quel serait le verdict puisque, pour rien, on condamne à mort. Mon acte d'accusation portait : « propagande antifasciste et contre l'armée d'occupation, port et détention d'armes et de munitions, etc. » Une seule de toutes ces choses suffisait pour me faire condamner à mort, aussi il n'y avait pas de salut possible. Nous avons tous été condamnés à la peine de mort. Notre attitude devant le tribunal a été digne et noble. Nous avons su imposer le respect à ceux qui assistaient au procès. Les soldats étaient émus, et j'en ai vu un qui pleurait. Pense que nous avions de 17 à 20 ans. Quand, après l'arrêt, le président nous a demandé si nous voulions ajouter quelque chose à nos déclarations, nous avons tous dit notre fierté de mourir pour la Patrie. J'ai moi-même répondu : « Je suis fier de mériter cette peine. » S'il leur restait encore quelques scrupules, ça les leur a enlevés.

Je voudrais maintenant te dire, maman chérie, de ne pas te laisser abattre par le chagrin que va te causer ma mort. Je sais bien qu'il est des sentiments que l'on ne peut pas toujours maîtriser. Puise dans ton sacrifice plus de *[passage censuré]*.

Je sais, maman chérie, que, tant que tu vivras, mon souvenir restera toujours vivant en toi. Garde toujours mes affaires auxquelles je tenais tant. Que tes projets d'avenir s'accomplissent en dépit du malheur et de l'adversité. C'est mon plus cher désir. Sois heureuse,

---

[1] Allusion à la capitulation allemande à Stalingrad. Voir *supra*, p. 201.

Maman, tu es une sainte et une martyre. Que Dieu te protège jusqu'à la mort et au-delà.

Je t'embrasse une dernière fois de tout mon cœur, Maman chérie. Je meurs en Français, le front haut, ton nom sur les lèvres, ta pensée dans mon cœur.

Ton petit Pierre.

C'est C…, un camarade de souffrance, qui m'a permis de t'écrire ce message et qui te le fera parvenir. J'ai pour lui plus que de l'estime, peut-être parce qu'il ressemble à papa. Je le sais noble et courageux.

Mon cher J…, toi aussi tu as failli y passer avant moi. Tu m'as pourtant *[passage censuré]*. Conserve sans exception toutes mes affaires, livres, collections, tu connaissais mes manies.

Marie-toi, aie des enfants, ça distraira Maman. Que ton fils, mon neveu, s'appelle Pierre, et ta fille, *[passage censuré]*. Ne m'oublie jamais. Poursuis la réalisation des buts de la grande œuvre dans la vie de la Charité, de l'Honneur et de la vertu. N'oublie jamais C… et ses conseils.

Mon pauvre papa, je te demande *[passage censuré]*. Je t'embrasse une dernière fois de tout mon cœur.

Pierre Grelot naît à Paris en 1923 et fréquente l'école communale de garçons de la rue Camou (7e arrondissement). Son père est ingénieur-dessinateur aux Services radiotélégraphiques du territoire. En octobre 1938, il entre en troisième au lycée Buffon. Ses matières préférées sont l'histoire et la géographie, ainsi que l'espagnol, qu'il rêve d'enseigner plus tard. En 1942, alors qu'il redouble sa première, il doit rentrer dans la clandestinité après la manifestation du 16 avril pour la libération du professeur Burgard. Arrêté en juin 1942, condamné à mort le 15 octobre en compagnie de quatre camarades, il est fusillé au stand de tir d'Issy-les-Moulineaux, le 8 février 1943[1].

[1] Sur les « cinq » du lycée Buffon, voir *supra*, la notice biographique de Jacques Baudry, pp. 202-203.

Jean Arthus à son père
Prison de Fresnes (Seine[1]) – 8 février 1943

Mon grand chéri,

Je ne sais si tu t'attendais à me revoir, je m'y attendais ; on nous a appris ce matin que c'était fini. Alors, adieu ! Je sais que c'est un coup très rude pour toi, mais j'espère que tu es assez fort et que tu vas continuer à vivre en gardant confiance en l'avenir.

Travaille, fais cela pour moi ; continue les livres que tu voulais écrire ; pense que je meurs en Français pour ma patrie.

Je t'embrasse bien.

Aux enfants, à André et à ma filleule.

Adieu, mon grand chéri.

Jean Arthus.

Lettre reproduite dans le cahier iconographique, nº 20.

Jean Arthus naît à Lausanne, en 1925, de parents français : son père, le docteur Henri Arthus, est un psychologue de renommée internationale[2]. Jean suit les cours de l'École alsacienne, à Paris, et il ne fréquente le lycée Buffon que pendant un cours de vacances, peu avant les événements d'avril 1942. Arrêté en juin 1942, condamné à

[1] Aujourd'hui Val-de-Marne.

[2] Créateur de L'Éveil, « mouvement pour l'évolution individuelle et sociale », Henri Arthus est l'auteur d'écrits qui font autorité, notamment *Les Peurs pathologiques* (1935), *Vivre (Hymne à la vie)* (1937) et *La Genèse des mythes* (1938).

mort le 15 octobre en compagnie de quatre camarades, il est fusillé au stand de tir d'Issy-les-Moulineaux, le 8 février 1943[1].

En 1946, son père lui dédie l'ouvrage La Vierge à l'épi[2], *qu'il conclut par ces phrases: «Maintenant, j'ai sous les yeux une lettre, une pauvre lettre, écrite au crayon, un certain matin: "J'espère que tu es assez fort et que tu sauras continuer à vivre. Travaille, continue les livres que tu voulais écrire, fais cela pour moi." Oui, je continuerai à vivre, mon Jean, car maintenant je dois remplir la mission de deux hommes. Mon idéal est resté le même: servir, être un homme attaché à faire vivre et à défendre tout ce qui est humain, tout ce qui peut contribuer à la grandeur de l'homme. La souffrance n'est pas un désespoir, le malheur ne saurait faire douter de tout, je n'ai pas eu à renier ce que je pensais et croyais autrefois.»*

Robert Hamel à sa femme[3]
Paris – première quinzaine de février 1943

Ma chérie,

Depuis hier, je comparais devant le tribunal qui vient de rendre son verdict. Je suis, comme il fallait s'y attendre, condamné à mort avec 4 autres camarades: Van der Heyden, du 6 de la rue Victor-Letalle, Vacher, 10, rue Taine, Gannat, de l'hôpital Tenon, et Le Ballanger.

Je pense que dans une semaine tout sera fini et, bien que le tribunal m'ait autorisé à t'écrire, à recevoir des colis et ta visite, je ne pense pas que ma lettre arrive à temps. Je vais donc laisser ce mot dans mes affaires, avec l'espoir qu'il t'apportera mon dernier adieu.

---

[1] Sur les «cinq» du lycée Buffon, voir *supra*, la notice biographique de Jacques Baudry, pp. 202-203.

[2] Paris, P. Hartmann, 1946.

[3] Cette lettre est parvenue à Mme Hamel entre les doublures d'un vêtement.

Je suis très calme et courageux, et je ne regrette qu'une chose, c'est de ne pas voir notre victoire, qui est maintenant si proche[1]. Nos juges ont été étonnés de notre attitude en accueillant le verdict, et nous faisaient presque des excuses. Nous allons leur montrer comment savent mourir des communistes. Ma dernière pensée sera pour toi, ma chérie, pour toi que je regrette tant. Je t'aime bien, tu sais, et si parfois j'ai pu te faire souffrir, je te demande pardon, garde-moi une place dans ton cœur, et surtout ne m'oublie pas trop vite. Je te demande de faire le nécessaire pour prévenir mes parents. Ils habitaient à La Cambe (Calvados). Fais l'impossible pour qu'ils soient prévenus.

Je te laisse toutes mes affaires, tu en disposeras à ton gré. Tu auras d'ailleurs besoin de meubles et du linge pour marier notre petite Yva, cela lui fera un souvenir de moi. Tu donneras mon vélo à Georges Béguet, et mes outils, qui sont dans mon bahut, à Maris, s'il reprend la mécanique. Tu demanderas à Nino qu'il te fasse connaître le copain Cloclot, 122, rue du Chemin-Vert, qui a réparé le poste d'Achille. Ce copain Cloclot te vendra au mieux le reste de mon outillage et toutes les bricoles de TSF qui ne peuvent te servir. Ne mets pas Nino au courant, je lui ai assez donné.

Depuis trois mois et demi que je suis au secret, le moral a été bon. Je n'ai souffert que du manque de nouvelles de toi et aussi de la faim. Tout cela va être fini, mais j'aurais bien voulu te revoir, c'était mon désir le plus cher. Mais il sera dit qu'avant de nous assassiner, nos bourreaux nous feront souffrir jusqu'en nos plus chères affections. Ma chérie, il faut être courageuse, j'espérais vivre pour venger nos trop nombreux martyrs. D'autres me vengeront et tu pourras être fière de moi, car j'ai été vaincu en combattant. Excuse mon écriture, je n'ai qu'un tout petit bout de mine pour écrire. Lundi, c'est le jour des lettres. J'espère pouvoir t'écrire, mais il paraît que les lettres mettent près de quinze jours pour arriver, à cause de la censure[2]. Aussi, je n'espère pas beaucoup te voir et recevoir ce que je te demanderais. Transmets mon fraternel salut et mes amitiés à tous nos amis, et en particulier Georges et Madeleine, Marie-Thérèse, René, Nino et Hector Bate, enfin à tous. Ils sont trop pour que je les nomme tous

---

[1] Allusion à la capitulation allemande à Stalingrad. Voir *supra*, p. 201.
[2] Voir *infra*, p. 357.

Mes meilleurs baisers à Yva, avec tous mes vœux de bonheur pour elle qui commence sa vie. À toi, ma femme chérie, ma dernière pensée et mes plus tendres baisers.

Ton Roby.

Je vais tâcher de te mettre un mot de temps en temps, tu sauras ainsi que je suis avec toi jusqu'au dernier moment. Mais je suis très surveillé.

Samedi. J'ai un désir. Il est peut-être idiot, mais je te le soumets. Tu avais mis de côté une bouteille de champagne pour fêter nos neuf ans de mariage. Je voudrais que tu casses cette bouteille, il me semble qu'il serait sacrilège qu'elle serve à une autre fête. N'ai-je pas raison ?

Dimanche. C'est avec le vendredi mon plus mauvais jour. Le vendredi, parce que je voyais passer les colis des privilégiés, alors qu'une faim bestiale me tourmente. On dit aussi que l'on perd l'habitude de fumer. Je t'assure que cela m'a été d'un grand plaisir et d'un grand soulagement chaque fois que j'ai eu un peu de tabac.

On m'a laissé ta photo dans ma cellule. Le dimanche, à chaque instant, je suis à la maison avec toi. Je m'imagine ce que tu fais, je te parle. Mais, par un juste retour des choses, c'est toi maintenant qui ne me réponds pas. Les heures passent, terriblement longues, et je suis heureux de voir la nuit arriver pour tâcher de dormir. Je suis sale comme je n'ai jamais été. J'ai des cheveux de près de deux mois. Et comme j'étais au tribunal le jour du rasoir, j'ai une barbe de quinze jours. Et maintenant je n'ai plus de rasoir. Alors, tu vois d'ici…

Pour la nourriture, c'est très simple. À 7 heures, le jus. À midi, une soupe aux légumes (pas besoin d'eau chaude pour laver la vaisselle), et à 4 heures, le jus. C'est tout. Avec 300 grammes de pain et un petit bout de beurre, de margarine ou de saindoux, et un petit bout de pâté de guerre, c'est tout juste de quoi ne pas crever de faim. Aussi, pour ne pas sentir la faim, je me couche. Je suis au lit 20 heures sur 24.

Quelle existence ! Tu serais bien édifiée si tu me voyais après ma condamnation. Comme de bien entendu, l'aumônier est venu me voir et m'a laissé de la lecture. Je suis en train de lire les Évangiles. Vois un peu si je me range. Ah, si seulement j'avais mon tabac. Je pense que tu as continué à le toucher, cela te servira à faire des échanges. J'ai oublié de te dire que le jugement rendu par le tribunal doit être ratifié par le Général Commandant en chef du Grand-Paris, qui examine en même temps le recours en grâce[1]. Je pense que nous aurons sa réponse dans le courant de la semaine prochaine et tu dois penser ce qu'elle sera, surtout que nous avons été condamnés le jour même où ils annonçaient leur défaite de Stalingrad[2]. Ils n'étaient pas d'humeur à la clémence.

Lundi, j'ai été dans une rage folle toute la journée, je réclamais à chaque occasion du papier et de l'encre, et on ne m'apportait rien. Ce n'est qu'à cinq heures que j'ai pu écrire. Ma lettre est partie à 9 heures pour aller à la censure au tribunal[3]. Le sergent m'assure que cela ne demande pas beaucoup plus de 24 heures. Je renais à l'espoir de te voir et d'avoir mon colis. Quelle joie, si j'ai ce bonheur. J'attends vendredi avec impatience, en m'efforçant de refroidir mon enthousiasme, car je serais terriblement déçu si je ne te voyais pas. Si seulement on m'en laisse le temps, car en ce moment, j'ai l'impression de faire une course contre la montre. Dans la nuit de mardi, on est venu chercher un copain qui était dans mon cas. Cela faisait trois semaines qu'il était condamné, mais sa ratification de jugement est allée à Berlin[4]. Enfin, j'en suis à me demander chaque jour comme dans la chanson « C'est-y pour ce soir, c'est-y pour demain ? » Et cela ne me coupe pas l'appétit. Au moins, en France, un condamné à mort mange à volonté. On a assez de cassements de tête sans encore être torturé par la faim. Demain, jeudi, cela fera une semaine. L'interprète m'a dit que cela demandait une quinzaine, mais le soldat qui figurait l'avocat disait 6 à 7 jours. Qu'ils me laissent au moins te voir ! Mais j'ai tellement la poisse en ce moment.

---

[1] Le général allemand von Schaumburg. Voir *supra*, p. 165.

[2] Voir *infra*, p. 356.

[3] Voir *supra*, p. 201.

[4] Voir *infra*, p. 357.

Jeudi, j'ai constaté cette nuit et aujourd'hui une plus grande surveillance. Pourvu qu'on me laisse attendre ta visite…

Vendredi. Et voilà le vendredi passé. Je n'aurai même pas eu le réconfort de ta visite, ni la consolation d'une cigarette à fumer. Tant pis…

Dimanche. Aujourd'hui, je viens bavarder un peu avec toi. Nous sommes le 14. Cela fait 4 mois que je suis arrêté. Je revis ce jour et les derniers moments passés près de toi. Depuis quelque temps, j'avais le pressentiment qu'il allait m'arriver une tuile.

Quand Mario me parlait de la fête de Thérèse, je lui disais qu'on ne savait pas ce qui se passerait d'ici là. Tu vois, je le sentais. Et pourquoi ne pas le dire aujourd'hui ? J'ai le grand espoir de te revoir. Cela fait dix jours que je suis condamné et je ne sais toujours rien. C'est pourquoi, peut-être à tort, l'espoir me revient. Je ris en ce moment en pensant au nombre de fois que tu auras dû tirer les cartes pour moi depuis mon départ. Je serais curieux de savoir ce qu'elles t'ont dit. J'ai la presque certitude d'avoir de tes nouvelles cette semaine. Visite ou colis ou mieux, les deux. Pourvu que je ne sois pas encore déçu.

P.-S. : As-tu reçu la lettre où je te disais d'aller chercher mes grosses chaussures jaunes chez le bouif de la bougniate[1] ? La teinturière a les deux boutons qui manquent au veston de mon costume sport.

Né à Bayeux (Calvados) en 1902, Robert Hamel vit et travaille à Paris, d'abord comme chauffeur de taxi, puis comme ajusteur dans la métallurgie. C'est un syndicaliste, adhérent du PCF depuis 1925. Il s'engage dans les Brigades internationales pendant la guerre d'Espagne. Entré aux FTP[2], il devient chef de groupe. Il est arrêté le 14 octobre 1942, condamné à mort, et fusillé par les Allemands au mont Valérien, le 15 février 1943.

---

1 « Bouif » : « cordonnier », « bougniate » : « Auvergnate », en argot.

2 Sur les Francs-Tireurs et Partisans, voir *infra*, p. 349.

France Bloch-Sérazin aux époux Touchet[1]
Prison de Hambourg-Wallanlagen (Allemagne)
12 février 1943

Mes amis[2],

Ce soir, je vais mourir; à 9 heures, on m'exécutera. Je n'ai pas peur de quitter la vie, je ne veux seulement pas attacher ma pensée sur la douleur atroce que cela m'est de vous quitter tous, mes amis.

J'écris en même temps deux lettres, à papa et maman et à Frédo – ceci est pour vous, Monette chérie, pour toi, ma tante Maimaine, pour ma Claude, moitié de moi-même, pour mes bien-aimés Marianne et Michel, pour toi, mon Gérard, pour vous mes chéries... et vous tous.

J'écris deux autres lettres – arriveront-elles? Je pense aussi à Berthe et à tous ceux que j'ai aimés.

Madame Dreyfus est la dernière amie que j'ai vue avant de quitter le sol français. Je l'embrasse.

Beaucoup de camarades vous renseigneront sur ce qu'a été notre, ma captivité. Je ne vous la raconte pas. Je n'en ai d'ailleurs pas envie. Ce que je veux, c'est vous dire au revoir. Je meurs sans peur. Encore une fois, la seule chose affreuse, c'est de se quitter. Je serai très forte jusqu'au bout, je vous le promets. Je suis fière de tous ceux qui sont déjà tombés, de tous ceux qui tombent chaque jour pour la libération.

---

[1] Antoinette Touchet et son mari cachaient et élevaient le fils de France Bloch-Sérazin, Roland. Il fut ensuite confié à ses grands-parents maternels, Jean-Richard et Marguerite Bloch.

[2] Une note manuscrite de Mme Touchet accompagnait le don de la lettre au musée de la Résistance nationale: «Les deux lettres d'adieu de France Sérazin ne sont pas de son écriture. Ce sont des copies qui avaient été conservées par une surveillante de la prison de Hambourg. C'est une mission de rapatriement du ministère des Prisonniers et Déportés qui les a retrouvées.»

Je vous demande à tous d'entourer maman et papa, de rester près de Frédo, de m'élever mon fils adoré. Il est à vous tous. Si tante Maimaine continue à voir Éliane, j'en suis heureuse. Merci à tous, mes amis bien-aimés.

Vous savez que j'ai eu une vie heureuse, une vie dont je n'ai rien, rien à regretter.

J'ai eu des amis et un amour, vous savez, et je meurs pour ma foi.

Je ne faillirai pas. Vous verrez tout ce que je ne verrai pas. Voyez-le et pensez à moi sans douleur. Je suis très très calme, heureuse, je n'oublie personne. S'il y en a que je n'ai pas nommés, cela ne veut pas dire que je les oublie. Je pense à vous tous, tous. Je vous aime, mes amours, mes amis, mes chéris, mon Roland.

France.

Née à Paris en 1913, France Bloch-Sérazin appartient à une famille d'intellectuels : son père, Jean-Richard Bloch, est un écrivain et journaliste renommé, compagnon de route du Parti communiste. En 1934, ayant obtenu une licence de la faculté des sciences de Paris, elle entre comme chercheur au laboratoire du professeur Urbain, à l'Institut de chimie. Là, elle se lie d'amitié avec Marie-Élisa Nordmann, future résistante et déportée à Auschwitz et Ravensbrück. Pendant la guerre d'Espagne, elle adhère au Mouvement contre la guerre et le fascisme, puis au PCF. En 1939, elle épouse Frédo Sérazin, un ouvrier métallurgiste et militant communiste. L'année suivante, le couple a un garçon, Roland. Frédo est arrêté en février 1940. Révoquée en octobre suivant de son poste de chercheur, France doit donner des cours particuliers pour gagner sa vie.

En 1941, France participe à l'activité des premiers groupes de l'Organisation spéciale[1]*. En liaison avec Pierre Georges (le futur colonel Fabien) et le colonel Dumont, elle installe un petit laboratoire clandestin dans son appartement, où elle fabrique les premiers engins explosifs des équipes parisiennes engagées dans la lutte armée. Le 16 mai 1942, elle est arrêtée par la police française. Torturée, elle est condamnée à mort par un tribunal militaire allemand avec*

[1] Une des organisations du PCF. Voir *infra*, p. 351.

dix-huit autres résistants, en septembre 1942. Tandis que ses compagnons sont immédiatement fusillés, elle est déportée en Allemagne et internée en forteresse à Lübeck. Elle est décapitée à la prison de Hambourg le 12 février 1943, neuf jours avant son trentième anniversaire.

Frédo Sérazin réussira à s'évader de la forteresse de Sisteron. Repris à Paris, il sera emprisonné successivement à la Santé, à Fresnes, au camp de Choisel (Châteaubriant) et au camp de Voves (Eure-et-Loir). Il sera assassiné par la Milice, à Saint-Étienne, en 1944. Le frère de France, Michel Bloch, a été arrêté en février 1941 pour distribution de tracts ; il sera interné à Riom, Clermont-Ferrand et enfin à Nontron (Dordogne), d'où il sera libéré par les FFI en juin 1944. Ses parents se sont réfugiés en avril 1941 en Union soviétique, Jean-Richard Bloch devenant, tout au long de la guerre, l'une des voix françaises de Radio-Moscou.

René Bonpain à ses parents et à Mgr Dewailly[1]
Prison de Loos-lès-Lille (Nord) – 30 mars 1943

Loos, le 30 mars 1943

Bien chers papa et maman,

Quand vous recevrez cette lettre, je serai auprès du bon Dieu, dans cet au-delà pour lequel j'ai, ici-bas, tâché de tout sacrifier.

Je vous demande que vos larmes soient des larmes d'espérance et de confiance en Dieu ; je n'ai rien à regretter. J'ai l'absolue certitude que c'est la Providence qui a tout permis, et, soyez-en certains, je suis profondément calme et tranquille.

---

[1] Chancelier de l'évêché de Lille.

Je n'ai rien à ajouter à ce que j'ai dit sur André et mon filleul.

Marie trouvera mon testament dans mon coffre.

Que l'on dise bien à Adrien et aux filles de Jérusalem que cette épreuve ne doit en rien diminuer ni leur foi, ni leur confiance, ni leur amour en N. S. J. C.[1] : bien au contraire, qu'Adrien veuille bien aller voir Mgr Dewailly.

Naturellement, je vous demande pardon de toute la peine que je vous cause, mais soyez-en sûrs, les souffrances et les épreuves immenses que Dieu vous a envoyées seront le gage certain d'immenses bénédictions de la part du Ciel sur vos enfants et petits-enfants.

Je désire qu'on demande pardon pour moi à Mr le Doyen Danès[2] du mal que j'ai pu dire de lui quand j'étais son vicaire, et à tous ceux à qui j'ai pu faire de la peine, soit parmi mes confrères, soit parmi les si braves gens de Rosendaël.

J'offre ma vie pour l'Église, pour le diocèse, pour la France et tout spécialement pour la paroisse N.-D. de Rosendaël : que Dieu accorde aux enfants d'aimer beaucoup la Ste Vierge et la Ste Eucharistie.

Je veillerai spécialement sur les séminaristes que j'ai tant soit peu aiguillés sur la voie royale du sacerdoce : qu'ils n'oublient pas qu'elle reste toujours la voie royale de la Croix.

Je demanderai à Dieu de bénir tous mes collaborateurs et collaboratrices qui, avec un dévouement et un esprit surnaturel si grands, ont contribué au succès de mes œuvres : je ne veux nommer personne, car je pourrais oublier quelqu'un, mais auprès de Dieu je n'oublierai personne.

Je prierai tout spécialement pour ceux qui souffrent, sans oublier Melle Andouche et la dévouée servante de Monsieur le Curé.

Je demande instamment qu'aucune pensée de vengeance contre qui que ce soit s'élève, même pas dans vos cœurs. L'homme se démène, mais c'est Dieu qui le mène.

---

[1] Notre Seigneur Jésus-Christ.

[2] Le curé de la paroisse Notre-Dame-de-l'Assomption à Rosendaël (Nord), dont l'abbé Bonpain était le vicaire.

Je vous le répète, je suis profondément tranquille et je n'ose penser à cet instant fatal qui arrivera dans si peu de temps sans, je vous l'avoue bien sincèrement, une certaine joie, car j'espère bien vite pouvoir me reposer entre les bras de N. S. et de la Ste Vierge. Je lui demande, en effet, de bien vouloir compter mes quatre mois de grande souffrance comme un petit purgatoire, et je compte sur les innombrables prières qui ont été dites pour moi et qui seront dites après ma mort pour ne pas trop souffrir avant d'arriver au ciel.

Que l'on remercie encore pour moi Son Éminence[1] de sa si grande bonté, Mgr Dewailly d'être venu me confesser, Mr le chanoine Lepoutre de son réconfortant soutien.

Merci aux Petites Sœurs de l'Assomption[2] d'avoir permis à sœur Jeanne de venir me voir: qu'elles prient toutes pour que se réalise pour moi l'exorde de mon sermon, le jour de la vêture: «Quelle est celle-ci (cette âme) qui vient du désert, remplie de délices, et appuyée sur son Bien-aimé[3].»

Dites aux Melles Maes, Declercq et Jouve, à Mme Deklardes, que j'ai essayé de mettre en pratique ce que je leur ai si souvent enseigné.

Un souvenir tout spécial aux si bonnes Sœurs de St-Vincent-de-Paul[4], modèles des plus hautes vertus à Rosendaël, aux Petites Sœurs des Pauvres[5], aux Sœurs de l'Enfant Jésus[6], à *[passage censuré]*.

Un désir: que l'on achète avec mon argent quatre très beaux *[mot censuré]* pour les donner: un au premier garçon que j'ai baptisé à Rosendaël et y faisant sa communion, un à Jeannette Mylle (1ère fille que j'ai baptisée) et les deux autres aux plus méritants.

---

1 Le cardinal Liénart, évêque de Lille.

2 Petites Sœurs de l'Assomption: congrégation féminine au service des défavorisés, fondée à Paris en 1865.

3 Cantique des cantiques, 8, 5.

4 La Compagnie des Filles de la Charité: congrégation féminine, née en 1633, sous l'impulsion de Louise de Marillac, pour soutenir l'action charitable de Vincent de Paul. René Bonpain, très proche de l'esprit du saint, avait été responsable de la Conférence Saint-Vincent-de-Paul pendant ses études au lycée de Dunkerque.

5 Les Petites Sœurs des Pauvres: congrégation féminine initiée en 1839 à Saint-Servan (Ille-et-Vilaine) par Jeanne Jugan.

6 Les Sœurs de l'Enfant Jésus: congrégation féminine fondée en 1662 par Nicolas Roland, se consacrant surtout à l'enseignement primaire gratuit.

Un merci tout spécial à M[r] le Curé de toute sa bonté pour moi, à M[r] l'Abbé Dauchy, à Mrs Vanhems et Van Eecke, un souvenir spécial à tous mes confrères.

Sur mon registre des messes (que j'avais laissé dans ma sacoche noire, lors de mon arrestation), il y a à barrer 35 messes que j'ai dites en prison, ici.

Un grand baiser à ma filleule que je tâcherai de protéger tout particulièrement du haut du ciel.

Je vous embrasse bien, chers papa et maman, en demandant à Dieu de vous donner beaucoup de courage, beaucoup: merci encore mille fois de votre bonté, de vos exemples.

J'embrasse tous mes frères et sœurs, tous mes neveux et nièces et cette fois-ci je vous dis

à Dieu...

René Bonpain.

Abbé Bonpain en route vers le ciel.

Je répète encore une fois que je ne veux nommer personne: que chacun le comprenne. Que l'on remette un souvenir spécial à ceux qui m'ont aidé: il n'y a qu'à tout faire pour un mieux.

Un merci spécial à mon ami Robert qui a fait l'impossible, à mon avocat, etc.

Mon vénéré Père[1],

Le dénouement approche, permettez que je vous confie la dure mission de remettre cette lettre à mes parents. Je meurs très, très tranquille, confiant en votre parole d'hier. Merci mille fois de tout le bien que vous m'avez fait, merci à M[r] le Chanoine Lepoutre, merci à tous.

Et à Dieu.

---

[1] Mgr Dewailly, cité *supra*.

René Bonpain naît en 1908 à Dunkerque (Nord), dans une famille de neuf enfants. Son père, ancien architecte, est un grand invalide de la guerre 1914-1918; sa mère l'encourage très tôt à imiter son engagement dans les œuvres catholiques. Après des études au séminaire d'Ivry, René est ordonné prêtre en 1932 et nommé vicaire de la paroisse Notre-Dame-de-l'Assomption, à Rosendaël, près de Dunkerque[1]. Il s'engage avec passion dans les activités dédiées aux jeunes: chorale, patronage, sports. Il sert pendant la campagne de France comme vaguemestre des équipages. Démobilisé à Périgueux, il revient dans le Nord et reprend son ministère. Il a maille à partir de nombreuses fois avec l'occupant, qui lui impute les sentiments et les manifestations hostiles des jeunes de la localité. En juin 1942, il entre en contact avec Louis Herbeaux, l'un des responsables régionaux du réseau «Alliance[2]», fondé en 1940 par Marie-Madeleine Fourcade. Il collecte des renseignements militaires et assure leur transmission à Paris. Arrêté le 13 novembre 1942, il est affreusement torturé à la villa Duflos, siège de la police allemande à Malo-les-Bains. Transféré à la prison de Loos, il est condamné à mort par une cour martiale allemande, le 19 mars 1943, avec trois autres membres du réseau, dont Herbeaux. Il est fusillé au fort de Bondues le 30 mars 1943. Malgré l'interdiction de la Kommandantur, *un service funèbre est célébré en l'église Saint-Martin de Dunkerque, le 15 avril suivant. Une foule immense, mêlant des habitants de tous horizons, lui rend hommage en une imposante manifestation silencieuse. Deux de ses frères se distingueront dans la Résistance: l'un, comme aviateur dans les Forces aériennes françaises libres; l'autre, dans un groupe à La Rochelle, où la famille Bonpain est repliée depuis l'été 1940.*

---

[1] Rosendaël est aujourd'hui rattachée à la commune de Dunkerque.
[2] Voir *infra*, p. 347.

Paul Gloriod à ses parents
Prison de Fresnes (Seine[1]) – 13 mai 1943

Fresnes, le 13 mai 1943

Très cher tous,

Après avoir écrit à ma petite chérie, c'est à vous que j'annonce cette triste nouvelle. Soyez, comme moi, très courageux et braves.

Dieu l'a voulu ainsi, soyez forts et grands malgré tout.

Soyez certains que je meurs en brave en pensant à vous. Ce qui me coûte le plus, c'est de savoir que je vous fais souffrir et que, par toutes nos souffrances, un monde meilleur naisse dans la fraternité commune. Du haut du ciel, où j'espère le bon dieu voudra bien me recevoir, je veillerai sur vous.

Que Simone se marie et soit heureuse, je lui adresse ma bénédiction suprême.

Ma chère petite maman, et toi, mon bon papa, soyez forts et courageux et priez pour moi.

Je vous dis adieu et faites mes adieux aux amis.

Bons baisers de votre cher fils. Je saurai bien mourir. Vive la France.

P. Gloriod.

Né en 1920, Paul Gloriod s'engage dans l'aviation à la déclaration de guerre. Au début de février 1942, il entre dans la Résistance au sein de la Confrérie Notre-Dame-Castille[2], réseau de renseignements de la France libre, créé et dirigé par le colonel Rémy. Il y est

[1] Aujourd'hui Val-de-Marne.
[2] Voir *infra*, p. 348.

radio-émetteur. Arrêté le 23 mars 1942, il est condamné à mort le 6 avril suivant par le tribunal du Commandant du Grand-Paris, siégeant à l'hôtel de Crillon. Après plusieurs mois d'un régime carcéral très dur, il est fusillé le 13 mai 1943, avec neuf autres résistants, au mont Valérien. Le journal clandestin Défense de la France *lui rend hommage.*

Albert Guesquin à sa fiancée Raymonde Salez
Prison de Fresnes (Seine[1]) – 9 juillet 1943

Fresnes, le 9/7/43

Ma très Chère petite Raymonde,

Cette lettre sera pour toi un bien triste message lors de ton prochain retour… je ne serai plus. En effet, tantôt je dois mourir. Mon tendre, mon grand amour, j'aurai eu une mort digne de notre noble idéal : ma conscience est pure… mon amour l'est demeuré, le tien aussi je sais. Nous avons été heureux, n'est-ce pas Chérie ? Nous payons pour que d'autres le soient à présent : qu'ils soient dignes de notre sacrifice. Te souviens-tu ? Mais quelle question ! Notre nid, et tout, et tous, et nos conversations… Ma Chérie, il te faudra retrouver un compagnon digne de nous, ils ne manqueront pas, je suis certain. 11 heures – un dernier colis nous arrive, que de gâteries et de bienveillance ! Un accident s'est produit et du miel s'est répandu sur mes affaires… Mes deux pulls, mes chaussettes, tricotés par toi, derrière l'épaule droite de mon pull bleu, un cheveu blond est noué : couvert de baisers… Enfin au moins je puis avoir une satisfaction : ma jeunesse aura servi, j'aurai été heureux et je pense t'avoir rendue heureuse

---

[1] Aujourd'hui Val-de-Marne.

aussi, toi, ma chérie ; lors je puis mourir tranquille, si toutefois tu me promets ce qui a toujours été ma volonté avec les vivants ! Alors, ma chérie, à tous nos amis tu diras mon souvenir, mes amitiés très sincères et aussi à mes derniers amis qui peut-être en douteraient. Et vous, Marthe, Gégéne, Jacquet et tous, [devez] croire en mes sentiments les plus sincères. Allons, à tous bon courage, car il vous en faudra. Je sais, bientôt, vous vous retrouverez en famille et le sourire refleurira sur vos lèvres dans cette ronde joyeuse pour laquelle... jamais !... baisers à tous et à toi ma petite femme si Chérie... courage... baisers.

Votre très cher Bob.

Albert (Bob) Guesquin est, avec sa fiancée, Raymonde Salez, l'un des premiers combattants des groupes armés des Jeunesses communistes (les « bataillons de la jeunesse »). À l'été 1941, en effet, il est chargé par Albert Ouzoulias (futur colonel André) du recrutement et de la liaison des Jeunesses communistes. Il fait partie du groupe qui accompagne Pierre Georges lors de l'attentat contre un officier allemand au métro Barbès-Rochechouart, le 21 août 1941[1]*. Il est affecté aux « groupes spéciaux », mis en place par le PCF à la fin de 1942, et prend part à la récupération des armes parachutées de Londres pour les FTP, le 22 novembre, à Quarré-les-Tombes (Yonne). Il est fusillé par les Allemands le 9 juillet 1943.*

Raymonde Salez, l'une des dirigeantes parisiennes de l'Union des jeunes filles de France (UJFF), est arrêtée en 1942. Elle est déportée dans le convoi dit « des 31000 » (24 janvier 1943) et meurt à Auschwitz, le 10 mars 1943.

---

[1] Voir *supra*, p. 42.

Gaston Brogniard à sa femme et à ses enfants
Prison de Loos-lès-Lille (Nord) – 20 juillet 1943

Loos, le 20 juillet 1943

Ma bien chère Ptiote Adorée et mes chers petits garçons chéris,

C'est ma dernière lettre, elle sera tracée sans trembler. Ce matin, à mes Camarades Snoeck et Balleu [Balleuw], on nous annonce que notre recours est rejeté, aussi courage nous aurons. Surtout, chérie, sois forte, pense à nos petits. Je sais que tu les élèveras dignement et que, plus tard, ils seront pour leur bonne mère un soutien. J'ai reçu les sacrements par un aumônier, j'ai donc rempli tous mes devoirs de Chrétien. Je sais que cette triste nouvelle sera pour vous tous abominable, mais, ptiote adorée, j'ai confiance en toi, tu seras courageuse et Française avant tout. J'embrasse par cette lettre toute la Famille. Que maman te console dans ta peine, et je suis certain que ma sœur Palmyre t'aidera.

Ma ptiote adorée et mes petits garçons chéris, je sais que plus tard vous me ramènerez dans notre village natal, tel est mon seul désir. Ma chère ptiote adorée et mes petits garçons chéris, je vous dis adieu et Courage ; surtout, chérie, j'ai confiance en toi.

Adieu.

Petit père.

Habitant Le Touquet (Pas-de-Calais), Gaston Brogniard est camionneur. Un jour d'automne 1942, il recueille dans la campagne un aviateur canadien dont l'appareil a été abattu. Il active alors son cercle d'amis pour organiser son retour en Angleterre : André Baleuw fournit une fausse carte d'identité ; le pilote est hébergé chez

Mme Duquesnoy, puis chez Mme Illidge, épouse d'un Anglais prisonnier de guerre dans un camp près de Breslau ; Roger Snoeck prépare son transfert vers Paris où un réseau de passeurs doit le prendre en charge. Mais le groupe est dénoncé et, le 27 décembre 1942, tous sont arrêtés par la Gestapo. Internés successivement au Touquet, à l'hôtel Westminster, puis à la prison de Boulogne-sur-Mer, ils sont finalement détenus à Loos-lès-Lille, avant d'être condamnés à mort par un tribunal militaire allemand, le 18 février 1943. Gaston Brogniard, André Baleuw et Roger Snoeck sont fusillés le 20 juillet 1943. Albert Lagache, un ami de Brogniard, et Mme Illidge sont déportés en Allemagne, le 9 août 1943.

Marcel Langer à sa femme
Toulouse, prison Saint-Michel (Haute-Garonne)
13 mars 1943

Toulouse, 13 mars 1943

Ma petite femme chérie,

Lorsque cette lettre parviendra entre tes mains, je ne serai plus de ce monde. Je suis condamné à mort pour raison politique. Je me représente ta douleur ; avec le temps, tu parviendras à m'oublier, et un autre prendra place dans ta vie.

Regardant en arrière, il faut dire, en vérité, que nous n'avons pas eu beaucoup la chance d'être ensemble et que nous avons beaucoup souffert de notre séparation. J'espère qu'aux côtés d'un autre homme, tu auras plus de chance. J'espère que ce sera un homme honnête et bon pour ma Rosita. Il faut se rendre à l'évidence, tu es jeune et belle, tu dois et tu peux trouver un compagnon. Ceci me paraît normal et juste.

Je ne m'imagine pas que tu vas continuer à vivre avec le passé ; tout ce que je te demande, c'est de donner une bonne éducation à Rosita.

Tu garderas de moi le souvenir d'un homme bon pour sa famille et d'un lutteur pour la liberté des peuples. Aux derniers moments de ma vie, je penserai à vous. Je suis tombé dans la lutte pour l'émancipation et la liberté.

Mille baisers pour toi et Rosita, de ton Marcel qui toujours t'a chérie depuis le jour où il t'a connue ; je te remercie pour le bonheur que j'ai connu à ton côté…

Que vous viviez heureux et libres. Baisers pour toi et Rosita, saluts à tes parents.

Ton Marcel.

Mendel (dit Marcel) Langer naît à Szezucin (Pologne), en 1903, dans une famille d'ouvriers, militants du Bund, *le parti socialiste juif. Il passe son enfance à Tarnow, au sud du pays, puis émigre en Palestine avec sa famille pour fuir les persécutions antisémites. À Haïfa, il exerce le métier d'ajusteur-mécanicien dans les chemins de fer. En 1923, il adhère au Parti communiste palestinien. Pourchassé par la police britannique, il gagne la France en 1931, s'installant à Paris puis à Toulouse, où il travaille comme fraiseur-ajusteur. Adhérent à la CGTU et au PCF, il milite au sein d'un groupe de la MOI (Main-d'œuvre immigrée[1]). En 1936, il s'engage dans les Brigades internationales, d'abord dans la brigade polonaise, puis dans la 35e division de mitrailleurs. C'est alors qu'il rencontre et épouse une républicaine espagnole, Cecilia Molina, avec laquelle il a une fille, Rosita. À la fin de l'année 1938, lors de son retour en France, il doit les laisser en Espagne. Au début de 1939, il est interné, comme de nombreux volontaires des Brigades internationales, à Argelès, puis à Gurs (Pyrénées-Atlantiques). Il parvient à s'en évader pour rejoindre Toulouse, où il travaille aux Ateliers de construction mécanique du Midi. Il reprend également l'action au sein de la MOI. Rapidement, pour échapper à une nouvelle arrestation, il passe dans la clandestinité.*

[1] Voir *infra*, p. 350-351.

Après l'occupation de la zone sud, en novembre 1942, Marcel Langer passe à la lutte armée à la tête de la 35e Brigade FTP-MOI, ainsi nommée en souvenir de la 35e division de mitrailleurs. Le bilan du groupe en 1942-1943 (sabotages et actions) est impressionnant. Marcel Langer est arrêté le 5 février 1943, en gare de Toulouse. Il est atrocement torturé, mais garde le silence. La section spéciale de la cour d'appel de Toulouse le condamne à mort le 11 mars 1943, sur réquisition de l'avocat général Lespinasse. Il est guillotiné à la prison Saint-Michel, le 23 juillet suivant.

Le 10 octobre 1943, une équipe de la 35e Brigade, devenue en son honneur 35e Brigade-Marcel Langer, abat l'avocat général Lespinasse.

Jean Nicoli à ses camarades et à ses enfants
Prison de Bastia (Haute-Corse) – 28 au 30 août 1943

Le 28 août 1943 à 22 heures

Ce qui est vraiment impressionnant, ce sont les dix heures qui sonnent. Les cloches semblent parler et nous disent: «Entendez le temps, c'est nous. Nous vous avertissons tous les jours, mais le bruit du monde vous empêche de nous entendre. Comme tu nous comprends aujourd'hui! Nous sommes pour toi seul, vois-tu. Nous savons que toi seul nous comprends aujourd'hui, et remarque comme nous sommes solennelles. Et figure-toi que nous sommes toujours aussi graves, aussi solennelles, aussi régulières. Mais personne ne le comprend. Si on comprenait notre langage dans les villes et les villages, les hommes seraient meilleurs.»

Instituer le langage des horloges, s'interroger tous les matins sur le sens de l'horloge et de la dernière heure. L'horloge peut devenir le temple de la morale, et c'est dans ce sens qu'on devrait en placer dans tous les villages.

Le 28 août à 10 heures du soir

Demain matin à 4 h, je serai fusillé, si je n'ai pas la grâce. Je vais essayer d'analyser l'état d'esprit d'un homme près de la mort, près d'elle que vous redoutez tant. Tout d'abord je remarque que ceux qui pensent aux condamnés à mort comme j'y pensais ont une tout autre idée de la réalité. Ils se figurent que les dernières heures des condamnés doivent être terribles. Eh bien, non ! l'homme est né pour survivre et sa nature s'adapte à toutes les situations. On a comme une sensation de vide autour de soi. On sent qu'on n'appartient plus à la terre. La voix humaine, les bruits, la vie, quoi ! ne produisent pas sur nous les mêmes effets. L'impression nette que vous êtes coupé, que tout ce qui vous retenait à la vie a été dépassé, tous les fils de communication étant coupés, il est clair que vous ne ressentez plus rien ; vous êtes sur du vide, du vide autour de vous, et les bruits vous semblent venus d'un autre monde. J'entends de la musique qui charme tout, on dirait que ce sont des fantômes. On doit avoir la même impression si, étant près de la porte d'un tombeau, vous entendiez chanter les morts. On appartient déjà à une autre vie, dirais-je, et cette vie ne nous donne plus que l'impression de bruits incohérents. Les hommes que vous entendez parler, vous vous demandez ce qu'ils peuvent dire et à quoi bon.

Il semble que la grande sagesse est dans les choses, dans les choses mortes, et je classe l'univers, en ce qui concerne la sagesse, ainsi : les choses inertes, les plantes, et enfin ces êtres drôles qui remuent, gesticulent, parlent et qu'on nomme les hommes. Ils ne comprennent rien à la vie et sûrement que ces peuples de l'Inde qui cherchent l'immobilité sont près de la grande sagesse. J'écris et, franchement, je me demande pourquoi, parce que je sens que vous appartenez à un autre monde que moi, ne pouvez comprendre. Je m'étonne d'employer vos mots, mais je ne connais pas l'autre langage. Il doit être plus pur, plus net. Comme c'est dur avec vos lettres d'écrire une pensée, et puis je sens que je ne puis pas encore m'exprimer comme je le voudrais. J'ai encore la gangue de la vie, de l'éducation, et je sens qu'avec vos lettres et vos mots, je ne puis arriver à exprimer des pensées.

Je peux donner aux hommes un conseil : n'ayez pas peur de la mort. Elle vous fait peur parce que vous ne la connaissez pas, mais croyez-moi, elle n'est absolument pas mauvaise, elle n'a rien de terrible, et dès que vous approchez du grand portail noir, elle a l'air accueillant et souriant. Ne pleurez pas trop sur les êtres qui partent. Vous êtes beaucoup plus à plaindre que nous. Nous sommes arrivés, et nous vous voyons au bas de votre mort, vous démenant pour nous rejoindre : pauvres de vous ! Vous montez, et vous avez peur d'arriver en haut pour vous reposer. N'ayez pas peur du sommet, je suis à quelques mètres. Je sens que tout à l'heure, je vais me reposer sur la douceur moelleuse du sommet. Vous vous dites, comme ce doit être terrible de savoir qu'on va être fusillé dans 4 heures, et, non, vous voyez bien.

30 août à 2 h du matin ; on me fusille à 4 heures.

au Parti,

J'ai été trahi. Tous ont parlé, et il y en a qui ont inventé une histoire de caisse inexistante. Pour ne pas parler, à ma première déposition, j'ai dit que l'argent, je le gardais, et je me suis présenté sous la figure triste d'un homme d'argent. Pierre, le radio, a livré, je ne sais comment, mon carnet de comptabilité ! Au procès, devant le public, Bébé ne risquait plus rien, Arthur et François[1] étaient en sûreté : ces trois noms figuraient sur mon cahier, j'ai dit que j'étais trésorier, et j'ai expliqué que chacun devait rendre compte en détail des dépenses faites comme me l'avait fait Bébé (sa feuille était dans mon carnet). J'ai expliqué que je n'étais pas un homme d'argent. J'ai dit la vérité, pensant sauver ma tête, personne ne risquait (rien). Que faire *[illisible]* ? On vous nomme ou passer pour un homme d'argent *(sic)*, et alors je ne pouvais pas mourir en communiste comme je mourrai tout en écrivant « Vive le Parti. » J'ai bu le calice jusqu'à la lie et je n'ai vu que des pauvres êtres humains. Heureusement que, dans la bande qui m'a vendu et trahi, pas un seul camarade. Dans le Parti seul, mes frères, il y a des hommes. Hors de là, de la boue, et méfiez-vous. Pourquoi ne vous ai-je pas connus plus tôt, j'aurais appris à me méfier.

[1] Nonce Benielli, dit « Bébé », Arthur Giovoni et François Vittori, membres comme Jean Nicoli, du mouvement Front national en Corse.

Je meurs content en mourant pour le Parti, heureux de mourir pour ce grand parti auquel j'avais voué mon action, et auquel je donne de bon cœur ma vie.

Mettez au clair la question, la question d'argent. On a parlé au procès de 1 640 000 [francs]. Publiez sur la presse l'emploi judicieux de cet argent. Mes comptes sur le carnet sont clairs. Ma mémoire m'est chère.

Personnellement, j'ai toujours vécu sur mon argent. Je meurs heureux de ne rien laisser à mes enfants et d'avoir laissé mettre en vente ma maison hypothéquée pour ne pas prendre à la caisse 18 000 F.

30 août, il est 3 heures et demie

Dans une demi-heure… C'est drôle, la mort n'a absolument rien de terrible. Elle est éprouvante parce que vous ne voulez pas la regarder. Si vous l'approchez, elle est accueillante, mais pas terrible du tout, croyez-moi, mortels. Le squelette et la faux pour représenter la mort ? Jamais. Celui qui l'a fait ne l'a jamais vue comme je la vois. Une bonne vieille qui ouvre les bras et qui accueille ses enfants. Elle les attend, elle sait qu'ils vont venir et ne peut pas comprendre pourquoi on ne veut jamais la voir. Rectifiez, mortels, vos écrits et vos représentations de la mort. Elle est vraiment gentille, accueillante et affligée de ce qu'on ne la regarde jamais. Elle est mieux que ce que vous croyez. Elle est femme, et non squelette *[illisible]*.

(À ses enfants, non daté, feuillets numérotés 3 et 4)

… et non malheureux. Ayez en face de vous Papa heureux et souriez fièrement dans la rue, et surtout pas de deuil. Dites-le à tout le monde. On ne porte pas de deuil pour un père qui meurt comme je meurs, car je meurs pur et ruiné. Je meurs pour la Corse et pour le parti. Comme deuil, vous porterez tous les deux une belle tête de More et un gros œillet rouge, toujours une tête de More qui ne ressemble à celle de personne, car nul n'aura le droit de la porter comme la vôtre.

Il faut donc éclairer la situation argent avec le Parti et Paul Colonna d'Istria[1] et publier les comptes sur la presse, car au procès, pour ne pas parler, on a eu l'impression que j'avais travaillé pour l'argent. Ça, c'est le point essentiel. Faites la grande lumière sur la question argent, et dites bien que si ma déposition noircit mon nom, ç'a été pour ne pas dévoiler un seul nom.

Jean Nicoli naît à San Gavinu di Carbini (Corse-du-Sud), en 1899, dans une famille de cinq enfants. Ses parents tiennent l'épicerie du village. Il fréquente l'école communale et, à dix-sept ans, réussit le concours d'entrée à l'école normale d'instituteurs. De retour de l'armée, il commence une carrière d'enseignant. En 1924, avec sa jeune femme, elle aussi institutrice, et leur premier enfant, il part enseigner au Soudan français (l'actuel Mali). Nommés à Paris en 1935, ils quittent l'Afrique révoltés par le système colonial. Avec le Front populaire, Jean Nicoli franchit le pas de l'engagement politique. En 1936, il adhère à la SFIO. De retour en Corse, il poursuit son combat républicain et antifasciste, en dénonçant vigoureusement les prétentions de l'Italie fasciste à annexer l'île. Mobilisé en septembre 1939 dans le génie, il est rendu à la vie civile le 14 juillet 1940. Comme beaucoup d'autres, il refuse la défaite et l'occupation. Peu à peu, il se rapproche des communistes et, à la fin de l'année 1942, adhère au PCF et au mouvement « Front national de lutte pour la liberté et l'indépendance de la France ». Il en devient rapidement un des principaux dirigeants pour la Corse, avec Arthur Giovoni, François Vittori, Nonce Benielli et André Giusti. Responsable de l'armement, il est chargé, à ce titre, de recevoir et de répartir l'argent, les armes et les munitions parachutés par des avions basés à Alger. C'est un poste particulièrement important en ce printemps 1943 où toute la Résistance corse est désormais unie au sein du « Front national ». Arrêté le 27 juin 1943, il est incarcéré d'abord à Ajaccio, puis à Bastia. Le 28 août, il est condamné à mort par un tribunal

---

[1] Paul Colonna d'Istria, envoyé d'Alger par le général Giraud pour coordonner les forces de la Résistance en Corse. Après la chute de Nonce Benielli et de Jean Nicoli, il entre avec Henri Maillot (cousin du général de Gaulle) au Comité départemental du « Front national ».

militaire italien. Il est décapité dans le « carré des fusillés » de Bastia, le 30 août 1943, une semaine avant l'insurrection de la Corse et un mois avant sa libération.

Edgar Tarquin à ses parents et à sa sœur
Marseille, prison Saint-Pierre (Bouches-du-Rhône)
22 et 25 septembre 1943

Copie certifiée conforme[1].

Cette lettre contient les dernières volontés d'un jeune Français de 21 ans, condamné à mort par les Allemands.

Voici l'adresse de mes parents : M. Tarquin Paul, 187, chemin de la Madrague-Ville, Marseille.

Je remercie beaucoup la personne qui me rendra ce service, car mes parents ignorent ce que je suis devenu.

VIVE LA FRANCE.

Chers Papa, Maman et Paulette,

C'est hier, le 21 septembre, que je suis passé au tribunal militaire allemand et je suis condamné à mort, ainsi que quatre autres camarades.

J'ai appris la nouvelle avec le plus grand calme et la plus parfaite indifférence. Je souhaite de tout mon cœur que vous appreniez la nouvelle avec le même sang-froid que moi, car si j'avais franchi tous les obstacles sans encombre, d'autres que moi seraient tombés pour cette noble cause ; mais puisque le destin m'a choisi, j'accomplirai mon devoir jusqu'au bout en communiste.

---

[1] Sur le mode de transmission de cette lettre, voir *infra*.

Je ne regrette rien de ce que j'ai fait et j'espère que d'autres continueront la lutte, car la victoire ne peut plus nous échapper.

Cher papa, tu n'auras pas à rougir de ton fiston, car il se conduira bravement jusqu'au bout, tu le sais bien.

Et toi, chère maman, ne te désole pas; je sais que le coup sera dur, mais l'idéal doit pouvoir surmonter ta douleur et tu pourras être fière d'avoir été la maman d'un de ceux qui sont tombés pour que vive la France, ce que nous voulons.

Petite sœur, chère Paulette, sois tranquille, je ne serai plus là pour te taquiner. N'oublie pas que tu restes le seul soutien pour papa et maman et qu'il faudra que tu veilles sur eux plus tard; je te laisse là une lourde tâche. Avec un avenir meilleur, tu pourras te marier et fonder un foyer, et j'espère que tu élèveras tes enfants avec l'idéal qui m'était cher. Tu feras cela en souvenir de ton frère, je te le demande. Je vous laisse et je vous dis adieu, je vous embrasse bien fort.

Votre fils, Edgar.

Vive la France libre et heureuse.
Vive le Parti Communiste.

Chers papa, maman et Paulette,

C'est sans doute la dernière fois que vous recevrez de mes nouvelles. Car ayant été arrêté le 8 août, j'ai été jugé le 21.9.43 par le tribunal militaire allemand et je suis condamné à la peine capitale. Néanmoins, j'ai adressé un recours en grâce auprès de Monsieur le chef de la Kommandantur sur la place de Marseille, j'attends la réponse[1].

Je souhaite de tout cœur que vous soyez tous les trois en parfaite santé, c'est le principal. Surtout, que cette fâcheuse nouvelle ne vous afflige pas de trop, car si j'avais parcouru tout le chemin et franchi les obstacles sans encombre, d'autres que moi seraient tombés et, du moment que je suis choisi du destin *(sic)*, que le destin s'accomplisse

[1] Voir *infra*, p. 356.

et, s'il faut mourir, je mourrai. Enfin, pour le moment, je suis en parfaite santé et j'ai bon moral (pas le cafard).

Papa, tu seras fier d'avoir eu un fiston comme moi, si quelquefois je t'ai fait mettre en colère, je m'en excuse, mais je t'aimais bien quand même. Enfin tu as travaillé toute ta vie, je te souhaite une heureuse vieillesse et longue vie, comme tu es en droit de le mériter. Je ne t'oublierai pas.

Maman, te souviens-tu, sur une de tes lettres, m'avoir dit que tu aurais du courage, j'espère que tu sauras tenir ta parole et que cette nouvelle ne fasse pas trop de mal. Tu sais que je n'ai ni volé, ni tué, tu peux marcher la tête haute. Je regrette aussi de t'avoir fait mettre en colère et de t'avoir fait courir pour me donner la ratatouille, mais j'étais gosse et je ne comprenais pas. Jc nc t'en aimais pas moins pour cela, et je t'en aime encore plus aujourd'hui et tant qu'un souffle de ma vie m'animera, je penserai à ma petite Maman chérie que j'aime bien fort.

Petite sœur, chère Paulette, c'est ton grand frère qui vient te taquiner encore une fois, mais sois tranquille, je crois que ce sera la dernière.

Tu sais que je te laisse une lourde tâche. Celle de veiller sur les vieux jours de Papa et de Maman, je souhaite que tu l'accomplisses en souvenir de moi, car j'aurais bien voulu l'assurer, mais hélas ! Plus tard, avec un avenir meilleur, tu te marieras et tu auras droit de profiter de la vie, car tu n'auras pas passé une si belle jeunesse que ça. Je te quitte chère Paulette et, toi aussi, tu as ta place dans mon cœur.

Avant de vous dire adieu, je vous demanderai de bien vouloir me faire parvenir du savon, une serviette de toilette, une chemise, un peigne, ce sera tout.

Tarquin Edgar.
Section Allemande.

La dernière lettre d'Edgar Tarquin, récupérée par un fossoyeur, est remise à un militant communiste pour transmission à la famille. Celui-ci en fait une copie qu'il transmet, accompagnée du message suivant à la direction clandestine du PCF dans la région.

Lettre d'un prisonnier

J'ai appris que six jeunes avaient été fusillés au cimetière Saint-Pierre, à Marseille. Parmi eux, se trouvait Edgar Tarquin, jeune FTP, déjà condamné par contumace, parce qu'après une escarmouche entre les FTP et la police, on avait retrouvé son portefeuille et ses papiers d'identité. J'ignore dans quelles circonstances il a été arrêté. Il y aurait une femme parmi les six camarades exécutés. Tarquin a écrit une lettre qu'il a réussi à jeter au moment d'être fusillé, en l'indiquant du regard à un fossoyeur.

D'autre part, les journaux relataient l'autre jour un drame qui a eu lieu à la Madrague, quartier habité par les parents de Tarquin. Les parents de Tarquin, ignorant encore le sort de leur fils, avaient reçu la visite de l'un de leurs amis qui venait leur dire qu'il avait appris l'internement de leur fils à la prison Saint-Pierre. Au moment où il s'apprêtait à partir, on sonna à la porte et Monsieur Tarquin alla ouvrir en raccompagnant son ami, mais au moment où ils ouvraient la porte, plusieurs balles de revolver, tirées par deux hommes qui stationnaient devant la porte, tuèrent net l'ami de Monsieur Tarquin.

J'ignore la relation qui existe entre les deux faits; je l'ai appris par des personnes habitant le même quartier et par une camarade de ma cellule. Je joins la copie de la dernière lettre écrite par le camarade fusillé.

Rap de la cellule JF.

Né en 1921 à Marseille, Edgar Tarquin exerce le métier de menuisier-charpentier. Militant communiste, il entre aux FTPF[1] durant la guerre. C'est l'un des organisateurs du maquis du Lubéron en Provence. Arrêté et torturé, il est fusillé à Marseille par les Allemands, le 21 septembre 1943. Selon des camarades de prison, il avait écrit sur un mur de sa cellule: «Ici, renaît la France.»

---

[1] Sur les Francs-Tireurs et Partisans français, voir *infra*, p. 349.

Eugène Lafleur à sa femme
Paris, prison de la Santé – 17 septembre 1943

17 septembre 1943

Ma chère Suzanne,

J'ai le pénible devoir de t'annoncer le rejet de mon recours en grâce et que je dois être fusillé aujourd'hui à 4 h.

Pardonne-moi de t'avoir causé tant de peine et de soucis, et aussi d'avoir été quelques fois *(sic)* un peu dur avec toi. Je pense que les enfants seront bons envers toi et qu'il n'est pas besoin de leur faire de recommandations.

Je souhaite de tout mon cœur que vous vous retrouviez en famille après cette affreuse guerre et que vous viviez très heureux. Quant à moi, je ne regrette rien de ce que j'ai fait, j'ai lutté pour un idéal que je crois le meilleur.

Depuis un an, j'attends la mort; j'ai été frappé des journées entières à coups de nerf de bœuf par les policiers français, souffert du froid et de faim, mis au secret pendant des mois. Tout cela n'a pas ébranlé mon moral et je mourrai courageusement.

Dis à Fernand, à Clémence, à Jean et à sa femme qui ont été bons pour moi et avec qui j'ai passé de si bons moments, que je ne les oublierai pas dans mes dernières pensées.

Adieu [à] nos frères et sœurs, à tous nos amis, M. et Mme Didelon et Miclot.

Je vous embrasse une dernière fois sur les photos.

Adieu ma chère Suzanne.

Adieu mes chers enfants.

Signé: Eugène Lafleur.

Eugène Lafleur, né en 1889, habite à Paris, dans le 15e arrondissement. Engagé dans la Résistance, il est fusillé par les Allemands au mont Valérien, le 17 septembre 1943.

Jean Compagnon à ses parents
Besançon, prison de la Butte (Doubs)
26 septembre 1943

Dimanche 26 à 5 h 40

Chers parents,

Je viens pour la première fois vous écrire et, malheureusement, la dernière. Le tribunal maintient la sentence. Je serai fusillé ce matin. Je meurs le cœur plein de vos adorables images et l'âme tranquille. Je vous reverrai tous là-haut, quand Dieu vous rappellera à lui. Courage, tel est le dernier mot que je vous dis. Mes idées s'embrouillent et je [ne] sais quoi vous dire. Pardonnez-moi de vous faire souffrir, je ne croyais pas en venir ici. Adieu, tous ceux que j'aime et j'adore et que je fais souffrir, adieu, tous. Adieu, pays natal. Adieu, belle France, je viens avec l'espoir que mes idées resteront personnifiées et que vous aurez le courage nécessaire pour les suivre jusqu'au bout. Dans l'attente que cette lettre vous apporte la tristesse, je vous quitte.

Jean Compagnon.

Jean Compagnon est né en 1921 et habite à Chouzelot (Doubs), où il est cultivateur. Il participe sous les ordres de « Philippe » à l'organisation des groupes FTPF dans la région de Besançon[1]*. Arrêté à Chouzelot, le 18 avril 1943, pour faits de résistance, il est jugé et fusillé par les Allemands à la citadelle de Besançon le 26 septembre suivant*[2]*.*

Marcel Simon à sa famille et au curé de Pugey
Besançon, prison de la Butte (Doubs)
26 septembre 1943

Mes chers parents,

Je vous écris ces quelques lignes pour vous annoncer que la grâce m'a été refusée et que je vais être fusillé ce matin, dimanche 26 septembre. Je me suis confessé hier et j'ai reçu la communion. Je pense à vous, à tous mes camarades, à mon village. Je vous demande de faire dire des messes pour moi, de prendre soin de mes arbres afin que vous ayez un souvenir de moi. Soyez courageux comme je le serai moi-même. Sachez que ma dernière pensée fut pour vous, pour ma Patrie, pour Dieu, pour la Vierge.

Au retour près de Dieu.

Marcel Simon.

---

1 Sur les Francs-Tireurs et Partisans, voir *infra*, p. 349.
2 Sur les fusillés du 26 septembre 1943, voir *infra*, p. 240.

Mon cher frère, ma chère sœur,

Je vous annonce une douloureuse nouvelle. La grâce m'ayant été refusée, je vais être fusillé ce matin. Je vous demanderais de prier pour moi, de vous montrer très courageux. Je n'écris pas à Henri, car il a assez de chagrin comme ça. Sachez que je pense à vous, à tous mes camarades, à toute ma famille, à chez Louis, chez Pointurier, chez Ligier, chez Dupuy, à mon parrain Armand et à ma marraine.

Adieu, au ciel.

Marcel Simon.

Cher Monsieur le curé[1],

C'est un de vos paroissiens qui vous écrit pour vous annoncer qu'il va mourir. C'est en Français, en chrétien qu'il mourra. Je vous demande de prier pour moi, de faire savoir à l'abbé Hugues que son camarade est mort en brave, ayant reçu l'absolution et la sainte communion. Vous consolerez ma famille, je forme des vœux pour que avec la paix renaisse dans la paroisse la JAC[2], pour laquelle j'ai milité.

Marcel Simon.

Mon cher cousin,

Je t'écris ces quelques lignes pour te dire que je vais être fusillé ce matin dimanche. Je pense à toi et à tous mes camarades. Je te dis adieu, ainsi qu'à toute la famille. Je pense aussi à la Tételle, à Popol, à Léon, à Raymond, à Pierre, à Loulou, etc.

---

[1] L'abbé Hugues, curé de Pugey. Voir la notice *infra*.

[2] JAC: Jeunesse agricole chrétienne. Voir *infra*, pp. 349-350.

Sache que c'est en chrétien, en Français que je meurs.
Vive la France.

Ton cousin Marcel.

Mon cher Parrain,

Je t'écris ces quelques lignes pour t'annoncer que je vais mourir dans quelques heures. Je t'écris pour toi et pour tous les camarades de la JAC [:] Dartevelle, Camille, Louis, Estanave, Gaillard, Alix, les Bousquet, Delphin, etc.

Je pense que, après la guerre, vous ferez renaître la JAC, que vous garderez au fond du cœur une pensée pour votre camarade, que vous prierez pour lui, tâchez de remonter le moral à ma famille et au revoir là-haut.

Marcel Simon.

Marcel Simon est né en 1920 à Larnod, petit village proche de Besançon (Doubs). Agriculteur et catholique, il participe très jeune aux activités de la paroisse de Pugey dirigée par l'abbé Hugues – auquel il adressera une dernière lettre. Devenu très tôt l'un des animateurs de la section locale de la JAC (Jeunesse agricole chrétienne), il déploie un vrai talent de meneur d'hommes, qui lui vaut l'admiration des jeunes de Larnod et des villages proches. Animés par un ardent patriotisme, traumatisés par la défaite de 1940, ceux-ci récupèrent les armes abandonnées lors de la débâcle. Marcel Simon est naturellement reconnu comme le chef de ce qui devient, au cours de l'année 1941, un groupe de résistance. Il est d'autant plus motivé qu'il a profondément souffert d'avoir été réformé pour le service militaire, du fait de sa santé précaire. Les armes sont cachées dans le clocher de l'église et sorties en 1941 pour quelques exercices dans le fort de Pugey. Le groupe recrute, sort quelques tracts, et, le 10 septembre 1942, réussit sa première action militaire : le sabotage, à l'aide de deux obus récupérés, de la double écluse de Rancenay.

Marcel Simon veut sortir ses camarades, toujours indépendants, de leur isolement. Il entre en contact avec les FTP[1]*, et, au début de mars 1943, le groupe devient le détachement « Guy Mocquet » (nom choisi, avec orthographe d'époque, en hommage au fusillé de Châteaubriant*[2]*, en raison du jeune âge de ses membres). Les opérations se succèdent : l'acte d'accusation du tribunal de la* Feldkommandantur 560 *en dénombre trente et un. En effet, des arrestations déciment les FTP de la région de Besançon : les détachements «Marius Vallet» et «Alsace» à partir d'avril 1943 et le détachement « Guy Mocquet » à partir de juillet 1943.*

Vingt-trois résistants sont jugés du 15 au 18 septembre 1943, dix-sept sont condamnés à mort. Un seul sera gracié, en raison de sa nationalité suisse. Les seize autres, dont Marcel Simon, sont fusillés à la citadelle de Besançon le 26 septembre 1943. L'émotion est immense du fait du jeune âge – 16 à 23 ans – de la plupart des fusillés, jeunes agriculteurs et lycéens, catholiques et patriotes dont les dernières lettres sont recopiées anonymement en un nombre considérable d'exemplaires[3].

Marcel Simon est titulaire à titre posthume de la médaille militaire, de la médaille de la Résistance, de la croix de guerre 39-45 et de la Légion d'honneur.

---

[1] Sur les Francs-Tireurs et Partisans, voir *infra*, p. 349.

[2] Voir *supra*, p. 84 *sq*.

[3] La fosse commune où sont enterrées les victimes est abondamment fleurie. Voir le cahier iconographique, n°s 21 et 22.

Philippe Gladoux à sa famille
Besançon, prison de la Butte (Doubs)
26 septembre 1943

Madame Veuve Gladoux Léon, Fontain[1]

Le 26 septembre 1943, 5 h 40

Chère maman, cher frère,

C'est la dernière fois que j'exprime ma pensée envers vous.

Je sais que ma mort vous fera du chagrin, mais je meurs pour ma Patrie, confiant dans la providence.

D'ailleurs, maman chérie, il reste mon frère sur qui tu mettras toute ton affection.

Comme souvenir, je vous laisse tout ce qui est dans ma valise et ma cellule. Consolez-vous, je serai vers mon Papa au ciel ; je vous guiderai, vous éclairerai de là-haut. Je veux être enterré à Fontain, à côté de lui.

Adieu à toute ma famille et mes amis.

Ton fils qui vous aime et vous embrasse de toutes les forces de son âme, blanche comme la neige.

Signé, Philippe.

[1] Département du Doubs.

À M. Louis Gladoux à Beure (Doubs)

26-9-1943 à 5 h 40

Cher oncle, chère tante,

C'est la dernière fois que je vous écris. Je sais que ma mort vous fera un grand chagrin.

Je meurs pour ma Patrie, confiant en la Providence, en songeant que je vais retrouver papa au ciel.

Consolez ma pauvre maman et mon frère chéri, soutenez-les, c'est ma seule consolation de savoir que vous serez là pour les soutenir et les aider.

Je veux être enterré près de mon papa.

Je vous remercie de tout ce que vous avez fait pour moi.

Il faudra bien prier pour nous.

Je suis en état de grâce. Ceci est à peu près le seul souvenir que je vous laisse.

Votre neveu qui vous aime et vous embrasse bien fort.

Philippe.

Philippe Gladoux naît à Besançon en 1925. Il est employé aux tourbières. Il est membre du groupe FTP « Guy Mocquet ». Arrêté par les Allemands le 2 juillet 1943, il est fusillé à la citadelle de Besançon le 26 septembre suivant[1].

---

[1] Sur les fusillés du 26 septembre 1943, voir *supra*, p. 240.

Henri Fertet à ses parents
Besançon, prison de la Butte (Doubs)
26 septembre 1943

Chers parents,

Ma lettre va vous causer une grande peine, mais je vous ai vu si pleins de courage que, je n'en doute pas, vous voudrez bien encore le garder, ne serait-ce que par amour pour moi.

Vous ne pouvez savoir ce que moralement j'ai souffert dans ma cellule, [ce] que j'ai souffert de ne plus vous voir, de ne plus sentir sur moi votre tendre sollicitude que de loin, pendant ces quatre-vingt-sept jours de cellule, votre amour m'a manqué plus que vos colis et, souvent, je vous ai demandé de me pardonner le mal que je vous ai fait, tout le mal que je vous ai fait. Vous ne pouvez douter de ce que je vous aime aujourd'hui, car avant, je vous aimais par routine plutôt mais, maintenant, je comprends tout ce que vous avez fait pour moi. Je crois être arrivé à l'amour filial véritable, au vrai amour filial. Peut-être, après la guerre, un camarade parlera-t-il de moi, de cet amour que je lui ai communiqué ; j'espère qu'il ne faillira point à cette mission désormais sacrée.

Remerciez toutes les personnes qui se sont intéressées à moi, et particulièrement mes plus proches parents et amis, dites-leur toute ma confiance en la France éternelle. Embrassez très fort mes grands-parents, mes oncles, mes tantes et cousins, Henriette. Dites à M. le curé que je pense aussi particulièrement à lui et aux siens. Je remercie Monseigneur[1] du grand honneur qu'il m'a fait, honneur dont, je crois, je me suis montré digne. Je salue aussi en tombant mes camarades du lycée. À ce propos, Hennemay me doit un paquet de cigarettes, Jacquin, mon livre sur les hommes préhistoriques. Rendez le « Comte de Monte-Cristo » à Emeurgeon, 3, chemin Français, derrière la gare.

---

1 Mgr Dubourg, archevêque de Besançon.

Donnez à Maurice Andrey de La Maltournée, 40 gr de tabac que je lui dois.

Je lègue ma petite bibliothèque à Pierre, mes livres de classe à mon cher Papa, mes collections à ma chère maman, mais qu'elle se méfie de la hache préhistorique et du fourreau d'épée gaulois.

Je meurs pour ma patrie, je veux une France libre et des Français heureux, non pas une France orgueilleuse et première nation du monde, mais une France travailleuse, laborieuse et honnête. Que les Français soient heureux, voilà l'essentiel. Dans la vie, il faut savoir cueillir le bonheur.

Pour moi, ne vous faites pas de souci, je garde mon courage et ma belle humeur jusqu'au bout et je chanterai «Sambre et Meuse» parce que c'est toi, ma chère petite maman, qui me l'a appris.

Avec Pierre, soyez sévères et tendres. Vérifiez son travail et forcez-le à travailler. N'admettez pas de négligence. Il doit se monter digne de moi. Sur les «trois petit nègres», il en reste un, il doit réussir.

Les soldats viennent me chercher. Je hâte le pas. Mon écriture est peut-être tremblée, mais c'est parce que j'ai un petit crayon. Je n'ai pas peur de la mort, j'ai la conscience tellement tranquille.

Papa, je t'en supplie, prie, songe que si je meurs, c'est pour mon bien. Quelle mort sera plus honorable pour moi? Je meurs volontairement pour ma Patrie. Nous nous retrouverons bientôt tous les quatre, bientôt au ciel. Qu'est-ce que cent ans?

Maman rappelle-toi:

«Et ces vengeurs auront de nouveaux défenseurs
Qui, après leur mort, auront des successeurs.»

Adieu, la mort m'appelle, je ne veux ni bandeau, ni être attaché. Je vous embrasse tous. C'est dur quand même de mourir.

Un condamné à mort de 16 ans.

H. Fertet.

Excusez les fautes d'orthographe, pas le temps de relire.

Expéditeur :
Monsieur Henri Fertet,
Au ciel, près de Dieu.

Né dans une famille d'instituteurs à Seloncourt (Doubs) en 1926, Henri Fertet fréquente le lycée Victor-Hugo à Besançon. Au cours de l'été 1942, il rejoint le groupe de résistants que dirige Marcel Simon. Sous le matricule Émile-702, il participe à la prise d'un dépôt d'explosifs, à la destruction d'un pylône à haute tension et à l'attaque d'un commissaire des douanes allemand. Arrêté chez ses parents le 3 juillet 1943, il est emprisonné, torturé, et jugé par le tribunal de la Feldkommandantur 560, *en compagnie de vingt-six co-inculpés. Il est fusillé le 26 septembre 1943*[1].

Henri Fertet reçoit à titre posthume la Légion d'honneur, la croix de guerre 39-45, la médaille de la Résistance. Il est fait compagnon de la Libération à titre posthume, le 7 juillet 1945.

Raymond Aymonin à ses parents
Besançon, prison de la Butte (Doubs)
26 septembre 1943

Monsieur et Madame Aymonin à Larnod

Chers parents,

Je vous écris pour la dernière le 26, à 5 h 40, car le recours en grâce étant rejeté, nous allons être fusillés.

---

[1] Sur les fusillés du 26 septembre 1943, voir *supra*, p. 240.

Ne vous faites pas trop de chagrin, je vous en conjure. Songez à mon frère (prisonnier de guerre). Je suis mort en véritable Français et en véritable chrétien.

Pour la Juliette, je lui demande pardon de lui avoir pris son amour, et lui souhaite de tout cœur d'être heureuse avec un autre.

Je vous quitte en vous embrassant tous une dernière fois bien tendrement.

Nous nous reverrons au ciel.

Celui qui vous aime.

Raymond.

Vous embrasserez tous les amis pour moi.

Raymond Aymonin naît en 1925 à Larnod (Doubs), où il est cultivateur. Il entre dans la Résistance en janvier 1943 et devient l'un des chefs du groupe FTP « Guy Mocquet ». Il est arrêté le 14 septembre 1943 à Seloncourt, puis jugé à Besançon. Il est fusillé le 26 septembre 1943[1].

---

[1] Sur les fusillés du 26 septembre 1943, voir *supra*, p. 240.

Jean-Paul Grappin à ses parents
Besançon, prison de la Butte (Doubs)
26 septembre 1943

Le 26-9-1943

Parents chéris,

Je ne sais plus que penser, je sais que je vais être fusillé. Je suis courageux, mais je n'aurais pas cru que ma vie finirait aussi brutalement. Qu'allez-vous devenir ? Je ne sais pas quoi vous dire de plus, mais jamais je n'aurais cru qu'une faute si peu grave était passible de la peine de mort.

Ma vie aura été bien courte, elle a été heureuse, elle aurait pu devenir merveilleuse après cette guerre. Mais non, encore non, je ne peux croire que je vais mourir ! Mes chéris, je vous serre dans mes bras et vous embrasse de tout mon cœur.

Jean Grappin.

Jean-Paul Grappin, étudiant en pharmacie, est né à Nancy (Meurthe-et-Moselle) en 1922. Il est membre du groupe FTP « Guy Mocquet ». Arrêté en juillet 1943, il est jugé et fusillé à Besançon, le 26 septembre 1943[1].

---

[1] Sur les fusillés du 26 septembre 1943, voir *supra*, p. 240.

Peter Snauko à sa compagne
Paris, prison de la Santé – 1er octobre 1943

Le 1 octobre 1943

Yvonne ma bien-aimée,

J'ai enfin la permission d'écrire et aussi j'ai appris que tu n'es plus ici : donc j'espère que ma lettre te trouvera déjà en pleine liberté. Sois courageuse, mon amour, comme je le suis moi-même, car j'ai une triste nouvelle à t'annoncer. J'ai passé aujourd'hui devant le tribunal militaire et la condamnation était sévère. C'est la mort qui me guette, si la demande en grâce au Militärsbefehlshaber[1] reste sans succès. Je ne me fais pas d'illusions et bientôt (même très vite), je serai passé par les armes. Sois pas triste, ma petite Yo, et ne pleure pas, c'est ce qui arrive aujourd'hui aux milliers des hommes *(sic)* qui sont broyés par cette terrible guerre, contre laquelle j'ai lutté de toutes mes forces. Elle était la plus forte et il ne me reste qu'à mourir en homme. Je ferai mon possible pour garder ma volonté jusqu'à la fin de ne pas succomber à une faiblesse par trop humaine. Viens me voir, mon amour, la visite sera autorisée et je veux t'embrasser encore une fois, te serrer contre moi, te voir, t'écouter, te sentir par tout mon être. Sois gentille et viens vite, parce que je crains qu'on se hâtera avec l'exécution du jugement. Si tu peux, apporte-moi un peu de tabac et un peu de pain. Il y a une chose qui me tracasse, es-tu enceinte ou non ? Cette réponse, j'espère aussi l'avoir avant la fin, mais toutes les choses concernant ça, je préfère de te dire *(sic)* à haute voix et je compte les heures qui me séparent de ton arrivée. Oh, ma bien-aimée, il serait si beau de vivre ! Avoir une famille, dans un monde

---

[1] Le *Militärbefehlshaber in Frankreich*, Commandant militaire en France. Voir *infra*, pp. 353-354, 356.

libéré du cauchemar de la tyrannie. Moi, je ne verrai plus ce miracle, mais il s'accomplira, j'en suis plus sûr maintenant que jamais. Toi tu le verras et peut-être le petit (?) Toutes les choses semblent déjà prendre congé de moi ; viens aussi, mon amour, toi que j'attends le plus. J'ai froid, mais ça se passera, il faut s'habituer un peu avec l'idée. Demain, ça ira déjà mieux. Si tu vois maman, donne-lui un bonjour de ma part, embrasse-la pour moi et si je lui ai fait de la peine, comme à n'importe qui, qui m'a connu, demande-lui pardon en mon nom. Viens vite, mon amour, je t'attends et dans la pensée je t'embrasse déjà très fort, le plus ce que je peux, chérie.

Peter Alik Snauko, dit « Neuer » est né en 1914 à Cernova (Tchécoslovaquie[1]). Il est manœuvre à Paris. Il combat en Espagne du côté républicain, comme volontaire dans les Brigades internationales. Après la victoire franquiste, en février 1939, il se réfugie en France et il est interné au camp du Vernet (Ariège). Comme plusieurs autres cadres, il utilise pour sortir une filière mise au point par la MOI[2] : il se porte officiellement volontaire pour aller travailler en Allemagne, puis profite d'un transfert à Paris pour s'évader. En décembre 1942, après la chute qui touche les dirigeants des FTP-MOI[3] en région parisienne, il est nommé responsable technique dans le nouveau triangle de direction. Arrêté le 5 juillet 1943, il est fusillé par les Allemands au mont Valérien, le 6 octobre.

---

[1] Aujourd'hui Slovaquie.

[2] Sur la Main-d'œuvre immigrée, voir *infra*, pp. 350-351.

[3] Sur les Francs-Tireurs et Partisans, voir *infra*, p. 349.

Claude Waroquier à ses parents
Prison de Fresnes (Seine[1]) – 1er et 6 octobre 1943

Chers parents,

Je viens d'être jugé et condamné [à] mort par les autorités d'occupation. J'espère que vous ne vous ferez pas trop de mauvais sang en apprenant cette nouvelle, j'ai fait mon devoir et je ne regrette rien.

Je vous demanderai de bien vouloir venir me voir, vous avez le droit de m'apporter des vivres, car j'ai un peu faim, un peu de vêtements chauds, car je n'ai presque rien à me mettre et il commence à faire froid et aussi, si vous le pouvez, un peu de tabac, car je n'ai rien fumé depuis près d'un mois. Tâchez de venir le plus vite possible. Pour les heures de réception, ce sont le matin de 9 heures à 12 et l'après-midi de 14 h à 16 heures.

C'est tout ce que je vois à vous dire pour le moment, sinon que je m'ennuie tout seul dans ma cellule et que le moral est bien bas. Encore une fois, ne vous faites pas trop de mauvais sang, j'espère quand même mon retour [recours] en grâce et voir cette peine de mort changer en une peine moins lourde.

Vous embrasserez bien Madeleine et Guy pour moi, j'espère les voir aussi ; et toi, chère maman, prie bien Dieu pour moi car j'en ai bien besoin. Quant à toi, mon cher père, je ne vois rien à te dire, sinon de ne pas trop m'en vouloir : ce n'est pas un déshonneur, j'ai combattu en vrai Français.

Je vous embrasse tous et à bientôt.

Claude.

---

[1] Aujourd'hui Val-de-Marne.

Lettre écrite à Fresnes, le 6 octobre 1943

Mes très chers parents,

C'est fini. Au moment où je vous écris, je n'ai plus que quelques heures à vivre. Mais tu n'as rien à craindre, chère maman, je meurs en vrai chrétien et en vrai Français. J'ai vu l'aumônier et surtout, ce que je vous recommande, c'est de ne pas vous faire trop de mauvais sang. Il faut avoir du courage ; moi, pour ma part, j'en ai car je vous ai vus, pour la dernière fois, il est vrai, mais je sais qu'il y a beaucoup de nos camarades qui n'ont pas vu les êtres qui leur sont chers ; enfin, c'était ma destinée.

Mon cher père, aie du courage et console maman. Ma chère sœur, je t'embrasse bien, pour la dernière fois, de loin, ainsi que mon cher petit frère Guy et ma grand'mère, et enfin, quand vous retournerez à Calais, embrassez toute la famille.

J'ai pensé à tous les copains de la J.O.C.[1] : qu'ils prient bien pour moi et vous aussi.

Je vous embrasse tous de loin et une dernière fois, bien tendrement.

Claude.

VIVE LA FRANCE.

Claude Waroquier naît à Calais en 1923. À quinze ans, il adhère à la JOC (Jeunesse ouvrière chrétienne). Dès les débuts de la guerre, avec ses camarades, il aide des soldats et des officiers belges à s'évader pour rejoindre l'Angleterre. Durant l'été 1940, il suit sa famille qui s'installe en région parisienne, d'abord à Saint-Denis, puis à Groslay (Seine-et-Oise[2]). Là, il vit de petits boulots chez des paysans. Il renoue avec la JOC à la paroisse Saint-Vincent-de-Paul. Avec ses nouveaux

---

[1] JOC : Jeunesse ouvrière chrétienne. Voir *infra*, p. 350.
[2] Aujourd'hui Val-d'Oise.

camarades, il entre en résistance : inscriptions hostiles à l'occupant sur la voie publique ; ramassage d'armes qu'ils cachent dans le presbytère avec la complicité de l'abbé Patoueille ; participation à toutes les manifestations antinazies et patriotiques de la JOC, etc. Dans le même temps, il entre en contact et agit avec des résistants du mouvement « Lorraine ». Mais à la suite d'arrestations, il s'éloigne de ce groupe et entre aux FTP[1]*. Arrêté, il est fusillé par les Allemands au mont Valérien, le 6 octobre 1943.*

Henri Bajtsztok à ses parents et à son professeur
Prison de Fresnes (Seine[2]) – 1er et 6 octobre 1943

Fresnes, le 1er octobre 1943

Mes chers parents

J'ai enfin obtenu l'autorisation de vous écrire. Et je m'empresse de vous dire que je suis en parfaite santé physique et morale. Tout va bien pour ma personne, à ces deux points de vue (physique et moral). Avec mes camarades, nous avons été jugés ce matin, à Fresnes, et comme je m'y attendais, nous avons tous les vingt-cinq été condamnés à mort.

Ne vous effrayez pas de ce mot « mort », car j'ai, comme tous, demandé mon recours en grâce[3], et tant qu'il y a de la vie, il y a de l'espoir. Néanmoins, je préfère vous mettre franchement en face de la réalité brutale, au risque de vous faire de la peine. Le jugement s'est passé d'une façon absolument correcte, et, aux dires du Président

---

[1] Sur les Francs-Tireurs et Partisans, voir *infra*, p. 349.
[2] Aujourd'hui Val-de-Marne.
[3] Voir *infra*, p. 356.

du Tribunal, nous nous sommes tous comportés d'une façon magnifique. Personne n'a « flanché ». Nous avons tous considéré très calmement la situation, et je puis vous dire que, personnellement, je me sens baigné d'une sorte de joie intérieure du fait que cela se soit ainsi passé.

Maman, tu vas avoir l'autorisation de me voir. Si c'est possible, j'aimerais voir Éloi, mais si c'est trop compliqué, je puis me passer de visite. Le moral est très élevé. D'ailleurs, étant jugé, j'ai le droit de lire des livres, et je vais être ensemble avec mes camarades. Bien que je sois condamné à mort, je t'affirme que tout ce que je t'ai dit lors de ta visite est vrai. Tout est vrai, je te le répète. Ne vous faites pas de mauvais sang pour moi. Ce qui m'arrive est normal. Si j'étais soldat, je serais peut-être mort beaucoup plus anonymement ; et je ne suis pas encore mort…

Je ne pense pas que ce soit ma dernière lettre, et je vous embrasse tous très tendrement. Je vous demande encore une fois d'avoir au moins mon courage, et de penser que je ne suis pas tombé pour rien. J'écris très calmement, l'esprit tranquille et la conscience en repos. Je vous fais grande peine, hélas ! mais vous pouvez me croire, je ne suis pas le plus à plaindre, car je ne suis ni marié, ni père de famille. J'embrasse également tous mes amis sans exception de Livry, de Paris, et Avignon… de Carpentras.

Je vous embrasse encore. Courage ! Vive la France !

H. Bajtsztok.

Fresnes, le 6 octobre 1943 à 13 heures

Bien cher Monsieur Peyreigne et dévoué éducateur,

Je ne pensais pas avoir à vous écrire un jour dans de telles conditions, et un tel texte !

Je vais en effet être exécuté dans trois heures. J'ai été arrêté le 1er juin pour terrorisme (actes de Francs-tireurs et partisans) et condamné avec 25 frères d'armes le 1er octobre, jour de rentrée des classes. Et je me permets de vous adresser l'une de mes trois dernières lettres.

Tout d'abord, et encore, je me dois de vous remercier de la bonne année 41-42, que je vous dois en grande partie. Pour vous remercier d'avoir essayé, en vain évidemment, de me détourner de cette voie où vous pressentiez, je le voyais, que je m'engageais.

Mais, mon cher ami, je me sentais fait un peu autrement que la majorité des jeunes, et j'ai toujours voulu faire ce que je disais, une fois mes décisions prises. Ce qui fait que je ne regrette rien, que de causer de la peine à mes amis et camarades, à mes parents, à mon frère.

Je vais peut-être abuser de votre obligeance, mais je vous prie d'écrire à mon ancien professeur de français, Monsieur Bougnet, aujourd'hui Directeur de l'école de garçons Thiers, Le Raincy (S.&.O.[1]), en lui exprimant également mes remerciements, et pour le prier de s'occuper activement de mon jeune frère, qui est actuellement élève dans son établissement.

Je vous prie de faire savoir mon sort à mes autres profs, ainsi qu'à Mr Bousson et au concierge de l'école, qui le fera savoir à Mr Plaud.

C'est, en gros, tout ce que j'avais à vous dire. Ce que je pense, vous le devinez. Je ne regrette rien. Je ne me sens pas [à] plaindre. Je crois que ma mort sera digne de ma vie.

Je sais pourquoi j'ai vécu et péri. Je vous embrasse très sincèrement en vous remerciant à l'avance.

Au revoir, mon cher professeur.

Signé : Votre Bajtsztok Chuna.

---

[1] Seine-et-Oise, aujourd'hui Seine-Saint-Denis.

Fresnes, 6 octobre 1943, 13 heures

Mes parents bien aimés,

Je vais être exécuté tout à l'heure, à 4 heures de l'après-midi. Je l'ai appris tout à l'heure et, avec mes camarades, nous attendons très calmement cet instant dernier.

J'ai reçu le colis ce matin et, ignorant encore mon sort, je ne vous ai pas renvoyé mes affaires, qui arriveront après.

Nous avons tous mangé plus que normalement, ce qui prouve que nos consciences sont en repos.

Ce que je pense, vous le savez, je n'ai pas à vous le redire. J'ai travaillé pour le bonheur de tous les petits Éloi du monde entier, et j'ai avancé, j'en suis certain, l'heure de leur bonheur. Ne me regrettez pas trop, et raccrochez-vous à mon petit Éloi : qu'il passe son brevet élémentaire et devienne ingénieur de l'École Supérieure d'Électricité.

Je vous demande très sincèrement, si vous voulez satisfaire mon dernier désir, de ne pas porter mon deuil, quoi que les gens disent, car c'est contre mes idées.

Je sais que vous êtes très courageux et je vous admire, car je sais ce que vous avez souffert.

Je vous embrasse ainsi que tous les amis.

VIVE LA FRANCE !

Votre Henri qui vous chérit.

Henri (Chuna) Bajtsztok naît en 1923 à Livry-Gargan (Seine-et-Oise[1]), dans une famille de travailleurs juifs immigrés. Élève brillant, il poursuit des études au lycée Diderot, à Paris, et souhaite devenir ingénieur électricien. Sous l'Occupation, il rejoint les FTPF[2]. Il participe à de nombreux sabotages et actions armées, ainsi qu'à l'infiltration de l'organisation fasciste des Jeunes du Rassemblement

---

[1] Aujourd'hui Seine-Saint-Denis.

[2] Sur les Francs-Tireurs et Partisans, voir *infra*, p. 349.

national populaire. Le 1er juin 1943, au cours d'une opération armée, il est arrêté. Emprisonné à Fresnes, il est condamné à mort le 1er octobre, avec vingt-quatre autres jeunes combattants, par un tribunal militaire allemand. Il est fusillé au mont Valérien le 6 octobre 1943.

Joseph Gauthier à sa mère
Prison de Fresnes (Seine[1]) – 6 octobre 1943

Fresnes, le 6 octobre 1943

Petite Mère chérie,

Quand j'ai essayé de te donner du courage, lundi dernier, je croyais vraiment ce que je te disais.

Mais mon recours en grâce vient d'être refusé et je vais être fusillé dans quelques heures. Ma petite maman, je t'embrasse de tout mon cœur ; à cette minute, je sens vraiment que je n'ai pas toujours été ce que j'aurais dû être pour toi. Je t'ai sans doute souvent fait de la peine et je le regrette amèrement. Ma petite maman, mes idées, tu le comprendras aisément, sont un peu embrouillées, mais je voudrais que tu devines tout ce que je ressens, ce que je ne dis pas. Pour mes affaires, s'il est un souvenir que tu désires, garde-le ; pour le reste, je voudrais que tout ce que tu ne garderas pas aille à Simone.

Je t'embrasse une dernière fois de tout mon cœur qui est plein d'amour pour toi. Embrasse papa pour moi, en lui disant que je regrette aussi de lui avoir fait de la peine, embrasse tous mes amis, Suzon, Simone, tous enfin, Mme Vigny, et dis-leur à tous que je saurai mourir pour mon pays, en vrai Français, que je ne faiblirai pas un instant et que, jusqu'au bout, ma pensée ira vers toi et Simone, que je serais

---

[1] Aujourd'hui Val-de-Marne.

heureux que tu reconnaisses pour ta fille. Je vais sans doute voir l'aumônier, me mettre en règle avec Dieu et, petite mère, nous nous retrouverons tous au ciel un jour. Encore une fois, je t'embrasse de tout mon cœur.

Ton fils qui t'adore,
Jojo.

Gauthier Joseph, né le 3 mars 1920

Pour
Mme Gauthier, 2, square du Velay, 13ème
Paris

Ma petite maman chérie,

Je t'envoie ce mot par l'aumônier, qui me promet qu'il t'arrivera. Je serai fusillé dans 1 heure. Je mourrai en chrétien et en Français.
Sois fière de moi.
Haut les cœurs.

Ton fils qui t'adore.
Jojo.

Je n'ai rien fait d'autre que d'avoir fait entrer Kauffman au FTP.

Nota.
Je désirerais une aide financière et morale pour ma mère.

Joseph Gauthier naît à Beaune (Côte-d'Or), en 1920. Il habite Paris, où il occupe un poste d'employé. Sa mère est concierge et tient une loge dans le 12e arrondissement. Jeune chrétien, il rejoint les FTPF[1]. Il est fusillé par les Allemands au mont Valérien, le 6 octobre 1943.

Roger Vernet à sa famille
Prison de Fresnes (Seine[2]) – 23 octobre 1943

Fresnes, le 23 octobre 1943

Ma chère femme, ma chère pépée[3], mes chers parents,

En cette journée du 23 octobre, je viens de recevoir la visite de l'avocat nous annonçant la sentence. Je serai exécuté avant midi. Aussi, ma chère femme, je te demande d'être bien courageuse, car tout ce que j'ai fait, j'ai cru le faire dans le sentiment du devoir et de l'honneur.

Ma chérie, je vais assister à la messe de l'aumônier et communier, en priant pour que le Bon Dieu veuille bien me remplacer auprès de vous.

Ma chère femme, j'ai bien pensé, ces jours-ci, au chemin parcouru ensemble sur nos belles routes de France, et si tu savais combien ces minutes m'ont été douces, et combien mon amour pour toi est grand et profond !

Ma chère pépée, que j'ai vue hier, m'a été douce et réconfortante. J'aurais voulu tant la chérir, et pouvoir lui faire dire quelques belles

---

[1] Sur les Francs-Tireurs et Partisans, voir *infra*, p. 349.
[2] Aujourd'hui Val-de-Marne.
[3] Surnom que Roger Vernet donne à sa fille.

poésies pour sa chère grand'mère. Aussi, ma douce chérie, je compte sur toi pour lui parler de son cher papa, tombé au service de la France pour que sa pépée ait un avenir meilleur.

Courage, ma bien-aimée. Ces minutes sont pénibles, aussi soutiens de ton amour pour moi nos chers parents, songe à celui qui meurt pour vous.

Courage, ma bien-aimée. Je viens d'assister à la messe, et toute ma ferveur a monté vers vous pour que le Bon Dieu vous aime et vous protège. Prie, ma chérie, sois forte dans la prière, pense à notre chère pépée, qui a bien besoin que sa maman soit courageuse; dis-lui, chérie, que son papa meurt pour elle, et à vous tous, chers parents et chère Âme, ma dernière pensée sublime et ardente.

Adieu, vous tous qui m'aimez, je vous quitte en vous disant courage.

Je donne une photo au Pasteur, dernier souvenir de ton chéri. Adieu, mon âme, adieu ma chère pépée, adieu chers parents.

Votre, pour la vie et VIVE LA FRANCE.

Roger.

Sur la photographie de sa fille et de sa femme[1] *:*

Ma chérie,

Une prière fervente, un souvenir chéri, à la mémoire du 20 juin 1943, de celui qui tâche de mériter par la pénitence le trésor que le Seigneur lui a confié.

Son papa chéri qui, de toute son âme, prie pour revoir sa chérie et sa maman bien-aimée, qu'il a laissées dans la peine.

---

[1] Dans une lettre à l'Association des familles de fusillés, peu après la Libération, Mme Vernet indique : « La 1ère partie écrite sur la photo pour l'anniversaire de notre fille (un an) a été écrite avec son sang, et un morceau de bois. La 2ème partie a été écrite juste avant de tomber. Que chacun admire, prie et se recueille ! Merci. »

Adieu, tendres chéries, je pars en vous aimant et suis bien triste de te laisser, ma chère pépée, toute la charge et la responsabilité ; mais j'ai cru de mon devoir de faire ce que j'ai fait. Je meurs en soldat, et tombe en vous bénissant.

Je vais prier pour vous, courage et VIVE LA FRANCE.

Vernet.

Georges Vernet, né à Paris dans le 10e arrondissement, est ébéniste et habite Courbevoie. Membre de la JOC[1]*, il entre en résistance dans les rangs des FTPF*[2]*. Il est fusillé au mont Valérien, le 23 octobre 1943.*

Albéric d'Alessandri à sa famille
Lyon – 1er novembre 1943

Lyon, le 1er novembre 1943

Chers Oncle, Tante et Cousins,

C'est une bien mauvaise nouvelle que je viens vous annoncer. C'est la dernière lettre, et vous ferez suivre l'autre à mes chers parents.

J'ai été jugé par le Tribunal militaire à Lyon, le 19 octobre 1943, et condamné à mort par ledit Tribunal. Je tiens à vous dire tout de suite que je tombe sous les balles ennemies, mais que je suis innocent. Je voudrais être le dernier, mais malheureusement, je ne le crois pas. J'ai en ce moment un courage sans pareil et je voudrais que tous les êtres humains en aient le même *(sic)*. Je meurs content, car

[1] Jeunesse ouvrière chrétienne. Voir *infra*, p. 350.

[2] Sur les Francs-Tireurs et Partisans, voir *infra*, p. 349.

je pense qu'après cette guerre, tous les hommes seront heureux et une justice plus juste, car celle-ci ne l'est pas. Tous mes derniers sentiments vont vers vous en ce moment; je suis à côté d'un camarade qui est dans le même cas que moi, je suis assisté d'un prêtre catholique, je meurs avec tous les sacrements de l'Église.

Je suis fier de tomber sous les balles ennemies et je voudrais que tout le monde dise comme moi: je meurs pour la liberté chérie dont nous sommes tous fiers. Vous la retrouverez un jour. « VIVE LA FRANCE LIBRE ET INDÉPENDANTE. » Vous direz, la tête haute: « Beaucoup sont tombés pour cela. »

Maintenant, cher oncle, c'est à toi que je m'adresse: tu es le chef de famille et quelle gloire pour toi. Tu as deux enfants et tous bien gentils: continue à les élever dans le droit chemin, le bien et lc travail. En lisant ces mots, ne pleure pas, je t'en prie: dans la vie, il faut avoir du courage comme te l'indique cette lettre.

Ma chère tante, tu es la mère de ces deux enfants, tu diras « pas la peine d'élever des enfants jusqu'à cet âge pour les donner aux bourreaux »; mais, que veux-tu, les tiens ne tomberont pas comme je suis tombé, moi. Toi aussi, fais-leur voir le droit chemin et je pense qu'eux aussi me vengeront.

Toi aussi, Riri, qui commences à comprendre la vie, écoute-les toujours bien et marche en droite ligne; et quand on parlera de moi, tu ne baisseras pas la tête, tu peux être fier de ton grand Albéric.

Ma chère petite Annie, je t'embrasse pour la dernière fois et écoute bien ce que te diront Papa et Maman.

J'ai écrit cette dernière lettre avant de pouvoir la remettre à mes chers parents, et vous les aiderez à supporter la peine. Merci.

Adieu à tous et pour toujours, et vive la liberté.

Albéric.

Né dans une famille d'origine italienne, Albéric d'Alessandri rencontre des membres de la MOI[1] *de Saint-Rémy-de-Provence, dirigée par Olivier Menicucci et par Paolo, un Italien, ancien*

[1] Sur la Main-d'œuvre immigrée et les FTP, voir *infra*, pp. 350-351 et 349.

volontaire des Brigades internationales. Il s'engage à leurs côtés. En 1942, un groupe de FTP-MOI est créé pour la région de Marseille et du Var: le détachement «Marat». Albéric poursuit le combat en son sein, comme nombre de ses camarades (sabotages, actions contre les troupes d'occupation et contre les collaborateurs). Il est arrêté à Marseille, le 5 juin 1943, après une attaque à la bombe réussie contre le cinéma «Le Capitole», devenu Soldatenkino. *Il est emprisonné, d'abord à Marseille, puis à Lyon, avec deux compagnons, Marcel Bonein et Maurice Korsec. Tous trois sont condamnés à mort par un tribunal militaire allemand. Bonein est fusillé le 18 septembre, Korsec et d'Alessandri, le 1er novembre 1943.*

Francis Lagardère à sa famille
Lyon, prison de Montluc (Rhône) – 23 décembre 1943

23 décembre 1943

Mes chers miens,

Voici ma dernière lettre. Dans quelques instants, je vais communier pour le salut de mon âme. Dans une heure, je serai devant Dieu et cela m'effraie, j'ai tant péché.

Pardonnez-moi toute ma méchanceté et tout le mal que je vous ai fait.

Que maman chérie me pardonne cette ultime douleur que je lui cause. J'ai tant prié pour elle depuis soixante jours.

Si Dieu m'accueille dans son sein pour l'éternité, je veillerai sur vous, mes amours, qui avez été les cuisants regrets de mes journées de prison. Mes souffrances n'auront pas effacé toutes mes fautes, mais j'ai confiance en Dieu et en sa bonté infinie.

À Dieu, Maman que j'ai tant aimée et avec la pensée de qui je vais mourir.

À Dieu, mon Papa. À Dieu bonne Maman avec qui j'ai été si dur parfois. À Dieu vous tous, que je n'aurai pas eu la joie terrestre de revoir.

Dites à Daouhe Margalide que, dans mes derniers moments, j'ai bien pensé à elle.

À Dieu à tous nos amis, tous ceux que j'ai connus.

Je vous embrasse tous en Dieu.

À Dieu.

Francis.

Francis Lagardère naît à Beaumarchès (Gers), en 1922. Au début des années 1930, il habite à Lyon avec sa famille, mais en 1935, celle-ci s'installe à Lourdes où son père est médecin. Contraint de rejoindre les Chantiers de jeunesse[1]*, Francis doit interrompre sa scolarité à l'école hôtelière de Tarbes ; refusant de s'enrôler, il s'engage dans le mouvement « Jeunesse et Montagne ». À la fin de sa période, il est requis pour le STO*[2]*, mais refuse de partir pour l'Allemagne. Trop connu dans la région des Pyrénées – il est notamment champion de France d'athlétisme –, il part s'installer dans les Alpes, où il entre en contact avec le Service Maquis Prévost et travaille à la formation des cadres avec l'Organisation de la Résistance de l'Armée (ORA*[3]*). Affecté dans un premier temps au camp d'Albiez, en Maurienne, il est ensuite envoyé dans le Dévoluy (Hautes-Alpes) pour participer à l'établissement du camp de Tréminis. Premier intendant du camp, il a la charge de l'approvisionnement (vivres, équipements, armes, faux papiers, etc.). Il s'acquitte avec succès de cette tâche, avant de devenir responsable du groupe franc de l'Organisation.*

Le 19 octobre 1943, à la suite d'une trahison, le camp de Tréminis est attaqué par les Allemands. Francis Lagardère est arrêté et conduit à la Gestapo à Grenoble. Il est envoyé par train avec son groupe vers

---

[1] Voir *infra*, p. 347.

[2] Service du travail obligatoire. Voir *infra*, p. 352.

[3] Voir *infra*, p. 351.

le camp de transit avant déportation de Compiègne-Royallieu ; ils sont en fait déviés vers Lyon et internés à la prison de Montluc. Le 12 novembre 1943, Lagardère est condamné à mort par le tribunal militaire allemand de Lyon, avec huit camarades : René Pinguet, René Perrochon, André Coutelier, Jacques Casanova, René Lescoute, Joseph Laroche, Yves Fabre et Georges Siguier. Il est fusillé le 23 décembre 1943, dans l'enceinte du camp de la Doua, près de Villeurbanne, avec Pinguet, Perruche, Coutelier et Casanova.

1944

Roger Speybroeck à sa famille
Fort de Bondues (Nord) – 19 janvier 1944

Adieu,

J'essaierai de servir la France et de mourir en digne petit-fils et fils.

Ne pleurez pas longtemps pour moi quand je serai mort. Je vous aime tant que je veux être oublié dans vos souvenirs si, en pensant à moi, vous pourriez être malheureux. Ne redites pas même mon nom et laissez votre amour se faner avec ma vie...

Né en 1920, Roger Speybroeck est membre du réseau de renseignements « Alliance[1] », sous le pseudonyme « La Chouette ». Il est arrêté le 6 décembre 1943. Il est fusillé par les Allemands avec deux camarades au fort de Bondues (Nord), le 19 janvier 1944.

---

1 Sur le réseau « Alliance », voir *infra*, p. 347.

Charles Bochard à un ami
Bordeaux, fort du Hâ (Gironde) – 25 janvier 1944

Bordeaux, le 25/1/44

Mon cher Robert,

Ce sera ma première lettre de l'année 1944 et ce sera la dernière de ma vie ? J'ai été condamné à mort avec seize autres types par les Allemands le 20/1/1944, et depuis ce jour-là j'attends d'être fusillé.

Tu sais, cher Robert, j'ai du courage et ce n'est pas la mort qui me fait peur, c'est de penser à ma pauvre mère qui aura une grande peine, car elle n'aura pas eu de chance dans sa vie. Mon père et mes deux frères tués par la guerre, et moi qui vais les rejoindre ; la malchance s'était abattue dans ma famille.

Depuis le 20, je passe en revue ce que j'ai fait dans ma si courte vie. Je regrette une chose, c'est de ne pas voir la fin de la guerre, toi et tous les copains, la Gouffe, Intha, Fortanet, Maggie, Farrod, Gagnor, Kaky, etc., tous ceux du rugby, toutes les copines, Colette, Flora, etc. Tu diras au Kaky qu'il dise à la Lulu que j'ai beaucoup pensé à elle dans mes derniers instants de ma vie.

Si tu te maries un jour, pense à moi ce jour-là et promets-moi que, si un jour j'ai une tombe, de demander aux copains de m'offrir une belle couronne de roses blanches avec le ruban du R.C.F.C[1].

Remercie bien ta mère de ce qu'elle a fait pour moi et surtout sois gentil avec elle.

Pour mes effets que j'avais dans ma chambre et mon vélo, qu'on les renvoie à ma mère, ainsi que toutes mes photos.

---

[1] Racing-Club franc-comtois.

Adieu, mon vieux Robert, pense de temps en temps à celui qui a été ton copain et qui t'aimait comme un frère. Serre la main et embrasse tous ceux qui furent mes copains ainsi que les copines que j'ai connues avec toi.

Adieu, mon vieux, et je te souhaite ainsi qu'à tous les copains une vie belle et heureuse, et que notre sacrifice aura enfin servi à quelque chose de propre pour la France et surtout dis-toi bien que devant le peloton d'exécution, je me tiendrai aussi bien que sur un terrain de rugby.

Ton copain et ton frère.
Charlot.

Je demande à toute personne qui aura cette lettre en sa possession de la faire parvenir à l'adresse suivante. MERCI.

Robert Camus, 7, rue Gambetta, 7, Besançon (Doubs)

Charles Bochard, né en 1916 à Lons-le-Saunier (Jura), est mécanicien. Il est l'un des chaînons de la filière d'évasion dans sa région : cela lui vaut d'être arrêté, le 29 novembre 1943, à Besançon. Transféré à Dijon, puis à Bordeaux, il est jugé et condamné à mort. Interné au fort du Hâ, il est torturé, avant d'être fusillé, le 25 janvier 1944.

Georges Bernard à sa famille
Lyon, prison de Montluc (Rhône) – 1er février 1944

Lyon, le 1er février 1944

Mes chers parents, frères et sœurs,

Je vous écris ces quelques mots pour vous donner mes dernières nouvelles qui sont bonnes, jusqu'à la dernière minute, et le moral est bon. J'ai été arrêté le 14 novembre, et puis nous avons été jugés le 15 janvier par le Tribunal. Mon cher Papa, ma chère Maman, vous pourrez croire que j'ai toujours pensé à vous jusqu'à la dernière minute et vous embrasserez bien tous mes frères et sœurs pour moi ; je les aime toujours. Vous mettrez ma photo sur le buffet. Je ne suis pas bien installé pour écrire parce que je suis sur une cheminée, mais ça ne fait rien, cela vous fera un grand plaisir de voir de gentils mots.

Nous allons être fusillés à 4 heures de l'après-midi, mais c'est pas cela qui m'a coupé l'appétit : je viens juste de manger, une soupe et un morceau de pain. Le colis que j'ai reçu pour Noël, je l'ai bien reçu, Maman, tu as bien été gentille. Quand je l'ai reçu, tu ne peux pas croire ce que j'étais content, cette joie. Mais enfin tu retrouveras tout ça chez nous. Ma petite Maman et mon petit Papa, il ne faut pas trop vous en faire, je sais que ce sera très dur, mais enfin vous aurez été fiers d'avoir un fils qui vous aimera toujours jusqu'à la dernière minute, c'est l'affaire de quelques instants. Cette lettre, vous la mettrez de côté comme souvenir pour ma petite Monique, vous lui ferez un gros mimi, puis pour le Marcel aussi, la Marie aussi, aussi Odette et Irène, Pepitte aussi, ainsi que toute la famille.

Je vais vous quitter pour toujours, mais mon cœur restera toujours avec vous, je vous quitte en vous embrassant tous, mon cher papa et ma petite maman, et mille baisers à tous.

Lili.

Georges Bernard, né en 1921 à Lyon, faisait partie du maquis de l'Armée secrète (AS[1]) dans le Charolais, implanté autour de Beaubery (Saône-et-Loire). Le 14 novembre, l'armée allemande attaque et disperse cette formation, après le spectaculaire dépôt, trois jours plus tôt, d'une gerbe au monument aux morts de Montmelard. Douze des prisonniers, parmi lesquels Georges Bernard et Marcel Renard[2] sont internés à la prison de Montluc, puis condamnés à mort par le tribunal militaire allemand de Lyon, le 15 janvier 1944, pour actes de francs-tireurs et aide à l'ennemi. Ils sont fusillés le 1er février au terrain militaire de la Doua, à Villeurbanne (Rhône), surnommé « le polygone de Lyon ». Ils sont inhumés dans un charnier sur place.

Marcel Renard aux siens
Lyon, prison de Montluc (Rhône) – 1er février 1944

Lyon, le 1er février 1944

Mes biens chers tous,

L'heure est venue de faire un grand pas, je dois être fusillé ce soir à 16 heures. Il est 1 h de l'après-midi. J'ai bon courage malgré tout, j'irai jusqu'au bout la tête haute. En ce moment, je n'ai pas peur, j'espère que cela durera [jusqu'à] à la dernière minute comme à présent. J'ai été condamné à mort par le Tribunal militaire allemand le 15 janvier 1944. Mes chers parents, ne vous découragez pas, ne vous laissez pas abattre par la douleur, restez fermes jusqu'au bout,

---

1 L'Armée secrète (AS) est la formation militaire des Mouvements unis de la Résistance (MUR), nés en mars 1943 de la fusion des trois grands mouvements de la zone sud, Combat, Libération-Sud et Franc-Tireur. Voir *infra*, p. 347.

2 Voir la lettre suivante.

pensez à Maurice et Georgette, dites à Maurice qu'il fasse tout ce qu'il peut pour vous. Mon corps, je pense qu'il vous sera rendu à la fin de la guerre, vous en serez probablement avisés par les Allemands. Je désirais être enterré à St-Clément-les-Mâcon[1]. Ma lettre est mal écrite, mais c'est à cause du froid qu'il fait ici.

Mes chers parents, n'en veuillez à personne, je suis allé seul au maquis, je suis donc seul responsable de ma mort, je pense à notre famille entière, embrassez-la toute sans exception (mes pensées et derniers souvenirs vont aussi à la famille Montangerant et autres). Dites à mes camarades que je leur souhaite bonne chance, qu'ils soient heureux dans la vie.

Mais c'est à votre sujet que j'insiste particulièrement, profitez de vos derniers jours, qu'ils ne soient pas tristes à l'excès. Gardez-moi dans votre cœur le plus longuement possible, restez dignes malgré tout, la vie redeviendra belle, après la pluie le beau temps. Avant de mourir, je vais me confesser et entendre une dernière messe dite par un officier allemand; je pense que mon linge vous sera retourné: j'ai mon complet, je ne l'ai pas porté en prison[2]. Donnez tout ce qui m'appartient à Maurice et qu'il en profite.

Pour Odette, qui certainement aura beaucoup de chagrin, tâchez de lui donner confiance en l'avenir: puisque le destin veut que nous ne soyons pas unis dans la vie, il faut s'incliner. J'ai pensé beaucoup à elle également, qu'elle soit heureuse, c'est tout ce que je désire pour elle. Je la serre bien fort sur mon cœur et l'embrasse tendrement avant de mourir.

Maintenant, je vais terminer là ma dernière lettre, la dernière relation entre vous et moi, mes chers tous. À tous, avant de mourir, je vous dis courage, confiance. Mille baisers, mes dernières pensées, mes derniers souvenirs.

Adieu.

---

[1] Saint-Clément-lès-Mâcon (Saône-et-Loire).

[2] Sur les affaires des morts, voir *infra*, p. 357.

Pour reconnaître mon corps, je porte : un pantalon de cheval de l'armée, une paire de chaussettes montantes, une paire de chaussures noires, mes deux maillots verts, le maillot noir, chemise rouge, chemisette rouge, tricot de corps, cache-col carré rouge.

Marcel Renard est né en 1922 à Mâcon (Saône-et-Loire). Il est arrêté le 14 novembre 1943, lors d'une opération allemande contre le maquis de l'Armée secrète à Beaubery[1]. Interné à Montluc, condamné à mort le 15 janvier 1944 par le tribunal militaire allemand de Lyon, il est fusillé avec onze camarades le 1er février suivant au terrain militaire de la Doua, à Villeurbanne (Rhône). Il est enterré dans un charnier sur place.

Jacques Mautret à sa sœur et à son père
Lyon, prison de Montluc (Rhône) – 4 février 1944

Montluc, le 4 février 1944

Ma sœur chérie,

Je viens pour la dernière fois t'écrire cette lettre pour te dire que je suis condamné à mort par le Tribunal militaire allemand. Mon exécution a lieu le 4 février à 5 heures du soir, j'ai été condamné le 21 janvier 1944.

Sois courageuse, je regrette que ma nièce n'aura pas connu son oncle et j'ai aussi dans ma tombe ta photo, où tu es avec Évelyne, et la photo de la pauvre maman chérie, qui est morte en 1942. Je devais

---

[1] Voir la lettre précédente.

mourir comme ça, c'est la plus belle mort que de mourir pour son Pays. Je suis accusé de terroriste *(sic)*.

Quand tu iras aux Ollières, tu donneras le petit mot que j'ai laissé dans ma lettre au pépé et à la Mémé et au tonton et à Micheline. Embrasse Hugues, Évelyne pour moi et fais-leur mes adieux.

Je te quitte pour aller vivre avec ma pauvre mère qui est morte.

Embrasse Évelyne et Hugues pour moi, et aussi tout le monde. Je suis un peu nerveux, mais je n'ai pas pleuré, la mort ne me fait pas peur. Adieu, mon Irène chérie. Je penserai toujours à vous.

Gros baisers.

Jacques.

La lettre suivante, jointe à celle du 4 février 1944, a probablement été écrite par Jacques Mautret lorsqu'il décida de s'engager dans la Résistance.

Il se peut, cher Papa, que toi qui as été meurtri dans ta chair et dans ton cœur par une guerre doublement inutile, tu n'envisageras pas notre attitude sous le même jour, mais comprends, je t'en supplie, que dans mon cœur de vingt ans, dans mon cœur de Français, héritier de cette éducation que vous-même m'avez donnée, il y a un élan qui me poussera irrésistiblement vers mon devoir. Voudrais-tu qu'on puisse dire que j'ai été un lâche ? Ne serait-ce pas gaspiller ces vingt années d'éducation et de soins que de fermer les yeux et les oreilles à l'appel qui se produira ?

Cher Papa, je ne changerai rien à tes idées, si elles sont contraires aux miennes ; mais ce n'est pas la peine que je te donne maintenant une assurance que je ne saurais tenir. Non, jamais je ne resterai caché quand le sort de la France se décidera, je penserai alors bien à vous deux que j'aime tant, à ma petite sœur que j'adore, mais je partirai tout de même où mon devoir m'appellera. Où ? je ne sais pas encore et ne peux le prévoir.

Je ne suis pas un révolutionnaire de barricades, ni un émeutier, mais mon père s'est battu à Verdun, a souffert dans les tranchées pour que la France vive. Je saurai continuer son œuvre et participer à cette grande réalisation que vous avez entrevue en 1918. Je veux pouvoir dire plus tard, non pas: «J'étais un soldat de l'émeute», mais certainement: «J'étais un soldat de la France.»

Cher papa, tu connais mon point de vue. J'espère qu'il sera le tien. Ce sera pour moi un grand secours lorsque, le moment venu, il faudra se séparer.

Je t'embrasse affectueusement.

Ton fils.

Jacques.

Né en 1927 à Lyon, Jacques Mautret est mécanicien. Il entre en septembre 1942 dans l'Armée secrète[1] *à Lyon. Arrêté par la Gestapo le 24 novembre 1943, il est emprisonné à Montluc. On lui reproche, ainsi qu'à deux camarades, d'avoir fait sauter une voiture radiogonométrique. Le 21 janvier 1944, le tribunal militaire allemand de Lyon le condamne à mort. Il est fusillé le 4 février suivant au terrain militaire de la Doua, à Villeurbanne (Rhône).*

---

[1] Formation militaire des Mouvements unis de la Résistance. Voir *infra*, p. 347.

Robert Giraudineau à sa fiancée
Prison de Fresnes (Seine[1]) –16 février 1944

Fresnes, le 16 février 1944

Ma très chère petite Bichette,

Hélas ! je vais t'apprendre par la présente de bien tristes nouvelles pour toi. J'ai su aujourd'hui, à midi, qu'il n'y avait plus d'espoir et que le châtiment serait appliqué cet après-midi à 15 h.

Vois-tu, ma petite bichette adorée, le destin n'a pas voulu que nous soyons unis et heureux. Nous qui avions fait tant de beaux projets et mis tant d'espoir dans notre puissant et réciproque amour. Tu sais combien je t'aime et combien tu m'aimes, et je sais quelle douleur je vais te causer. Mais, sois fière de moi, je t'emporte avec moi et je te laisse libre de faire ta vie, car tu es jeune encore ; je sais combien cela va te paraître bizarre que je t'abandonne, mais ce n'est pas un lâchage, je veux simplement que tu sois heureuse et que, par ma faute, tu ne gâches pas ta vie. Tu feras ce qu'il te plaira. Va souvent voir mes parents, nos familles s'entendaient bien, je pense que cela peut continuer malgré mon absence. Je crois que tu pourras t'arranger avec ma mère pour avoir ce que tu désireras et qui m'appartenait. Je garde précieusement ta photo sur moi, elle ne me quittera plus ; je garde aussi le souvenir de tous nos bons moments, tu pourras de temps à autre te retremper dedans. Pour ce qui est de ta famille, fais-lui part de mes plus affectueuses pensées et du bon souvenir que je garde d'elle. Mais, mon amour chéri, ne perds pas courage, tu sais ce que je valais, tu pourras le crier bien haut et ainsi te réconforter. Mes amis seront tes amis, ils t'aideront à passer ce dur moment de la vie, et dis-toi bien que cette chose devait arriver. Le destin en avait fixé ainsi mon sort.

---

[1] Aujourd'hui Val-de-Marne.

Nous ne pouvons rien contre lui. Et dire que je te promettais un mariage et que je t'ai fait si longtemps attendre pour [ne] t'amener qu'un désespoir. Vois-tu, j'ai beaucoup de courage, mais j'ai surtout beaucoup de chagrin pour vous qui restez. Ce sera plus dur pour vous, que pour moi. Je n'aurai pas peur. Sois trempée comme moi contre les intempéries de la vie, et je vais te quitter pour toujours, quoique mon âme sera à toi, mon amour chérie. Tu conserveras soigneusement cette lettre, j'en suis sûr. Je te donne des millions de mes plus tendres et affectueux baisers, et mon cœur ne cessera de répéter ton nom, comme ayant été celui le plus aimé. Adieu pour toujours.

Ton bichou aimé Robert.

Né en 1923, Robert Giraudineau, monteur en optique, vit à Vincennes, à côté de Paris. Après ses études scolaires, il entre en apprentissage et travaille en usine. Il milite à la CGT et aux Jeunesses communistes dont il devient, durant l'Occupation, l'un des responsables, d'abord pour le secteur de Vincennes, Saint-Mandé et Fontenay, puis pour toute la région est de Paris. Réfractaire au STO[1], il entre dans la clandestinité sous le nom de « Lafont ». Il est arrêté le 25 novembre 1943 par la police française. Emprisonné par la police judiciaire d'abord à la prison du Cherche-Midi, puis à Fresnes, il est condamné à mort et fusillé par les Allemands au mont Valérien le 16 février 1944.

---

[1] Service du travail obligatoire. Voir *infra*, p. 352.

Jean Braillon à sa famille, à sa femme
Brandebourg (Allemagne) – 2 octobre 1944

Chers parents, cher frère, chères sœurs,

Je vous envoie mes dernières nouvelles car, pour moi, la vie est finie. J'espère que vous aurez mes lettres depuis mon arrestation. Pour avoir facili[té] *[passage censuré]* dans leur *[passage censuré]* de mon bon cœur et Dieu me rappelle près de lui.

Chère mère, je vais te causer un terrible chagrin et je t'en demande pardon pour tout ce que tu auras fait pour moi, depuis ma jeunesse, pardon pour tous les soucis, les ennuis et les misères que je t'aurai causés. Pense à ceux qui restent. Mon heure est venue et Dieu me rappelle à lui, car je mourrai en chrétien.

Je vous quitte en vous embrassant tous bien fort.

Votre fils Jean. Adieu chère mère, adieu père, adieu chers frère et sœurs, adieu à toute la famille, adieu à tous les voisins et amis.

Ma pauvre chère Gisèle,

C'est le cœur rempli de larmes que cette fois je viens passer mes derniers moments près de toi, car pour moi la vie est finie : dans quelques instants, j'aurai quitté cette terre maudite pour rejoindre Notre Seigneur, car je mourrai en chrétien et victime du devoir. Je n'étais pas digne d'être aimé, mais tu auras été pour moi le parfum des jours sans fin, car j'aurai bien pensé à toi. Mais maintenant, il est trop tard : ne vois en moi qu'un compagnon de passage des jours tristes. Tu es jeune et tu peux refaire ta vie. Je t'aurai causé beaucoup de peines pendant ces dernières années. Mais je suis cruel et toujours aussi barbare, je t'aurai rendue malheureuse. Ne fais pas attention à mon écriture, je t'écris les mains liées et l'heure approche. Du haut du ciel, je prierai pour que tu sois heureuse. Adieu, ma chérie, mon amour. Ton Jean cruel, victime de sa bravoure et de son bon cœur.

Adieu.
Adieu à tes parents et toutes les connaissances.
Adieu ma Gisèle – Adieu la vie – Adieu la France.

Cette lettre, placée à la suite de celle de Robert Giraudineau, illustre le sort des Français requis pour le STO[1]*. Jean Braillon est né à Bruilles-lez-Marchiennes (Nord), dans une famille d'ouvriers. Comme Robert Giraudineau, il est requis pour le travail obligatoire en Allemagne mais, à la différence de ce dernier, il part. Envoyé en Brandebourg, il organise l'évasion de prisonniers de guerre et sabote la production à l'usine, avec la complicité d'autres travailleurs forcés. Pris en flagrant délit, il est emprisonné, condamné à mort et exécuté le 2 octobre 1944.*

---

1 Service du travail obligatoire. Voir *infra*, p. 352.

Bernard Maitre à ses parents
Prison de Lure (Haute-Saône) – 16 février 1944

Le 16-2-44

Ma chère Maman chérie, mon petit Papa chéri[1],
Mon cher petit Frère et toute ma chère Famille,

C'est un mercredi, par un beau matin de février, que mon pauvre corps tombera sous les balles de nos ennemis. Soyez forts tous, chers regrettés, et soyez fiers de ma mort honorable.

Je suis né Français et mourrai en Français. À cette dernière heure, mon esprit est calme, ainsi que mon corps, mes idées bien définies ainsi que mes actes.

En cette heure tragique, mes bourreaux nazis ont eu l'audace de m'offrir une cigarette, je l'ai refusée. M'entendez-vous ?

Pendant mon écrouement *(sic)* par eux et par suite de l'infâme traître *[passage censuré]*, je n'ai absolument rien sollicité de leur faveur: c'est en digne et noble Français que je veux mourir. Courage, parents chéris et patriotes, je meurs, mais dans l'espoir de nous venger. Punissez les actes odieux qu'ils ont commis sur notre terre chérie.

Adieu, France chérie et immortelle. Adieu, petite Maman chérie, Papa et petit Frère. Je redis avant de mourir les nobles et belles paroles qu'un Patriote comme moi a dites avant de mourir: «Je meurs pour que la France vive[2].»

À un beau jour, là-haut, près du Bon Dieu.

Bernard Maitre.

---

[1] Lettre jetée du camion allemand qui conduisait Bernard Maitre, avec d'autres camarades, à La Combe-Freteuille, près de Vesoul, lieu de leur exécution.

[2] Allusion à la lettre de Gabriel Péri et à sa formule: «Je vais mourir pour que vive la France», publiée *supra*, pp. 107-109.

Né à Héricourt (Haute-Saône) en 1923, Bernard Maitre habite chez sa grand-mère, alors que ses parents résident en Algérie. Quartier-maître dans la marine, breveté comme radiotélégraphiste à l'École de la marine à Brest, il sert à bord des sous-marins Casabianca *et* Aurore, *jusqu'au sabordage de la flotte à Toulon, en novembre 1942. Revenu dans le Territoire de Belfort, il travaille comme dépanneur radio à Cravanche. Réfractaire au STO*[1]*, il entre dans la Résistance, au sein du mouvement « Lorraine », puis aux FTP, en juillet 1943*[2]*. Il participe à de nombreuses actions contre l'occupant et contre les collaborateurs. Il est arrêté le 20 décembre 1943, lors d'une réunion au café Levernier, à Luxeuil-les-Bains, et emprisonné à Lure. Il est condamné à mort par le tribunal allemand de Vesoul et fusillé avec sept autres résistants à La Combe-Freteuille, le 16 février 1944.*

Louis Sabatié à sa famille
Toulouse, prison Saint-Michel (Haute-Garonne)
17 février 1944

Le 17 février 1944

Chère Maman, Cher Papa, Linette Chérie,

Dans une demi-heure, je serai mort ; on vient de me lire la sentence. Sachez que je meurs dignement, purement, sans trembler. Je regrette d'avoir tué ce pauvre Agent, mais c'est la fatalité.

---

[1] Service du travail obligatoire. Voir *infra*, p. 352.

[2] Sur le mouvement « Lorraine » et les Francs-Tireurs et Partisans, voir *infra*, pp. 350 et 349.

Chère Maman, sache qu'à quelques instants de la mort, je suis ton digne fils qui t'adore et qui te supplie de lui pardonner toutes les souffrances qu'il t'a fait endurer durant sa courte vie. Pardonne-moi, je t'en supplie.

Cher Papa, au nom de ton héroïsme lors de la dernière guerre, j'implore aussi ton pardon, j'ai cru et je crois avoir fait mon devoir. Il est pénible. Cher Papa, Chère Linette, je compte sur vous pour réconforter Maman. Soutenez-la toujours davantage, car elle a toutes les vertus et que *(sic)* ma mort va, j'en suis sûr, lui être fatale. Suivez-la bien, aimez-la toujours davantage, autant comme je l'aime avant ma mort. Pensez toujours à moi car je vais mourir dignement. Je suis mon idéal. La Grande Révolution Chrétienne a ses Martyrs. La Grande Révolution actuelle va avoir les siens. Qu'est-ce que la vie d'un homme en comparaison au bonheur de l'Humanité ?

Adieu, Parents adorés. Je meurs content et fier, sans pleurer, sans gémir, car je vais retrouver les héros innombrables de la Libération. Chère Maman, comme je te le demande sur ma lettre de Montauban, adopte Yvette comme ta fille et vivez ensemble en me pleurant. Mais je t'en supplie, vis je le veux. Adieu, nous nous retrouverons un jour heureux. Je t'adore. Je meurs la tête haute comme un humble artisan de la Libération.

Louis, ton fils adoré.

Louis Sabatié, né en 1924 à Moissac (Tarn-et-Garonne), est maître d'internat au lycée de Montauban. Entré dans les FTPF[1] *du Tarn-et-Garonne, il a le grade de lieutenant dans les FFI*[2]. *La police française l'arrête à Montauban le 3 février 1944, l'accusant de l'exécution d'un gardien de la paix, et le livre à la Gestapo, qui le transfère à Toulouse, à la prison de Saint-Michel. Condamné à mort par la cour martiale*[3] *de Toulouse, il est fusillé par la Milice*[4] *le 17 février 1944. C'est l'une des premières victimes de cette organisation.*

[1] Francs-Tireurs et Partisans français. Voir *infra*, p. 349.

[2] Forces françaises de l'Intérieur. Voir *infra*, p. 349.

[3] Les cours martiales ont été instituées le 20 janvier 1944 sous la houlette du milicien Joseph Darnand, secrétaire général au Maintien de l'Ordre.

[4] Voir *supra*, p. 14.

Julien Ducos à ses parents et à sa sœur
Prison de Châlons-sur-Marne[1] (Marne) – 19 février 1944

19 février 1944

Chers Parents, chère petite sœur,

Adieu, car je vais tomber où sont tombés tant de camarades.

Je viens d'être confessé et pars, muni des Saints-Sacrements. Soyez courageux et fiers *[passage censuré.]*

Adieu papa, toi qui m'as toujours montré le chemin de l'honneur et de l'honnêteté. Sois fier de moi car, toi aussi, tu auras donné à la France un fils et notre sacrifice ne sera pas inutile.

Adieu Maman, toi qui m'as mis au monde et t'es penchée si souvent sur mes peines. Sois courageuse, il te reste encore Vovonne pour te consoler, et toi, petite sœur chérie, adieu aussi. C'est à toi que je confie papa et maman. Rends-les heureux, fais-leur une vieillesse agréable. Aie soin surtout de maman, car ça va être terrible pour elle.

Et maintenant, on va venir me chercher. Quand le jour va se lever, nous ne serons plus. Nous allons finir comme tous les patriotes. Notre sacrifice, je crois, ne sera pas inutile, car il donnera à la France, le jour de la victoire, le droit d'être, elle aussi, fière de ses fils...

Adieu à toute la famille et à tous les copains.

Votre fils, ton frère, qui va mourir et vous envoie ses derniers baisers.

Vive la France.

Julien Ducos.

---

[1] Aujourd'hui Châlons-en-Champagne.

Né en 1920 à Saint-Martin-d'Ablois (Marne), Julien Ducos était avant-guerre vigneron et militant de la Jeunesse agricole chrétienne (JAC[1]). Engagé dans la Résistance, il était au moment de son arrestation, le 16 novembre 1943, lieutenant dans les FFI[2] de l'arrondissement d'Épernay. Le 16 février 1944, le tribunal militaire allemand de Châlons-sur-Marne (Feldkommandantur 531) *le condamne à mort comme « terroriste » avec quatorze autres résistants. Tous sont fusillés le 19 février.*

Maurice Popouneau à sa famille
Lyon, prison de Montluc (Rhône) – 21 février 1944

Lyon, le 21 février 1944

Ma petite femme bien-aimée,
Ma fille bien-aimée,
Mes parents bien-aimés,

Ma petite Odette chérie, ma petite femme adorée, c'est à toi que je m'adresse particulièrement en cette heure délicate et pénible. Du courage, beaucoup de courage, ma bien-aimée ! Quand tu recevras cette lettre qui est la dernière, j'aurai cessé de vivre et par conséquent de souffrir. Je vous repasse ma souffrance ; bien à contrecœur bien sûr… Je subis la loi de la guerre, je meurs pour avoir aimé fidèlement mon pays et je reste convaincu de l'avoir dignement servi. J'aurais voulu seulement vivre un peu plus longtemps pour vous chérir autant que vous le méritez ; je pars néanmoins convaincu que je ne vous quitte pas et que je vous retrouverai un jour. À ce sujet, ma bien-aimée,

---

1 Voir *infra*, pp. 349-350.
2 Forces françaises de l'Intérieur. Voir *infra*, p. 349.

je te demande, pour que vous puissiez un jour venir me retrouver, que tu fasses baptiser ma Josette chérie. Cette foi m'a été nécessaire pour vivre les heures cruelles que j'ai vécues depuis le 17 janvier 1944.

Je n'ai rien d'autre à te demander. Je te confie aveuglément ma fille, ma Josette bien-aimée et je n'ai qu'un désir, c'est que tu en fasses une femme aussi digne que toi. Tu sais, mon amour, combien je l'aime ; tu le lui diras un jour, quand elle aura l'âge de comprendre. Pour l'instant, ne lui parle plus de son papa, elle est trop petite, elle ne se rappellera pas de moi.

Veille sur papa et maman comme par le passé. Les moyens matériels dont tu disposeras seront suffisants pour assurer votre bien-être. De nombreuses personnes se présenteront à toi après la guerre ; j'ai tout mis en œuvre avant de mourir pour que vous ne manquiez de rien.

Embrasse tout le monde pour moi. Encore une fois, beaucoup de courage.

Votre chéri qui vous adore, votre

Maurice.

À toutes les deux, mes bien-aimées,

Questions matérielles :

1°) l'Assurance-vie

2°) le secours mutuel

Ma solde te sera payée, je pense jusqu'à la fin de la guerre.

J'ai encore quelques minutes à vivre. Je vous embrasse, je couvre vos photos de baisers, je garde de toi ta photo d'identité, de Josette la petite épreuve n° 3, et papa et maman photographiés au mois de mars 1940.

Adieu mes chéries.

Maurice Popouneau, né à Saint-Maxire (Deux-Sèvres) en 1913, est adjudant dans l'armée de l'air. Comptable, il est affecté en janvier 1941 à l'intendance de l'air de Montpellier. N'admettant pas la défaite, il organise, sous le pseudonyme de « Sultan », la désertion de soldats allemands enrôlés de force, en particulier des Alsaciens-Lorrains et des Luxembourgeois à qui il fournit des faux papiers, des vêtements civils, etc. Il parvient en outre à se procurer des plans de défense ennemis de la côte méditerranéenne et à les communiquer, via l'Armée secrète[1]*, aux services de renseignements alliés. Il est arrêté par la Gestapo le 8 octobre 1943, incarcéré à la prison de Montpellier, puis transféré au fort de Montluc, à Lyon. Il est soumis à des interrogatoires très serrés tout au long de sa détention. Accusé d'intelligence avec l'ennemi, il est jugé par un conseil de guerre le 20 janvier 1944, et condamné à mort. Il est fusillé le 21 février suivant au terrain militaire de la Doua, à Villeurbanne (Rhône).*

Les honneurs militaires lui seront rendus lors de son rapatriement dans le caveau de famille au cimetière de Saint-Avertin (Indre-et-Loire) et, en août 1945, la première promotion d'élèves de l'École de comptables de l'armée de l'air, au camp de Bias (Lot-et-Garonne), portera son nom. À titre posthume, il sera promu au grade de lieutenant et décoré de la Légion d'honneur et de la médaille militaire.

Georges Geoffroy à sa famille
Prison de Fresnes (Seine[2]) – 21 février 1944

Fresnes, le 21 Février 1944

Ma bien chère Maman, mon bien cher Papa, ma chère Petite Yvonne,

Il y a quelques instants, on est venu me chercher dans ma cellule, et maintenant, me voici avec Yves et mon autre camarade Le Cornec[3].

---

[1] Formation militaire des Mouvements unis de la Résistance. Voir *infra*, p. 347.

[2] Aujourd'hui Val-de-Marne.

[3] Yves Salaün et Pierre Le Cornec, tous deux lycéens à Saint-Brieuc, âgés de dix-huit ans. Voir la notice *infra*.

Mon cas était plus grave que je ne le pensais, voyez-vous, mais jamais je n'aurais pensé mourir de cette façon. J'étais jeune, et j'avais confiance dans ma jeunesse. Pauvre maman, que de chagrin, que de tourments t'ai-je donnés.

Enfin, c'est la vie, que voulez-vous ; s'il y a un au-delà, espérons que je vous y retrouverai.

J'avais toujours eu l'ambition d'être soldat, de servir ma patrie. Voilà ce qu'il m'en coûte. Cependant, je ne regrette pas ce que j'ai fait sur cette terre. Comme Yves, j'ai joué, j'ai perdu.

Naturellement, je ne vous dirai pas que je ne regrette pas la vie que je passais auprès de vous. J'étais heureux et vous m'avez été vraiment de bons parents. Je ne voudrais pas que vous me preniez pour un ingrat, non.

Je ne peux vous exprimer dans cette lettre toute la tendresse que j'ai pour vous. Les mots ne me viennent pas, mais soyez-en assurés.

Il est midi. Le pasteur catholique vient de passer parmi nous. Bien que n'ayant jamais pratiqué, je vais me confesser. L'exécution doit avoir lieu à trois heures. Sans doute viendra-t-on nous chercher vers deux heures.

Ce qui me coûte le plus, c'est de vous laisser sans vous avoir vu avant de mourir. J'aurais tant aimé vous embrasser une fois encore.

J'ai, au Greffe de cette prison, des affaires personnelles que j'aimerais voir entre vos mains : portefeuille, stylo. Quant au sac scout, et à la couverture blanche, ils appartiennent à des camarades (Rinvé et Le Mée).

Je vous quitte, mes chers parents, en vous envoyant ces derniers baisers.

Votre fils qui vous aime tendrement.

Jo.

P.-S. : Mes meilleurs baisers aux grands-pères, aux tantes et aux oncles. Mes meilleurs souvenirs à M. et Mme Rolland. Jo.

Georges Geoffroy est né en 1925 à Saint-Brieuc (Côtes-du-Nord[1]), où il est élève au lycée Le Braz. Dès 1942, deux groupes de résistance s'organisent dans son établissement : l'un autour de Jean Hudo, responsable pour les élèves maîtres, l'autre autour d'Yves Salaün, à la tête des lycéens. Georges Geoffroy prend dès le début part au second. En 1943, les deux groupes fusionnent, formant une compagnie très active d'une soixantaine de jeunes. Ils déchirent les affiches de propagande allemande sur les murs de Saint-Brieuc et les remplacent par le « V » de la victoire, tracent des inscriptions hostiles à l'occupant en bravant le couvre-feu, distribuent dans les boîtes à lettres les tracts des cheminots ou le journal Défense de la France[2], *volent les armes des soldats allemands qui, arrivant au bistrot, ont accroché leur ceinturon au portemanteau, etc.*

En octobre 1943, au cours d'une de ces opérations, l'équipe d'Yves Salaün abat un soldat en se défendant. Ils sont dénoncés et, le vendredi 10 décembre, les Allemands entrent dans le lycée. Jean Hudo parvient à s'échapper et entre dans la clandestinité. Une vingtaine d'élèves maîtres et de lycéens sont arrêtés et conduits au siège de la Gestapo pour interrogatoire. Quelques-uns sont libérés, d'autres déportés. Yves Salaün, Pierre Le Cornec et Georges Geoffroy sont transférés à Fresnes, jugés et condamnés à mort. Tous trois sont fusillés par les Allemands au mont Valérien, le 21 février 1944, six minutes avant Missak Manouchian et ses camarades[3].

---

[1] Aujourd'hui Côtes-d'Armor.

[2] Voir *infra*, p. 348.

[3] Sur Missak Manouchian et les FTP-MOI de la région parisienne, voir *infra*, pp. 288-290.

Missak Manouchian à sa femme
Prison de Fresnes (Seine[1]) – 21 février 1944

21 Février 1944, Fresnes

Ma Chère Mélinée, ma petite orpheline bien-aimée[2],

Dans quelques heures, je ne serai plus de ce monde. On va être fusillés cet après-midi à 15 heures. Cela m'arrive comme un accident dans ma vie, je n'y crois pas, mais pourtant je sais que je ne te verrai plus jamais.

Que puis-je t'écrire ? Tout est confus en moi et bien clair en même temps.

Je m'étais engagé dans l'Armée de la Libération en soldat volontaire et je meurs à deux doigts de la Victoire et du but. Bonheur à ceux qui vont nous survivre et goûter la douceur de la Liberté et de la Paix de demain. Je suis sûr que le peuple français et tous les combattants de la Liberté sauront honorer notre mémoire dignement. Au moment de mourir, je proclame que je n'ai aucune haine contre le peuple allemand et contre qui que ce soit, chacun aura ce qu'il méritera comme châtiment et comme récompense. Le peuple allemand et tous les autres peuples vivront en paix et en fraternité après la guerre qui ne durera plus longtemps. Bonheur ! à tous ! J'ai un regret profond de ne t'avoir pas rendue heureuse, j'aurais bien voulu avoir un enfant de toi, comme tu le voulais toujours. Je te prie donc de te marier après la guerre, sans faute, et [d']avoir un enfant pour mon honneur, et pour accomplir ma dernière volonté, marie-toi avec quelqu'un qui puisse te rendre heureuse. Tous mes biens et toutes mes affaires, je [les] lègue à toi et à ta sœur, et pour mes neveux.

---

[1] Aujourd'hui Val-de-Marne.

[2] Cette lettre n'a été envoyée à la famille que le 28 novembre 1944.

Après la guerre, tu pourras faire valoir ton droit de pension de guerre en tant que ma femme, car je meurs en soldat régulier de l'armée française de la Libération.

Avec l'aide de mes amis qui voudront bien m'honorer, tu feras éditer mes poèmes et mes écrits qui valent d'être lus. Tu apporteras mes souvenirs, si possible, à mes parents en Arménie. Je mourrai avec 23 camarades tout à l'heure avec le courage et la sérénité d'un homme qui a la conscience bien tranquille, car personnellement, je n'ai fait [de] mal à personne et, si je l'ai fait, je l'ai fait sans haine. Aujourd'hui, il y a du soleil. C'est en regardant au soleil et à la belle nature que j'ai tant aimée que je dirai adieu à la vie et à vous tous, ma bien chère femme et mes bien chers amis. Je pardonne à tous ceux qui m'ont fait du mal ou qui ont voulu me faire du mal, sauf à celui qui nous a trahis pour racheter sa peau et [à] ceux qui nous ont vendus. Je t'embrasse bien bien fort, ainsi que ta sœur et tous les amis qui me connaissent de loin ou de près, je vous serre tous sur mon cœur. Adieu. Ton ami, ton camarade, ton mari.

Manouchian Michel.

P.-S. J'ai quinze mille francs dans la valise de la rue de Plaisance. Si tu peux les prendre, rends mes dettes et donne le reste à Armène. M. M.

Missak Manouchian est né en 1906 à Adyaman, dans l'Empire ottoman, fils de paysans arméniens. Il n'a que neuf ans au moment du génocide arménien, dans lequel il perd l'essentiel de sa famille. Recueilli avec son frère dans un orphelinat en Syrie (alors sous mandat français), il rejoint tout naturellement la France en 1925. Il travaille d'abord comme tourneur aux usines Citroën. Dans les années 1930, il s'engage à la fois dans l'écriture (il fonde deux revues littéraires) et en politique (il adhère au PCF après les émeutes de février 1934). Devenu responsable du journal des membres de langue arménienne de la MOI[1]*, il est, en 1938, secrétaire de l'Union populaire armé-*

[1] Main-d'œuvre immigrée, organisation du PCF. Voir *infra*, p. 350-351.

nienne, une sorte de front populaire des organisations de gauche de l'immigration. Affecté dans une usine qui travaille pour la défense nationale pendant la « drôle de guerre » (d'août 1939 à juin 1940), il rejoint Paris après la débâcle. Responsable de la section arménienne de la MOI, il rejoint les FTP-MOI parisiens en février 1943[1]*. À la chute d'Alik Neuer, en juillet 1943, il assume le poste de commissaire technique et, le mois suivant, il succède à Boris Holban comme commissaire militaire de l'organisation. C'est donc sous sa responsabilité qu'est organisée le 28 septembre 1943, en plein Paris, l'exécution, par « l'équipe spéciale » des FTP-MOI, du* SS-Standartenführer *Julius Ritter, le responsable du STO*[2] *en France.*

À l'issue d'une longue filature menée par la Brigade spéciale n° 2 des renseignements généraux de la préfecture de police, Missak Manouchian est arrêté le 16 novembre 1943 à Évry-Petit-Bourg (Seine-et-Oise)[3]*, lors d'un rendez-vous avec Joseph Epstein*[4]*, chef des FTP de la région parisienne. Il est le principal des vingt-trois accusés du groupe, lors d'un procès à grand spectacle organisé par les Allemands, en février 1944. Les portraits de dix d'entre eux figurent sur « l'Affiche rouge » que les nazis placardent sur les murs de France, tentant d'accréditer l'idée que la Résistance est une armée de bandits à la solde de l'étranger : « Des libérateurs ? La libération ! Par l'armée du crime. » Sous celle de Manouchian, la légende : « MANOUCHIAN – Arménien – Chef de bande – 56 attentats – 60 morts – 60 blessés ».*

Missak Manouchian est fusillé le 21 février 1944 au mont Valérien, avec vingt et un de ses camarades[5]*: Célestino Alfonso, Joseph Boczov, Georges Cloarec, Rino Della Negra, Thomas Elek, Maurice Fingercweig, Spartaco Fontano, Emeric Glasz, Jonas Geduldig, Léon Goldberg, Szlomo Grzywacz, Stanislas Kubacki, Arpen Levitian, César Luccarini, Marcel Rayman, Roger Rouxel, Antoine Salvadori, Willy Szapiro, Amedéo Usseglio, Wolf Wajsbrot, Robert Witschitz.*

---

[1] Sur les Francs-Tireurs et Partisans, voir *infra*, p. 349.

[2] Service du travail obligatoire. Voir *infra*, p. 352.

[3] Aujourd'hui Évry (Essonne).

[4] Voir *infra*, pp. 311-313.

[5] Voir *infra*, les lettres de Célestino Alfonso, pp. 290-291, Léon Goldberg, pp. 292-293, Marcel Rayman, pp. 294-295, Szlomo Grzywacz, pp. 296-297, et Roger Rouxel, pp. 298-300.

La seule femme du groupe, Olga Bancic, également jugée et condamnée, sera décapitée à la prison de Stuttgart, le 10 mai 1944.

Célestino Alfonso à sa famille
Prison de Fresnes (Seine[1]) – 21 février 1944

Mes chers parents, sœurs et frère,
Ma chère femme et fils,

Aujourd'hui, à 3 heures, je serai fusillé. Je ne suis qu'un soldat qui meurt pour la France.

Je vous demande beaucoup de courage comme j'en ai moi-même : ma main ne tremble pas, je sais pourquoi je meurs et j'en suis très fier.

Ma vie a été un peu courte, mais j'espère que la vôtre sera plus longue.

Je ne regrette pas mon passé, si je pouvais revivre, je serais encore le premier.

Je voudrais que mon fils ait une belle instruction, à vous tous vous pourrez réussir.

Ma chère femme, tu vendras mes vêtements pour te faire un peu d'argent. Dans mon colis, tu trouveras 450 francs que j'avais en dépôt à Fresnes.

Mille baisers pour ma femme et mon fils.
Mille baisers pour tous.
Adieu à tous.

Célestino Alfonso.

---

[1] Aujourd'hui Val-de-Marne.

Célestino Alfonso naît en 1916 à Itumar-Ozaba, en Espagne. Sa famille émigre en France alors qu'il est encore jeune. Élevé dans ce pays d'adoption, il se marie, a un petit garçon, et travaille comme ouvrier menuisier. En 1934, il adhère aux Jeunesses communistes, dont il devient le responsable pour Ivry (Seine[1]). En 1936, il fait partie des premiers engagés dans les Brigades internationales[2]; arrivé en Espagne le 27 août 1936, il combat comme mitrailleur, puis est nommé commissaire politique de la IIe Brigade. À son retour en France, en février 1939, il est interné par les autorités, comme de nombreux « interbrigadistes »; il s'évade du camp de Saint-Cyprien (Pyrénées-Orientales) où il était détenu, mais il est mobilisé au début de la guerre dans une compagnie de travailleurs étrangers (CTE)[3].

Célestino Alfonso est arrêté quelques mois après sa démobilisation, le 17 janvier 1941 : enfermé au quartier des Tourelles, annexe de Fresnes, il va, semble-t-il, travailler en Allemagne le mois suivant; il en revient dès juillet 1941. Il est alors embauché dans diverses usines de la région parisienne, et devient bientôt chef de groupe dans les FTP-MOI[4]. Sous la conduite de Boris Holban et de Missak Manouchian, il prend part à de nombreuses actions autour de Paris et d'Orléans, notamment à l'exécution le 28 novembre 1943 du SS-Standartenführer *Julius Ritter[5]. Il est arrêté le 17 novembre 1943 et jugé avec vingt-deux camarades au cours d'un procès à grand spectacle au mont Valérien. Sa photo est reproduite en médaillon sur « l'affiche rouge » que les nazis placardent sur les murs de France, avec la légende : « ALFONSO – Espagnol rouge – 7 attentats ». Il est fusillé par les Allemands, avec vingt et un membres de son groupe, au mont Valérien, le 21 février 1944[6].*

---

[1] Aujourd'hui Val-de-Marne.

[2] Voir *infra*, p. 347.

[3] Voir *infra*, p. 348.

[4] Francs-Tireurs et Partisans-Main-d'œuvre immigrée. Voir *infra*, pp. 349.

[5] Sur les actions, l'arrestation et l'exécution des FTP-MOI de la région parisienne, voir *supra*, la notice biographique de Missak Manouchian, pp. 288-290.

[6] Voir *infra*, les lettres de Léon Goldberg, pp. 292-293, Marcel Rayman, pp. 294-295, Szlomo Grzywacz, pp. 296-297, et Roger Rouxel, pp. 298-300.

Léon Goldberg à sa fiancée
Prison de Fresnes (Seine[1]) – 21 février 1944

Fresnes, le 21 février 1944

Ma Chérie,

Ma dernière lettre et mon dernier souvenir pour toi ; je vais être fusillé à 3 heures. Il est 11 1/2.

D'abord, je voudrais que tu ne pleures pas et que tu sois très courageuse comme je le suis moi-même. Je n'ai pas peur de mourir. Je trouve quand même que c'est un peu trop tôt. Comme cadeau d'anniversaire, c'est réussi, n'est-ce pas ? Tu sais depuis samedi ce qui m'attend par les journaux.

Ta photo est devant moi, ce matin comme toujours. Je l'emmène avec moi pour ce long voyage d'où personne n'est, je crois, jamais revenu. Console-toi très vite, nous nous sommes trop peu connus. J'ai fait mon devoir envers tous. Je ne regrette rien.

Tout ce que je voudrais, c'est que, quelquefois, vous tous, mes amis, pensiez à moi. Maintenant, j'embrasse tes parents, Fanny, toi-même, ma chérie, ainsi que tous mes amis. Quand mes parents reviendront, tu rendras mes affaires, enfin arranger tout quand tous seront de retour.

Ils ont été forts pour mon cadeau d'anniversaire, ne trouves-tu pas ?

Je n'écris pas grand-chose. Je n'ai pas grand-chose à écrire. Ça vaut mieux. Parlons des amis.

Je souhaite tout le bonheur possible à Roger, Denise et Jean, Claude leur fils, Robert Balin : je les embrasse ainsi que leurs parents. J'embrasse tous les amis du quartier, je n'énumère pas leur[s] nom[s]. Embrasse mes cousins Pérel, les amis Berkowitz, sans oublier

---

[1] Aujourd'hui Val-de-Marne.

surtout Merlo et leurs enfants, Sznaper, Debut, (Alice, Mireille, Joseph) Finkelstein, Fuks, Deltour, Tondelier, Postaniec, enfin tous sans exception. J'oublie Anna, ses parents, Ben, Joseph, etc.

Je n'arrête pas de manger en ce moment. Que veux-tu que je te dise, ma chérie; il faut bien mourir un jour. Je t'ai beaucoup aimée, mais il ne faut pas pour cela oublier que ta vie continue, à toi.

D'ici quelque temps, j'espère que tu te seras fait une raison et que la vie reprendr[a] ses droits.

Enfin, ADIEU À TOUS. La vie sera meilleure pour vous. Je vous embrasse tous, ta famille et toi, Ginette.

Je demande pardon à tous ceux que j'oublie des amis.

Ma Ginette, je partirai avec ton nom sur mes lèvres.

VIVE LA FRANCE: Léon Goldberg.

J'écris mal à cause du froid.

Léon Goldberg naît à Lodz, en Pologne, en 1924, dans une famille juive qui émigre en France peu de temps après: son père dès 1928, sa mère et lui à la fin de 1929. Ses parents sont arrêtés et déportés en 1942. Jeune communiste, il entre alors en résistance dans les rangs des FTP-MOI[1]*. Il fait partie du 2e détachement (juif), puis du 4e détachement (dérailleurs). Arrêté le 26 octobre 1943, il est condamné à mort avec vingt-deux combattants. Léon Goldberg et vingt et un camarades sont fusillés, le 21 février 1944 au mont Valérien*[2].

---

[1] Francs-Tireurs et Partisans-Main-d'œuvre immigrée. Voir *infra*, p. 349.

[2] Sur les actions, l'arrestation et l'exécution des FTP-MOI de la région parisienne, voir *supra*, la notice biographique de Missak Manouchian, pp. 288-290. Voir aussi *supra*, la lettre de Célestino Alfonso, pp. 290-291, et *infra*, les lettres de Marcel Rayman, pp. 294-295, Szlomo Grzywacz, pp. 296-297, et Roger Rouxel, pp. 298-300.

Marcel Rayman à sa mère et à son frère
Prison de Fresnes (Seine[1]) – 21 février 1944

21 février 1944

Ma chère petite maman,

Quand tu liras cette lettre, je suis sûr qu'elle te fera une peine extrême, mais je serai mort depuis un certain temps et tu seras consolée par mon frère qui vivra heureux avec toi et te donnera toute la joie que j'aurais voulu te donner.

Excuse-moi de ne pas t'écrire plus longuement, mais nous sommes tous tellement joyeux que cela m'est impossible quand je pense à la peine que tu ressens. Je ne puis te dire qu'une chose, c'est que je t'aime plus que tout au monde et que j'aurais voulu vivre rien que pour toi. Je t'aime, je t'embrasse, mais les mots ne peuvent dépeindre ce que je ressens.

Ton Marcel qui t'adore et qui pensera à toi à la dernière minute. Je t'adore et vive la vie.

Marcel.

Mon cher Simon,

Je compte sur toi pour faire tout ce que je ne puis faire moi-même. Je t'embrasse, je t'adore, je suis content, vis heureux, rends Maman heureuse comme j'aurais voulu le faire si j'avais vécu. Vive la vie belle et joyeuse comme vous l'aurez tous. Préviens mes amis et mes camarades que je les aime tous. Ne fais pas attention si ma lettre est folle mais je ne peux pas rester sérieux.

Marcel.

---

[1] Aujourd'hui Val-de-Marne.

J'aime tout le monde et vive la vie. Que tout le monde vive heureux.

Marcel.

Maman et Simon, je vous aime et voudrais vous revoir.

Marcel.

Né en 1923 en Pologne, Marcel Rayman a émigré en France avec ses parents et son frère, âgé de deux ans, en 1930. Il exerce le métier de tricoteur, à la suite de son père qui possédait un atelier. Engagé dans la MOI[1] *pendant la guerre, il est d'abord rattaché à l'Union des Jeunes Juifs, animée par Henri Krasucki, puis aux FTP-MOI de la région parisienne. À l'été de 1943, il devient le responsable militaire de « l'équipe spéciale », en charge des actions les plus spectaculaires, comme l'exécution du* SS-Standartenführer *Julius Ritter le 28 septembre*[2]. *Arrêté le 16 novembre 1943, il est condamné à mort avec vingt-deux camarades. Sa photographie figure sur la fameuse « Affiche rouge » des nazis, présentant les résistants de la MOI comme une « armée du crime », avec la légende : « RAYMAN – Juif polonais – 13 attentats ». Marcel Rayman est fusillé avec vingt et un camarades au mont Valérien, le 21 février 1944*[3].

---

[1] Sur les Francs-Tireurs et Partisans et la Main-d'œuvre immigrée, voir *infra*, pp. 349 et 350-351.

[2] Sur les actions, l'arrestation et l'exécution des FTP-MOI de la région parisienne, voir *supra*, la notice biographique de Missak Manouchian, pp. 288-290.

[3] Voir aussi *supra*, les lettres de Célestino Alfonso, pp. 290-291, et Léon Goldberg, pp. 292-293, et *infra*, les lettres de Szlomo Grzywacz, pp. 296-297, et Roger Rouxel, pp. 298-300.

Szlomo Grzywacz à sa femme[1]
Prison de Fresnes (Seine[2]) – 21 février 1944

Fraine *(sic)*, le 21 février 1944

Chère Janine[3],

Aujourd'hui à 3 heures[4] je serai fusillé. Jusqu'au dernier moment, je me conduirai *[illisible]* comme il convient à un ouvrier juif. Je vais mourir, mais ne m'oublie jamais et, quand tu en auras la possibilité, si quelqu'un de ma famille vit encore, raconte-lui.

Je vais mourir, mais toi tu vivras, et je te souhaite le meilleur pour ton avenir. Je te quitte ainsi que tous ceux que j'ai connus et courage, courage[5] et encore courage[6].

L'avenir et les lendemains meilleurs sont loin de moi.

Je t'embrasse ainsi que *[quelques mots illisibles[7]]* et tous ceux que je connais[8].

Vis, ton très cher

Grzywacz Szlamek[9].

P.-S. : Mes affaires sont restées à la villa Verlaine.

---

1 Szlomo Grzywacz a écrit cette lettre en polonais. La traduction et les notes sont de Daniel Tollet.

2 Aujourd'hui Val-de-Marne.

3 On lit « *Janinko* », cas vocatif du prénom, que l'on peut traduire par « *Janine* ».

4 L'indication de l'heure est suivie de « pp. » qui peut signifier aussi bien « *przed poludniu* » (« le matin ») que « *po poludniu* » (« l'après-midi »).

5 En français dans le texte.

6 En polonais dans le texte (« *odwaga* »).

7 Peut-être « *swoje stary* » (« et tes parents »).

8 « *Znajomy* » signifie tantôt « connaissances », tantôt « amis ».

9 « *Szlamek* », diminutif de Szlomo.

Lettre reproduite dans le cahier iconographique, n° 23.

Szlomo (Salomon) Grzywacz naît en 1909 à Wolomin, près de Varsovie (Pologne), dans une famille juive très pratiquante. Très jeune, il gagne sa vie comme cordonnier, en travaillant avec son père. En 1925, il adhère et milite activement aux Jeunesses communistes polonaises, mais il subit vite la répression du régime de Pilsudski[1]*. Après cinq ans de prison, il émigre en France. Arrivé à Paris en 1936, il s'engage aussitôt dans les Brigades internationales*[2] *et combat en Espagne jusqu'en 1939. À son retour, il est interné par les autorités françaises, comme de nombreux «interbrigadistes», d'abord au camp de Gurs (Basses-Pyrénées*[3]*) puis à celui d'Argelès (Pyrénées-Orientales). Il s'en évade et regagne Paris, où il agit dans le cadre des syndicats clandestins auprès des travailleurs juifs de la fourrure.*

En 1942, il entre aux FTP-MOI de la région parisienne et participe dès lors à de nombreuses actions[4]*. Arrêté, torturé par les polices française et allemande, il est condamné à mort à l'issue d'un procès à grand spectacle organisé par les Allemands. Sa photographie figure sur l'«Affiche rouge» apposée par les nazis sur les murs de France, avec la légende: «GRZYWACZ – Juif polonais – 2 attentats». Il est fusillé au mont Valérien, avec vingt et un combattants des FTP-MOI, le 21 février 1944*[5]*.*

---

[1] Józef Pilsudski (1867-1935): maréchal, chef de l'État polonais de 1918 à 1923, il revient au pouvoir par un coup d'État en 1926. Président de la République polonaise jusqu'à sa mort, il instaure un gouvernement autoritaire et antisémite qu'il dirige jusqu'à sa mort.

[2] Voir *infra*, p. 347.

[3] Aujourd'hui Pyrénées-Atlantiques.

[4] Francs-Tireurs et Partisans-Main-d'œuvre immigrée. Voir *infra*, p. 349. Sur les actions, l'arrestation et l'exécution des FTP-MOI de la région parisienne, voir *supra*, la notice biographique de Missak Manouchian, pp. 288-290.

[5] Voir *supra*, les lettres de Célestino Alfonso, pp. 290-291, Léon Goldberg, pp. 292-293, et Marcel Rayman, pp. 294-295, et *infra*, la lettre de Roger Rouxel, pp. 298-300.

Roger Rouxel à sa fiancée et à sa famille
Prison de Fresnes (Seine[1]) – 21 février 1944

Fresnes, le 21/2/44

Chère petite Mathilde chérie,

Je t'écris une première et dernière lettre qui n'est pas très gaie : je t'annonce ma condamnation à mort et mon exécution pour cet après-midi, à quinze heures, avec plusieurs de mes camarades. Je te demande d'avoir beaucoup de courage ; je vais mourir en pensant à toi jusqu'à la dernière minute comme j'ai toujours pensé.

Je meurs courageusement et en patriote pour mon pays, j'ai fait mon devoir de soldat, je te demande d'oublier ce cauchemar et te souhaite d'être heureuse, car tu le mérites ; choisis un homme bon, honnête et qui saura te rendre heureuse. Conserve ma mémoire le temps que tu voudras, mais il faut te dire une chose, personne ne vit avec les morts.

J'avais fait pour toi et moi de beaux projets, mais le sort en a décidé autrement. Je te jure que je n'ai jamais eu un moment de défaillance. Je meurs en soldat de la Libération et en Français patriote.

Tu demanderas si tu le désires à mes parents chéris, que je vais quitter avec un grand regret, un souvenir de moi qui ne devra jamais te quitter.

Tu diras aussi à tous mes camarades que tu connais que je les quitte en pensant à eux, qu'ils pensent un peu à leur camarade qui est mort pour sa patrie.

Chère Mathilde, j'aurais bien voulu ainsi que mes parents vous serrer une dernière fois dans mes bras, mais le temps me manque. Je pense tendrement à tes parents, à toute ta famille que je regardais déjà presque comme la mienne ; mon dernier souvenir va aussi vers tous les voisins et amis que je quitte en embrassant de tout cœur.

---

[1] Aujourd'hui Val-de-Marne.

J'espère que le souvenir de mes camarades et le mien ne sera pas oublié car il doit être mémorable, petite Mathilde. Je te demande d'être heureuse, c'est ma dernière volonté.

Ma lettre n'est pas très bien écrite, mais ce n'est pas de ma faute, conserve-la parmi les objets qui te sont les plus précieux.

Je termine en t'embrassant de tout mon cœur et ton souvenir m'accompagne jusqu'au bout.

Ton petit ami qui te quitte pour toujours.

Roger Rouxel.

VIVE LA FRANCE.

Mes parents chéris et Cher petit frère,

Je vous écris une dernière lettre en vous annonçant ma condamnation à mort. Je vais être exécuté cet après-midi à trois heures, avec plusieurs camarades.

Je vous demande d'avoir beaucoup de courage, comme moi-même. Je sais que c'est une chose horrible pour vous, mais je vous demande de survivre pour que quelqu'un puisse penser à moi et pour mon petit frère chéri Paul, car il faut l'élever pour en faire un homme. Petit frère chéri, j'espère que tu tiendras le serment que je te demande, avant de mourir : aime Papa et Maman de toute la puissance et la force de ton cœur et, quand tu seras grand et un homme, protège-les de toutes tes forces. Je vais mourir en étant sûr que tu respecteras mes dernières volontés.

Chers Maman et Papa, je meurs pour ma Patrie, j'ai fait mon devoir de Français ; le sort a seulement mal tourné. Pardonnez-moi de vous avoir caché le travail secret que je faisais, mais il était impossible de vous le faire connaître car vous m'auriez empêché de le pratiquer. Je vais mourir en pensant à vous trois et, à la dernière minute, j'aurai votre nom à mes lèvres et votre visage devant mes yeux. Je regrette de ne vous avoir pas montré à quel point je vous aimais, mais je fais le serment de vous avoir aimés de toute la force de mon âme. Si vous ne vous en êtes pas aperçus, c'est de ma faute, mais apprenez cette chose de ma bouche : j'étais malade, je n'étais pas toujours maître de moi-même, voilà la raison pour laquelle vous avez souffert. Pardonnez-moi ; envers vous, j'ai été coupable.

Je pense aussi à toute la famille que je vais quitter.

Je les embrasse de tout mon cœur, sans exception. Je les ai tous aimés comme vous-mêmes. Je vous demande à tous de conserver le plus longtemps possible ma mémoire parmi vous.

Je meurs en Français, courageusement et la tête haute.

Je vous dis une dernière fois adieu à tous et vous embrasse tous de tout mon cœur.

Votre fils, frère, neveu, cousin, petit-fils.

Roger Rouxel.

VIVE LA FRANCE.

Roger Rouxel naît à Paris en 1925. Jeune résistant, il combat au sein des groupes FTP-MOI[1] *de la région parisienne, dirigés par Boris Holban puis Missak Manouchian ; il fait partie du 3e détachement. Arrêté le 13 novembre 1943, il est condamné à mort par les Allemands, avec vingt-deux autres combattants des FTP-MOI. Il est l'un des trois Français accusés lors de ce procès mis en valeur par les nazis, notamment à travers l'« Affiche rouge », pour discréditer la Résistance. Rouxel et vingt et un camarades sont fusillés le 21 février 1944 au mont Valérien*[2].

---

[1] Francs-Tireurs et Partisans-Main-d'œuvre immigrée. Voir *infra*, p. 349. Sur les actions, l'arrestation et l'exécution des FTP-MOI de la région parisienne, voir *supra*, la notice biographique de Missak Manouchian, pp. 288-290.

[2] Voir *supra*, les lettres de Célestino Alfonso, pp. 291-292, Léon Goldberg, pp. 293-294, Marcel Rayman, pp. 295-296, et Szlomo Grzywacz, pp. 297-298.

Henri Martrice à sa famille
Prison de Loos-lès-Lille (Nord) – 9 mars 1944

Loos, le 9 mars 1944 14h30

Ma chère maman, Tous mes chers parents,

À l'heure où vous recevrez cette lettre, je ne souffre déjà plus. Un officier allemand est venu [n]ous annoncer que le jugement était confirmé. Toutes vos interventions ont malheureusement échoué. Je ne doute pas un seul instant que vous avez tenté l'impossible pour me sauver. Il n'y a qu'à s'incliner devant le destin. Quand j'ai décidé, à l'âge de treize ans, de m'engager dans les enfants de troupe, déjà je me sentais l'âme d'un soldat. J'ai toujours décidé de mourir de cette façon. Aujourd'hui, je suis à deux doigts de la mort et je n'ai même pas peur. J'accepte la volonté de Dieu avec courage. Dans deux heures environ, j'aurai rejoint le royaume de Dieu ; j'y retrouverai mon cher papa. Ma chère maman, je vois d'ici ta peine énorme. Que veux-tu, c'est la volonté de Dieu. Tu as déjà bien souffert dans ta vie et après avoir vu ton mari tué à la guerre, c'est ton fils qui s'en va, moins glorieusement peut-être, mais enfin... Surtout, ma dernière volonté est que tu sois courageuse, très courageuse. N'oublie pas que tu as encore Roger et Gisèle à élever, à éduquer. Peut-être, un jour, le bon Dieu te récompensera. Fais part de la nouvelle à tous mes amis, toutes mes connaissances. Dis à tous que, dans ce que j'ai fait, j'ai cru reconnaître là mon devoir ; que je meurs avec la satisfaction du devoir accompli. J'admets que je trouve la sentence un peu dure, mais ce sont là les lois de la guerre. Il n'y a qu'à s'incliner.

Ma chère maman, surtout ne me plains pas, pense que je meurs d'une mort qui m'est douce. N'oublie pas que je dois de l'argent : 1° à M. Coste Clément, Puy-Ste-Réparade, près d'Aix-en-Provence (400 f) ; 2° Jean Vienot, 500 f ; 3° Thétin (tu trouveras l'adresse à mon régiment, 120 f).

Tous mes chers parents, je pense à vous dans mes derniers moments. Bons baisers à tous et Adieu !

Ma chère maman, chère sœur, cher frère, je vous embrasse tous de tout cœur. Adieu.

Votre fils qui meurt avec la satisfaction du travail accompli.

Henri Martrice.

Membre d'un groupe de FTPF[1] très actif dans la région de Valenciennes-Condé (Nord), Henri Martrice est âgé de dix-neuf ans en 1944. Il est condamné à mort par le conseil de guerre de Valenciennes, avec cinq autres résistants. Il est fusillé au fort de Bondues (Nord), le 9 mars 1944.

Marc-Roland Juge à son fils Jean-Paul
Prison de Clermont-Ferrand (Puy-de-Dôme)
22 mars 1944

Le 22-3-44

Mon petit Jean-Paul chéri,

Voici la dernière lettre que tu recevras de moi, mon grand chéri, car dans quelques jours, dans quelques heures peut-être, je serai fusillé. Tes 11 ans te permettront de comprendre maintenant et je ne veux pas partir sans t'affirmer que tu n'as pas à rougir de ton père, au contraire.

---

[1] Francs-Tireurs et Partisans français. Voir *infra*, p. 349.

J'ai toujours fait ce que j'ai considéré comme mon devoir, sans m'en laisser distraire par aucune considération ; aussi je meurs la tête haute, sans que ma conscience ne me reproche rien.

J'espère que, dans la vie, tu suivras mon exemple. Sois toujours loyal et bon. Travaille pour te faire une situation, travaille deux fois plus maintenant que je ne suis plus près de toi pour t'aider, et que le mensonge et la trahison soient toujours pour toi un objet d'horreur.

N'oublie pas qu'on ne peut pas vivre sans l'approbation de sa conscience.

Je t'aime, mon petit Jean-Paul chéri, et je t'embrasse en te disant adieu.

Marc-Roland Juge, né en 1911 à Moulins (Allier), est commissaire de police à Vichy. Il résiste au sein du groupe « Didier (Allier) » des FFI[1]. Le 18 janvier 1944, la Gestapo vient l'arrêter à son bureau. Interné à Moulins puis à Clermont-Ferrand, il est condamné à mort le 14 mars 1944 pour « espionnage ». Il est fusillé par les Allemands le 22 mars suivant.

---

[1] Forces françaises de l'Intérieur. Voir *infra*, p. 349.

Paul Quillet à sa famille
Prison de Fresnes (Seine[1]) – 24 mars 1944

Fresnes, vendredi 24 Mars 1944
11 heures

Chers Parents, Chère Famille,

On vient de m'annoncer mon exécution pour cet après-midi à 15 heures. Votre optimisme de ce matin m'avait surpris, mais cela vaut mieux ainsi. Je vous demande pardon à tous de la peine que je vous ai faite, soyez courageux.

La mort me surprend un peu plus tôt que je ne pensais, mais cette légère avance compte bien peu. Ne vous laissez pas abattre, jamais une mauvaise pensée n'a guidé mes actions. Je meurs sans remords et il vous sera plus difficile de vivre qu'à moi de mourir. Ne me plaignez pas et oubliez-moi le plus vite possible.

Je vous aimais de tout mon cœur, pour cette raison ne vous affligez pas pour moi. Je vous demande de ne faire aucune démarche pour rechercher mon corps, laissez l'anonymat recouvrir mes restes, l'oubli le plus complet est le dernier de mes vœux.

De nombreux amis iront vous voir après la guerre, ils vous expliqueront mon état d'esprit. Reportez sur Raymond[2] toute l'affection que vous aviez pour moi. Aidez matériellement et affectueusement ma chère petite Françoise[3], qui reste la plus malheureuse de vous tous.

---

[1] Aujourd'hui Val-de-Marne.

[2] Le fils de Paul Quillet.

[3] L'épouse de Paul Quillet.

Aidez-la à m'oublier. Je vous embrasse bientôt une dernière fois. Pardonnez-moi de la peine que je vous fais et oubliez tout cela.

Bons baisers à tous, bon courage, Adieu.

Paul.

Une dernière amitié à tous les amis.

Né en 1922 à Châtellerault (Vienne), Paul Quillet est un des commandants régionaux FTP[1] *en Île-de-France. Il est arrêté le 26 octobre 1943, ainsi que trois camarades avec lesquels il a opéré un sabotage sur la ligne Paris-Brest, à La Verrière (Seine-et-Oise*[2]*). Il est fusillé par les Allemands au mont Valérien, le 24 mars 1944.*

André Lamarre à sa famille
Prison de Fresnes (Seine[3]) – 5 avril 1944

Fresnes, le 5 avril 1944

Chers Parents, Frères et Sœurs,

Je vous envoie ce petit mot qui sera le dernier. Mais je meurs avec courage en pensant à vous tous.

Je ne regrette rien, nous savions ce qui nous attendait, que voulez-vous.

---

[1] Francs-Tireurs et Partisans. Voir *infra*, p. 349.

[2] Aujourd'hui Yvelines.

[3] Aujourd'hui Val-de-Marne.

J'espère que, chez vous, tout va bien et que ça continuera, vous n'aurez qu'à penser que d'autres ont passé par les mêmes phases de la vie. Que je sois mort à la guerre, c'est encore plus beau, puisque c'est en combattant pour mon idéal que moi j'y passe. Assez parlé de moi.

Tous, recevez mes affaires dans un délai de huit jours[1].

Je pense que mes frères Roland et Jean travaillent toujours chez Lemoine, et que les autres petits vont bien.

Pour Jacqueline, je lui souhaite d'être heureuse dans son ménage. Qu'Odette et Roger chantent et jouent à l'accordéon un chant que j'ai aimé : « C'est accordéon, c'est toi qui chantes », c'est le chant que je chantais en cellule.

Maintenant voici mes dernières volontés :

Pour ma tombe, lorsque vous y viendrez, ne m'apportez que des fleurs rouges[2]. Et que vous soyez toujours d'accord avec mes frères et sœurs : que voulez-vous, la famille c'est tout[2].

Je vous dis adieu pour toute la famille et les amis.

Chers parents, frères et Sœurs, je vous embrasse bien fort.

Je remercie toutes les personnes qui avec toi m'ont assisté.

Votre fils et frère qui meurt sans peur ni regrets.

André Lamarre.

J'ai embrassé cette lettre où il y a une croix.

+
\+ + +
\+

Né à Paris en 1926, André Lamarre a été élève de l'École des pupilles de la Marine, repliée de Villeneuve (Finistère) à Saint-Mandrier (Var). Il entre en janvier 1943 dans le groupe FTP[3]

[1] Sur les affaires des morts, voir *infra*, p. 357.

[2] Souligné dans l'original.

[3] Francs-Tireurs et Partisans. Voir *infra*, p. 349.

« Alsace-Lorraine » (5e régiment sud, basé au Kremlin-Bicêtre, en banlieue parisienne). Suite à l'arrestation d'un de ses membres, le groupe est démantelé et André arrêté le 16 décembre 1943. Condamné à mort par le tribunal militaire allemand de Paris, le 28 mars 1944, il est fusillé au mont Valérien le 5 avril suivant, avec trois de ses camarades.

André Wannin à ses parents et à sa femme
Prison de Saint-Quentin (Aisne) – 8 avril 1944

Saint-Quentin, le 8/4/1944

Mr et Mme Wannin. 77, Rue Ninite.

Mes Pauvres Chers Parents, Ma pauvre Gaby, ma femme adorée,

J'ai une bien grande douleur à vous causer, vous tous que j'aime, nous venons de connaître la sentence du conseil de Guerre Allemand nous concernant : c'est celle qui malheureusement frappe beaucoup des nôtres en ce moment. Ayez du courage comme j'en aurai jusqu'au bout ; si vous saviez comme il est facile de mourir, le plus dur, c'est de penser à vous tous que j'aime et que je ne reverrai plus. Si ! plus tard, au ciel, où je vais prier pour vous en vous attendant.

Ayez beaucoup de courage, mes Pauvres Parents, que j'ai bien aimés. Toi, mon cher papa avec qui je me suis bien disputé, pardonne-moi tout cela : je t'aimais bien malgré tout et j'ai bien prié pour toi du fond de ma prison. Toi, ma Maman chérie, adieu, sois forte, console-toi dans la prière, prie Ste Thérèse pour moi comme je vais la prier jusqu'au bout, ma deuxième neuvaine[1] se termine. Aie du courage, ne te laisse pas abattre, je t'aimais bien, ma chère maman, et je pleure bien en pensant à vous, mais ce n'est pas la peur qui me fait cela *[deux lignes censurées]*.

J'aurais eu la consolation de passer mes derniers moments avec mon camarade de combat, Adolphe, qui lui aussi m'accompagne. Nous allons avoir la consolation d'un prêtre catholique allemand, qui va nous confesser et [nous faire] communier, c'est surtout cela que je demandais ces derniers jours à Ste Thérèse, qui m'a exaucé.

Toi, ma Poule chérie, pardonne-moi, permets-moi de t'appeler une dernière fois ma femme chérie. Je t'aimais beaucoup, tu sais ma chérie, et j'aurais voulu tant te rendre heureuse. Dieu en a décidé autrement, je veillerai sur toi du haut du ciel et je prierai pour que tu sois heureuse. Pardonne-moi toutes les fautes que je t'ai fait commettre, demande pardon à tes parents pour moi, pour ce que j'ai fait.

Embrasse-les tous, ainsi que Suzanne et sa fille. Priez tous pour moi.

J'ai remis au bureau ma bague et ma chevalière: l'alliance, c'est pour vous mes parents chéris, et la chevalière, conserve-la, ma Poule. Je remets en même temps toutes mes photos, ce sont les seuls souvenirs que je vous laisse. Je conserve sur moi la médaille de Papa et celle de Maman sur ma poitrine, Ton chapelet, maman, autour de mon poignet[2].

Je fais une dernière fois la neuvaine à Ste Thérèse, et je vous la renvoie.

Embrassez toute la famille pour moi, Léonne, Louis, Roger, Madeleine, Noël, Gérard, Michel, chez René, Moïse, Germaine, et tous les amis, chez Leroi aussi.

Adieu Fourmies et la maison que je ne reverrai plus, conserve Dika en souvenir de moi. Que papa mette mes affaires en souvenir. Gaby a la clef du coffre, le mot est D.N., la petite boîte sur la planche du haut est à elle, le reste est à vous, mes chers parents. Soyez tous heureux, je prierai beaucoup pour vous du haut du Ciel.

---

[1] Une neuvaine est une prière pour l'intercession d'un saint pendant neuf jours de suite. La «Neuvaine de prière par l'intercession de sainte Thérèse de l'Enfant Jésus et de la Sainte Face» (Thérèse de Lisieux, 1873-1897) jouissait d'une grande popularité.

[2] Sur les affaires des morts, voir *infra*, p. 357.

Je vous joins pour vous, mes chers Parents, et à toi, ma Gaby chérie, une mèche de cheveux que j'embrasse bien fort, ce sont les seuls souvenirs avec mes photos et bagues.

Le temps presse, il faut que je me dépêche, j'aurais tant voulu causer longtemps avec vous, mais cela m'est impossible : le prêtre va venir, je saurai mourir en bon chrétien, en bon Français *[deux lignes censurées]*.

Adieu, vous tous que j'aime, ayez beaucoup de courage, faites comme moi, ne pleurez pas de trop *[deux lignes censurées]*.

Toi, ma Poule chérie, n'abandonne pas mes pauvres parents, qui sont seuls maintenant, aime-les, console-les, sois leur fille chérie pour me remplacer, cela les consolera un peu d'avoir avec eux quelqu'un que j'ai bien aimé et qui a voulu me rendre heureux. Aie pitié d'eux, ma chérie, ils sont si seuls maintenant ; et toi, sois heureuse aussi, ne brise pas ta vie, refais-la si tu veux, je partirai avec ton souvenir au fond du cœur.

Adieu ma femme chérie, je t'embrasse une dernière fois, bien fort.

Adieu, mes chers parents, recevez mes derniers baisers, que Ste Thérèse aie pitié de vous tous, embrassez également chez Hélène, à Tergnier.

Je conserve sur moi mon peigne et manche de brosse à dents, avec mon nom gravé. Adieu encore une fois, vous mes chers parents. Adieu, ma poule chérie, je ne saurai plus te dire que cela et vous embrasser.

Nous sommes les 3ème et 4ème de Fourmies à mourir comme cela *[deux lignes censurées]*.

ADIEU, ADIEU encore, vous tous que j'aime, je couvre cette feuille de mes derniers baisers.

Au revoir, mes chers parents, Pardon pour le mal que vous aurez.

Au revoir, ma petite Gaby, ma petite femme chérie, ma poule, pardon.

André.

Mes chers Parents[1],

Je viens de connaître la sentence qui nous frappe. C'est celle qui malheureusement frappe trop de Français, Saint-Quentin aura été mon dernier asile.

Je vous demande pardon, mon cher papa et ma chère maman, de tous les tourments que je vous ai occasionnés. Jusqu'au bout je prierai pour vous et je dirai ma neuvaine à Sainte-Thérèse.

Je saurai, devant les fusils, montrer que je suis courageux et bon Français.

Puissent nos sacrifices vous assurer le repos de vos vieux jours. Courage, mes pauvres parents, priez pour moi, je prie aussi pour vous.

Adieu à vous et à toute la famille et amis.

Tous mes derniers baisers.

Votre fils.

André.

André Wannin est né en 1914 à Fourmies (Nord), où il exerçait avant-guerre la profession d'installateur en chauffage et plomberie. Mobilisé en 1939, il fait la campagne de France dans le 45e régiment d'infanterie, en Alsace, en Belgique et dans le Nord. Évacué de la poche de Dunkerque en Angleterre, il revient en France par Brest et reprend le combat, recevant la croix de guerre. Prisonnier de guerre après l'armistice, il s'évade, rejoint sa famille repliée en Vendée, puis regagne Fourmies. Grâce à un poste émetteur, il transmet aux services alliés des renseignements sur les terrains d'aviation allemands et autres objectifs militaires. En 1943, il rejoint les FTPF[2], participant à de nombreuses actions de sabotage. Activement recherché, il prend le maquis le 20 janvier 1944 et rejoint le groupe FTPF « La Corse 22 », dans la compagnie d'Adolphe Hugé, à Hirson puis à Tergnier (Aisne). Il participe au sabotage d'un dépôt de machines à Tergnier et prépare une action contre la sous-station électrique de Cambrai lorsqu'il est arrêté par la Gestapo de Saint-Quentin,

[1] Cette seconde lettre a été trouvée dans le linge d'André Wannin.

[2] Francs-Tireurs et Partisans français. Voir *infra*, p. 349

*le 4 février 1944, chez Mme veuve Desjardin à Busigny (Aisne). Sont également pris trois membres du groupe : Adolphe Hugé, trente-deux ans, magasinier graisseur, Lucien Desjardin, vingt-quatre ans, maçon, et son frère Edmond, vingt-deux ans, garçon boucher. Les quatre hommes sont condamnés à mort le 6 février 1944 par le tribunal militaire allemand de Laon (*Feldkommandantur 502*). Le 8 avril, ils sont fusillés au champ de tir de la Sentine, à Saint-Quentin, avec vingt-trois autres résistants. Le maire de Busigny, Edmond Degond, arrêté dans la même affaire, est déporté le 15 juillet 1944 au camp de Neuengamme, d'où il revient.*

Joseph Epstein à sa femme et à son fils
Prison de Fresnes (Seine[1]) – 11 avril 1944

Fresnes, le 11 avril 1944

Ma petite Paula bien-aimée,

Fidèle jusqu'au dernier souffle à mon idéal, cet après-midi à 15 heures, je tomberai fusillé.

Je te laisse seule avec notre petit garçon chéri. Je ne pense qu'à vous deux. Je vous aime tellement, je t'aime tellement, ma petite chérie. Je te demande pardon de tout le mal que j'ai pu te faire. Tu m'as donné tellement de bonheur. Maintenant j'y repense ; je revis ces instants de bonheur passés près de toi et près de notre petit garçon chéri. Sois courageuse, ma petite bien-aimée. Défends notre petit Microbe chéri. Élève-le en homme bon et courageux. Parle-lui souvent de moi, de son papa-car qui l'aime tellement, qui vous aime tellement.

---

[1] Aujourd'hui Val-de-Marne.

Mes derniers instants, je veux les consacrer à vous. Je te revois, avec notre petit trésor dans les bras, m'attendre à la descente du car. J'entends son rire, je revois tes yeux de maman l'envelopper de tant de tendresse. Je l'entends m'appeler «papa», «papa»! Soyez heureux tous les deux et n'oubliez pas votre «papa-car».

Je saurai mourir courageusement et, face au peloton d'exécution, je penserai à vous, à votre bonheur et à votre avenir. Pensez de temps en temps un peu à moi.

Du courage, ma Paula bien-aimée. Il faut élever notre petit garçon chéri. Il faut faire de lui un homme bon et courageux. Son papa lui laisse un nom sans tache. Aux moments de découragement, pense à moi, à mon amour pour vous deux, à mon amour immense qui ne vous quitte pas, qui va vous accompagner partout et toujours. Ma bien-aimée, ne te laisse pas abattre, tu seras à partir de 15 heures le papa et la maman de notre petit chéri.

Sois courageuse et encore une fois pardonne-moi le mal que je t'ai fait. Te dis, ma Paula bien-aimée, tout mon amour pour toi et notre petit Microbe chéri. Vous serre tous les deux dans mes bras. Vous embrasse de tout mon cœur.

Vive la France, Vive la liberté!

Mon petit Microbe, mon fils,

Quand tu seras grand, tu liras cette lettre de ton papa. Il l'a écrite 3 heures avant de tomber sous les balles du peloton d'exécution. Je t'aime tellement, mon petit garçon, tellement, tellement. Je te laisse seul avec ta petite maman chérie. Aime-la par-dessus tout.

Rends-la heureuse, si heureuse. Remplace ton papa-car auprès d'elle. Elle est si bonne ta maman, et ton papa l'aime tellement. Console-la, mon petit garçon chéri, soutiens-la. Tu es tout maintenant pour elle. Donne-lui toute la joie. Sois bon et courageux.

Je tomberai courageusement, mon petit Microbe chéri, pour ton bonheur [et celui] de tous les enfants et de toutes les mamans. Garde-moi un tout petit coin dans ton cœur.

Un tout petit coin, mais rien qu'à moi. N'oublie pas ton papa-car. Mon petit fils chéri, je revois ta petite figure souriante, j'entends ta voix si gaie. Je te vois de tous mes yeux. Tu es tout notre bonheur, le mien et celui de ta maman chérie.

Obéis à ta maman, aime-la par-dessus tout, ne lui cause jamais de chagrin. Elle a déjà tellement souffert. Donne-lui tellement de bonheur et de joie.

Mes derniers instants. Je ne pense qu'à toi, mon petit garçon chéri et à ta maman bien-aimée. Soyez heureux, soyez heureux dans un monde meilleur, plus humain. Vous dis encore une fois tout mon amour. Sois courageuse, ma petite Paula chérie. Aime ta maman par-dessus tout, mon petit garçon chéri, mon petit Microbe chéri. Sois bon et courageux, n'oubliez pas votre papa-car. Vous serre tous les deux dans mes bras. Vous embrasse de toutes mes forces, de tout mon cœur, votre papa-car.

Mes amitiés à tous nos amis.

Né en 1911 à Zamosc, en Pologne, Joseph Epstein appartient à une famille aisée de culture yiddish. Très jeune, il participe, dans les rangs du Parti communiste polonais, à la lutte contre le gouvernement autoritaire de Pilsudski[1]*. En 1932, il doit s'exiler et choisit la France. De 1936 à 1939, il combat aux côtés des républicains espagnols dans les rangs des Brigades internationales*[2]*. À son retour, il s'engage dans l'armée française ; fait prisonnier pendant la campagne de 1940, il est envoyé en prison outre-Rhin, s'en évade et rejoint la lutte clandestine en France. En 1942, il organise l'ensemble des « groupes de sabotage et de destruction » (GSD), créés par les syndicats dans les entreprises travaillant pour l'occupant. En mai 1943, après une vague d'arrestations, il devient le chef des FTP*[3] *de la région parisienne, sous le pseudonyme de « colonel Gilles ». Cette fonction militaire lui permet d'instaurer une tactique de guérilla urbaine que mettent en œuvre les FTP-MOI*[4]*. Il est arrêté*

---

1 Voir *supra*, p. 297.

2 Voir *infra*, p. 347.

3 Francs-Tireurs et Partisans. Voir *infra*, p. 349.

4 Francs-Tireurs et Partisans-Main-d'œuvre immigrée. Voir *infra*, p. 349.

le 16 novembre 1943, à Évry-Petit-Bourg (Seine-et-Oise[1]), lors d'un rendez-vous avec Missak Manouchian, dirigeant militaire régional des FTP-MOI[2]. Il est fusillé au mont Valérien, le 11 avril 1944, avec vingt-huit autres résistants.

Charles Boizard à sa famille
Toulouse, prison Saint-Michel (Haute-Garonne)
18 avril 1944

Toulouse, le 18 avril 1944

Très Chers Parents,

Cette lettre va vous causer une très grosse peine, car c'est malheureusement la dernière que je vais vous écrire. En effet, quand vous la recevrez, je ne serai plus de ce monde, puisque demain matin, je serai fusillé par les troupes allemandes.

Fait prisonnier à la suite d'une bataille qui s'est déroulée entre les forces du Maquis et l'armée Allemande, le lundi 10 avril 1944, j'ai été jugé et condamné aujourd'hui. La sentence sera exécutée demain matin. Je n'ai donc que peu d'heures à vivre maintenant. Pour moi, cela compte peu. J'aurais dû avoir une mort glorieuse en combattant. Le sort ne l'a pas voulu. Mais comme cela a peu d'importance pour moi ! Je mourrai la tête haute, car je crois avoir fait mon devoir de Français.

D'autres ont eu mon sort, d'autres l'auront malheureusement encore. Mais c'est tout de même réconfortant de penser que, sûrement, notre sacrifice n'aura pas été vain. C'est une France jeune et forte qui sortira de la lutte, et peut-être cette guerre verra enfin l'union

---

1 Aujourd'hui Évry (Essonne).
2 Voir *supra*, la lettre de Missak Manouchian, p. 289.

des peuples Européens se réaliser. C'était mon rêve le plus cher. Je ne le verrai pas, mais j'espère que d'autres le verront. J'espère que l'œuvre que nous avons commencée se poursuive et [qu'elle] se fera pardessus le sang de tous ceux qui sont morts pour elle. Puissiez-vous connaître cela et pouvoir dire «notre enfant n'est pas mort pour rien. Il a servi une belle cause». Je sais que cela n'amoindrira pas votre grande peine, mais, tout de même, je serai content de savoir que vous êtes fiers de votre aîné, plus fier que si j'étais tombé victime d'une maladie ou d'un quelconque accident.

Cette séparation sera cruelle, cruelle pour vous, car moi j'aurai au moins la satisfaction de mourir en chrétien et de pouvoir rejoindre ma chère grand-mère. Mais je vous demande de ne pas vous laisser abattre par cette lourde peine. Reportez tout l'amour que vous aviez pour moi sur mon cher petit Jean, et que lui-même vous le rende. Qu'il n'oublie pas qu'il a à vous aimer et à vous chérir doublement, maintenant que je ne suis plus. Restez forts et vaillants, restez plus unis que jamais et ne vous laissez pas aller. Serrez les coudes, aimez-vous encore plus que par le passé et vous verrez qu'encore vous pourrez avoir un peu de bonheur. Gardez confiance en Dieu comme maintenant je la garde, et le jour où il nous réunira dans son sein, combien serons-nous heureux, alors délivrés de tous les soucis et les malheurs terrestres. Je vous demanderai de communiquer cette mauvaise nouvelle à tous nos parents, car je ne me sens pas le courage de le leur écrire. Cela sera dur, très dur mais pourtant. Apprenez-le à grand-mère avec tous les ménagements possibles. Elle qui a déjà tant souffert de la dernière guerre, combien grande va être aussi sa peine. Elle m'aimait bien.

Faites dire quelques messes pour le repos de mon âme, car je pense que Dieu me voudra bien avec lui et que les quelques fautes que j'ai pu commettre, je les laverai au PURGATOIRE. Que papa se convertisse aussi, c'est ce que je lui demande. Qu'il n'oublie pas qu'au-dessus de nous, il y a une volonté qui domine et dirige nos destinées. Demain, je me confesserai et communierai avant la mort. Ce sera une grande consolation et une grande joie. Faites-le pour moi aussi. J'irai, je pense, dans un monde meilleur et, comme la vie est courte, vous ne tarderez pas à me rejoindre. Priez pour moi, c'est tout ce que je vous demande.

Ce sont les dernières volontés de votre fils qui vous aime et qui vous embrasse bien tendrement avant de mourir.

Haut les cœurs, Vive la France.

Charles Boizard.

Mon cher petit Jean,

Quand tu recevras cette lettre, je ne serai plus de ce monde, et c'est pour t'indiquer les devoirs que ma mort va te créer que je te l'écris.

Tu restes le seul, toi, le plus jeune. Tu deviens donc le seul ayant appui *(sic)* sur lequel papa et maman doivent se reposer. Je te demande donc que *(sic)* plus que jamais tu dois les aimer et les chérir tendrement; pendant les jours qui vont suivre ma mort, ta tâche sera lourde, car le désespoir va s'abattre sur eux. Console-les, cajole-les, remonte-les. Ne les laisse pas s'abandonner complètement. Veille à ce qu'ils ne fassent pas de bêtises. Veille à ce que papa, d'un moment de colère ou de passion, ne s'emporte pas et ne mette sa vie en danger. Fais-lui comprendre que maman reste[1] et qu'il doit veiller sur elle. Veille toi-même sur elle avec beaucoup de tendresse et de soin, pense constamment que tu as un grand devoir à remplir : celui de me remplacer et de me faire oublier. Et plus tard, lorsque le plus gros chagrin sera passé, tâche de leur faire une vieillesse heureuse et paisible. Ne les oublie jamais. Je sais que tu ne le feras pas, car tu as un bon petit cœur, mais pense que ce que nous aurions dû faire tous les deux, tu dois le faire seul désormais. Tu trouveras, je l'espère, une épouse qui saura te rendre heureux, plus tard. Tu connaîtras peut-être des moments difficiles et pénibles, mais que le courage ne t'abandonne pas et, surtout, garde confiance en Dieu, le Maître de notre destin. Crois en lui comme je crois en ce moment. Espère en lui et, tu verras, tout sera beaucoup plus facile. Tâche de faire que papa et maman aient une mort chrétienne pour qu'ils puissent venir me rejoindre là-haut, et toi aussi, tâche de venir nous rejoindre avec celle

[1] Souligné dans l'original

qui sera ton épouse. Rends-la heureuse dans ta vie sur la terre. Élève tes enfants honnêtement et chrétiennement. Qu'ils soient dignes de porter un nom que nous portons, nous, très fièrement. Je te souhaite beaucoup de bonheur sur la terre. Sois heureux, mais sois toujours honnête et franc. Travaille pour la paix et le bonheur des peuples et des hommes. Travaille pour un monde meilleur et tu verras comme la vie te sera plus facile ; et quand tu verras l'heure de la mort arrivée, tu pourras regarder derrière toi et dire « j'ai fait mon devoir, je meurs tranquille », comme je me le dis aujourd'hui.

Je n'ai pas d'autres recommandations à te faire. Veille bien sur papa et maman. Prie pour ton cher frère qui te quitte en t'embrassant bien fort. Adieu. Vive la France.

Charles.

Console également grand-mère et embrasse-la bien pour moi, ainsi que papa, maman et toute la famille.

Charles Boizard est né à Fumel (Lot-et-Garonne) en 1922. Entré aux Chantiers de jeunesse[1] *en novembre 1942, il est requis pour le STO*[2] *le 28 mai 1943, mais refuse de partir pour l'Allemagne. Il se cache en divers lieux du Lot, avant de rejoindre le maquis dans l'Armée secrète puis les FTP*[3]*. Au moment de son arrestation, il est le chef du maquis « de France » (3e Bataillon de combat des FTP de Cajarc). Les Allemands le font prisonnier lors d'un combat, le 10 avril 1944. Incarcéré à Toulouse, à la prison Saint-Michel, il est condamné à mort le 18 avril et fusillé le lendemain.*

---

1 Voir *infra*, p. 347.

2 Service du travail obligatoire. Voir *infra*, p. 352.

3 Armée secrète, formation militaire des Mouvements unis de la Résistance. Voir *infra*, p. 347. Francs-Tireurs et Partisans. Voir *infra*, p. 349.

Jean Camus à sa mère
Prison de Fresnes (Seine[1]) – 25 avril 1944

Fresnes, le 25/4/44

Ma chère petite maman chérie,

Pardonne-moi, chère maman, de t'avoir déjà fait tant de peine, mais aujourd'hui je vais t'en faire une autre plus douloureuse que jamais : dans 2 heures, c'est-à-dire à 5 heures cet après-midi, je serai fusillé par le peloton d'exécution.

J'ai été condamné à mort le 11/4 et je serai fusillé à 18 ans et un mois juste : je meurs en brave qui a conscience de n'avoir fait que son devoir. Je veux bien, chère maman, que tu ne te fasses pas de mauvais sang pour ton fils, car moi je ne suis plus à plaindre, je pars rejoindre le royaume de Dieu où je serai fort heureux ; ceux qui sont le plus à plaindre, ce sont toi et mon papa bien-aimé.

Avant de mourir, je demande pardon à tous les gens à qui j'ai fait du mal et je pardonne à tous les gens qui m'ont fait du mal.

Tu iras voir Clémence, Léon, mes cousins, cousines, ainsi qu'Henriette et toute sa famille. Je veux aussi embrasser Antoine et Renée, ainsi que grand-mère et Huguette. Tu iras chez Suzanne et tu embrasseras tout le monde, c'est ma dernière volonté. Surtout, surtout, ma chère petite maman, reprends bien le dessus sur toi-même et reprends le cours de la vie normale.

Après la guerre, fais ramener mon corps ou ses résidus et fais-les mettre à côté de feu mon grand-père Désiré Camus. Va voir monsieur Théry, et dis-lui que son élève l'embrasse de tout son cœur.

[1] Aujourd'hui Val-de-Marne.

Je te quitte, chère maman, pour manger un peu et pour ne pas mourir le ventre vide. Pour cette lettre, je te dis à tout à l'heure, chère maman, mais je t'invite [à] croire que c'est maintenant que je vois ce que tu représentais pour moi.

Jean Camus.

13h30

Ma maman chérie,

Je continue ma lettre pour te dire que j'irai au poteau la tête haute et la cigarette aux lèvres; je succéderai à tant de mes camarades qui ont, eux aussi, pris le même chemin.

Au poteau, ma dernière pensée sera partagée entre toi et Dieu, car je vous adore également tous deux.

Mes dernières larmes d'adolescent ne peuvent pas sortir de mes yeux pour pleurer [avec] toi et mon cher papa qui, j'espère, sera bientôt de retour[1]. Je te conseille, ma petite mère chérie, de partir dans notre famille et de ne pas te faire de mauvais sang outre mesure. J'aurais tant voulu revoir Gonesse avant de mourir, mais il faut que la volonté de Dieu s'accomplisse.

Après la guerre, tu n'auras pas à avoir honte de ton fils qui a été un des meilleurs francs-tireurs de la région parisienne. Je ne sais vraiment plus quoi mettre sur ma lettre, si ce n'est que de te recommander de souhaiter une meilleure chance que la mienne à tous ceux que je connais, et particulièrement à toi et à papa que j'adore. Je vais bientôt partir au poteau et il faut que je sois fort comme un petit homme. Je quitte donc ce qui m'est cher avec l'embrassement d'un moribond.

Je te quitte, ma chère petite maman adorée, en t'embrassant avec sincérité, ferveur, adoration, amour et tout ce que je ne peux même pas exprimer.

---

[1] Le père de Jean Camus est alors prisonnier de guerre en Allemagne.

Conserve mes lettres et, si je les adresse à toi, c'est parce que je sais que tu es seule à la maison, mais quand papa reviendra à la maison, montre-lui, car elles sont pour lui également.

Adieu parents chéris adorables, adieu, adieu, adieu.

Un jour au paradis céleste.

Votre fils de 18 ans.

Jean Camus.

Jeune ouvrier-manœuvre, Jean Camus est né en 1926 à Gonesse (Seine-et-Oise[1]*), où il habite. Comme de très nombreux militants de la Jeunesse ouvrière chrétienne (JOC*[2]*) en région parisienne, il résiste dans les rangs des FTP*[3]*. Arrêté, il est fusillé au mont Valérien avec six autres résistants, le 25 avril 1944.*

Roger Fleury à ses parents
Prison de Châlons-sur-Marne[4] (Marne) – 6 mai 1944

Châlons-sur-Marne, le 6 mai 1944

Mes chers Parents

6 h 15 viennent de sonner, j'attends que l'on vienne me chercher. Je suis très calme, comme si je ne savais pas ce qui va se passer.

Je suis content d'avoir vu un prêtre, je meurs en règle avec le ciel.

---

[1] Aujourd'hui Val-d'Oise.

[2] Voir *infra*, p. 350.

[3] Francs-Tireurs et Partisans. Voir *infra*, p. 349.

[4] Aujourd'hui Châlons-en-Champagne.

Soyez courageux, ne vous laissez pas abattre, je vous protégerai de là-haut et serrez-vous bien les coudes tous les trois. La terre n'est qu'un passage, ce moment doit arriver un jour ou l'autre.

J'ai fini mes jours près de vous et j'ai eu le plaisir de vous revoir deux fois; si j'étais resté à Paris, je ne vous aurais pas vus, c'eût été plus dur.

Dans une heure, je connaîtrai le grand mystère de l'au-delà, faites dire des messes pour le repos de mon âme… et du cran ! ! ! ! ! ! !

Votre Fils qui vous adorait, mais qui aurait voulu vous donner aisance et bonheur pour vos vieux jours. Adieu – Adieu – Adieu.

Mes chéris.

Signé : Roger Fleury.

Roger Fleury est né en 1920 à Châlons-sur-Marne. Lieutenant des FFI[1] *dans la Marne, il est arrêté au cours d'une mission à Paris, le 23 janvier 1944. Le 24 avril, le tribunal militaire allemand de Châlons* (Feldkommandantur 531) *le condamne à mort comme franc-tireur. Il est fusillé le 6 mai 1944 sur le terrain de la Folie*[2]*, entre Châlons et L'Épine.*

---

[1] Forces françaises de l'Intérieur. Voir *infra*, p. 349.

[2] Aujourd'hui Butte des Fusillés.

Jean Auffret à sa mère
Prison de Quimper (Finistère) – 6 mai 1944

Quimper, le 6 Mai 1944

Ma très chère Maman,

J'ai eu l'autorisation de t'écrire et je viens te dire adieu. Je n'ai pas eu l'autorisation de te voir avant de mourir. Un officier vient de m'annoncer qu'il a fait son possible pour te téléphoner.

Je t'écris en ce moment, il est 13 heures et à 13 h 30, je vais être fusillé, mais, Maman, prends courage et sois fière de ton fils qui est mort glorieusement et souhaite un dernier adieu à tous les copains.

On est parti chercher un prêtre. Je vais me confesser. Je te fais de la peine, ma pauvre Maman, seule sans ton fils que tu as tant gâté et aimé. Je te souhaite bonne chance et bon courage, on se reverra là-haut puisque nous n'avons pas été heureux sur terre, et que nous ne sommes pas nés sous une bonne étoile.

Je ne vois plus grand-chose à te dire, Maman, et je t'embrasse de loin, pour une dernière fois, bien affectueusement.

Adieu, ma très chère Maman, adieu pour toujours et bon courage.

Ton fils qui t'aime et qui t'aimera jusqu'à la dernière minute de sa vie.

Et je viens de voir le prêtre et je meurs en chrétien.

J'offre ma vie pour toi, ma chère Maman, pour mes frères et sœurs, pour tous ceux qui me sont chers, pour la France et pour l'Église.

Jean.

Né à Quimerc'h (Finistère), Jean Auffret a dix-neuf ans en 1944. Il rejoint les FTP[1] au maquis du Nivot-en-Lopérec. Son groupe porte le nom d'Albert Abalain, originaire de Quimerc'h, ouvrier de l'arsenal de Brest et dirigeant du PCF clandestin, fusillé en août 1943. Arrêté au cours d'une opération, Jean Auffret est fusillé à Quimper, le 6 mai 1944. Sa mère est tuée à son tour par des parachutistes allemands en déroute, qui se repliaient sur Brest, le 7 août 1944.

Pierre Martinet à sa famille
Prison de Bourges (Cher) – 20 mai 1944

Le 20 mai 1944

Maman, Papa, Gilberte et Jackie chéris,

Ce sera ce matin, mes quatre chéris, que vous recevrez cette lettre de moi, ce sera la dernière [qu'il] me sera permis de vous écrire car, depuis dix jours, j'étais condamné à mort et mon recours en grâce m'étant refusé, je suis fusillé ce matin[2]. Mes pauvres parents, je ne peux pas partir sans vous demander pardon dc tout le mal que je vous fais.

Je viens de communier et je crois que je serai fort au dernier moment, comme tout Français devrait l'être. Il me semble que, pour la seule action que j'ai faite, je paye durement de ma vie. J'étais entré de bonne foi dans ce groupe, peut-être ai-je fait fausse route mais, pour ma part, je ne regrette rien. J'en ai demandé pardon à Dieu et j'espère être pardonné. J'avais beaucoup prié ces temps derniers pour ma sauvegarde, mais Dieu a sans doute jugé qu'il était temps que je sois rappelé à lui. Oubliez-moi le plus que vous pourrez et priez pour moi, mes pauvres chéris.

[1] Francs-Tireurs et Partisans. Voir *infra*, p. 349.
[2] Voir *infra*, p. 356.

J'espère que mon Jackie est reçu à son certificat d'études, vous pouvez en être fiers. Mon petit Jackie chéri, je te recommande de bien aimer Papa et Maman et tâche de leur faire oublier, par tes gentillesses, tout le mal que je leur fais; sois gentil et obéissant, ne mens jamais, c'est tout ce que je peux te dire, mon petit frère. Quant à toi, ma petite Gilberte, sois calme aussi et prie pour moi, soigne bien Papa et Maman et je te demande d'être très heureuse et de te marier, car tu mérites d'être heureuse, tu es un ange, si, je t'assure, ma petite chérie.

Quant à vous deux, Maman et Papa, je vous demande pardon, de tout mon amour que j'ai pour vous, de tout le mal que je vous fais. Je paye cher, il est vrai, mais que voulez-vous, il faut des exemples et le malheur a voulu que j'en sois un. Tout ce qui me reste vous sera rendu, différents bibelots que je possède ainsi que mon portefeuille et mes papiers[1]. Je regarderai jusqu'au dernier moment votre photographie qui me fera penser à vous, mes chéris. Vous ferez savoir dans la famille comme je suis mort et j'espère que ce sera bravement, je vous assure, bien que ce soit dur, à 20 ans; heureusement que j'ai la foi qui va me sauver pour toujours, pour la vie éternelle que j'envisage depuis que vous m'avez donné la religion catholique, et que Dieu, pour toujours, est entré en moi tout à l'heure et ne me quittera plus, je l'espère, que pour emmener mon âme. Consolez-vous le plus que vous pourrez et priez pour moi, je vous en supplie, pour le repos de mon âme.

Ma petite Maman, sois forte et surtout ne t'en fais pas, car ton fils est heureux de mourir bravement. Quant à toi, Papa, je ne te laisse que ma pipe que tu conserveras en souvenir de moi et je vous laisse une de mes mèches de cheveux dans mon portefeuille, ce sera un des meilleurs souvenirs de moi. Je ne vois plus rien à vous dire pour la dernière fois, je vous embrasse bien fort comme je vous aime de tout mon cœur, et je vous demande pardon, mes quatre chéris.

Votre fils et frère qui pense à vous.

Pierrot.

Encore mille baisers, les derniers, les meilleurs, les plus tendres

[1] Sur les affaires des morts, voir *infra*, p. 357.

Pour la dernière fois, je vous embrasse bien fort, comme je vous aime de tout mon cœur et je vous demande pardon, mes quatre chéris.
Votre fils et frère qui pense à vous.

Pierrot.

Encore mille baisers, les derniers, les meilleurs, les plus tendres.

Pierre Martinet, vingt ans, est né à Thomery (Seine-et-Marne). Chef de section au 5e régiment des FTPF[1], il est arrêté le 13 décembre 1943 et interné à Bourges. Il est fusillé à Jouet-sur-l'Aubois (Cher), le 20 mai 1944, et inhumé au lieu-dit Bigarelles, commune de Bourges.

René Villaret à sa mère
Lyon, prison de Montluc (Rhône) – 22 mai 1944

Lyon, le 22 mai 1944

Ma chère Maman,

Par cette lettre, je viens te faire savoir que ce matin, il m'arrive le plus grand bonheur que je n'ai jamais eu dans ma triste vie ; sois très courageuse et surtout pense à mes frères qui seront heureux de te revoir à leur retour. Vois-tu, chère mère, c'est dans un petit moment que devant moi vont s'ouvrir les portes du Paradis que je crois avoir gagné ; je me suis mis en paix avec notre bon Dieu et je viens de communier avec le plus grand calme. Oui, chère mère, passé au Tribunal

[1] Francs-Tireurs et Partisans français. Voir *infra*, p. 349.

militaire allemand, je suis condamné à la peine de mort et, crois-moi, j'ai appris cette condamnation avec sang-froid, en pensant au pauvre Charles et aussi à notre pauvre Papa. Je vais aller les rejoindre et de là-haut, je prierai pour vous tous. Malgré tout ce que mes frères en pensent, je leur pardonne leur petite méchanceté envers moi et je veillerai sur eux pour qu'ils soient très heureux dans leur petit foyer et, qu'ils fassent beaucoup d'enfants, qu'ils leur apprennent le bon chemin, celui de l'honneur et aussi celui du travail.

Pour moi, la vie a été, à des moments, le calvaire d'un gosse qui s'était égaré de ce bon chemin que, vous tous, vous efforciez à me faire suivre *(sic)* et que, je ne sais pas pourquoi, je n'ai pas suivi comme vous l'avez fait : cela était ma destinée, je l'ai suivie avec, des fois, beaucoup de peine en pensant à vous.

Je ne regrette rien de cette vie que je laisse pour rentrer dans une nouvelle, si ce n'est que j'aurais voulu pouvoir t'embrasser, chère maman, encore une toute dernière fois, ainsi que mes frères que, malgré tout, j'aimais être parmi eux *(sic)*.

Dans le portefeuille que l'on te fera parvenir, tu trouveras à l'intérieur quelques photos : fais-les tirer en plusieurs exemplaires, et remets-en à mes amis de travail en leur serrant une bonne poignée de main, et en leur disant qu'il faut un jour ou l'autre quitter ce monde et que moi, elle, comme ils m'appelaient, je te laisse avec courage.

Ma chère Maman, que veux-tu que je te dise de plus, que je t'ai toujours aimée ; je te demande de me pardonner tout ce que je t'ai fait de misère depuis mon jeune âge, toi qui étais si bonne et si douce envers moi. Mille fois pardon, maman, et je suis très sincère en te demandant cela comme je viens de le demander au bon Dieu.

Embrasse bien tous mes frères et sœurs et neveux, tous mes plus proches amis. Reçois, ma chère mère, un gros baiser de ton fils qui s'en va, avec une seule pensée : que tu vives en femme heureuse les quelques années qui te retiennent en cette vie. Mille baisers de ton petit.

René.

Ci-joint une mèche de mes cheveux.

Né en 1923 à Montpellier (Hérault), René Villaret a rejoint en décembre 1943 le maquis FFI[1] de La Vacquerie, dans le même département. Il est arrêté par la Gestapo le 6 mars 1944 à Montpellier, rue de Verdun, alors qu'il s'apprêtait à prendre le train pour Toulouse. Interné à Montpellier, puis au fort de Montluc, il est condamné à mort par le tribunal militaire allemand de Lyon. Il est fusillé le 23 mai 1944 sur le terrain militaire de la Doua, à Villeurbanne (Rhône). Son corps est inhumé dans le charnier adjacent.

Raymond Paviet à ses parents
Besançon, prison de la Butte (Doubs) – 1er juin 1944

Le 1er juin 1944

Mes bien chers parents que j'adore,

Mes dernières pensées vont vers vous. Lorsque vous recevrez cette lettre, je ne serai plus de ce monde. Je suis condamné à mort depuis le 30-5-1944 et je vais mourir ce matin. Je vous demande pardon de tout le mal et des peines que j'ai pu vous faire. Il faudra être très courageux comme je le suis, et au lieu d'être tristes, il faudra faire un bon gueuleton en ma faveur. Je pense que mes vêtements seront pour Mimi et, si quelque chose [lui] va, à papa, lui qui n'a pas grand-chose à se mettre. Vous irez les chercher chez Balanche. J'ai fait une grande bêtise de revenir de la Suisse, mais c'était écrit. Je vous demande de ne pas vous faire de mal en vous chagrinant trop pour moi, je ne tremble pas en vous écrivant, et de mourir ce n'est pas si dur que ça et nous ne souffrons pas, c'est le principal. Je fume ma dernière cigarette. J'aurais bien voulu vous embrasser, mais continuez à faire

[1] Forces françaises de l'Intérieur. Voir *infra*, p. 349.

comme si j'étais là, figurez-vous que je suis quelque part et tout vous soulagera. Je vous aime et ce qui me console c'est de vous savoir en famille. Je vous dis adieu, je pense que vous resterez heureux, moi je ne serai plus à plaindre. Je vous embrasse de tout mon cœur et, si un jour [Dieu] le veut, nous nous retrouverons au «Père Lachaise». Mille tendresses, Raymond qui ne vous oublie pas. Embrassez Mimi et Paulette et toute la famille. Adieu… Ne vous laissez pas abattre. Courage ! Ne vous privez de rien avant de mourir. Adieu !

Raymond.

Raymond Paviet, né à Charquemont (Doubs) en 1922, est électricien en usine. En octobre 1943, il rejoint les FTP[1]*, groupe «Bara». Il est arrêté le 8 mai 1944 à Beaulieu-Mandeure (Doubs) et condamné à mort le 30 mai par le tribunal militaire allemand de Besançon. Il est fusillé le 1er juin 1944 à la citadelle de Besançon.*

---

[1] Francs-Tireurs et Partisans. Voir *infra*, p. 349.

Henri Gallois à sa femme
Prison de Loos-lès-Lille (Nord) – 7 juin 1944

Loos, le 7 juin 1944

Ma chère petite femme,

J'apprends à l'instant que notre pourvoi en grâce a été refusé. Excuse-moi de te l'apprendre si brutalement. Je te remercie beaucoup pour tout ce que tu as fait pour moi, mais c'était la destinée, comme je te l'ai dit ici même hier. Il est maintenant 2 heures et l'exécution doit avoir lieu à 4 heures.

Je te demande, ma chérie, d'avoir beaucoup de courage pour supporter le coup du sort, c'était le destin. Moi aussi, vois-tu, j'ai beaucoup de courage et je viens d'aller me confesser ; tout à l'heure, je recevrai la sainte communion pour la dernière fois.

Vois-tu, l'homme propose et Dieu dispose, comme dit le proverbe. L'on avait fait tant de projets pour l'arrivée des Anglais et pourtant, ils sont à notre porte et certainement nous serons les derniers à être fusillés.

Tu le sais pourquoi nous allons être fusillés, et tu sais aussi que je n'ai rien à me reprocher.

J'ai fait mon devoir, tout mon devoir de Français et c'est en Français que nous mourrons tous.

Maintenant, nous allons nous quitter, je viens d'aller communier, que veux-tu que je dise de plus. Élève ma petite Marguerite-Marie dans le droit chemin et surtout en Française.

Je te demande d'être courageuse, car si le destin l'avait voulu, je pouvais mourir en 1940 ou lors du bombardement ; mais c'était la destinée et mon heure n'était pas arrivée, et c'est pour la France que je devais mourir.

J'embrasse toute la famille et surtout ma pauvre maman, Marie, Rose, Annette, Georges et tous les enfants, Jean et Berthe, Albert, Suzanne et tous les enfants, et principalement ton père et ta mère qui ont été si bons pour moi depuis la guerre. Je n'oublie personne, en tout cas excuse-moi. Quant à toi, ma chérie, je te dis courage car un jour l'on va se retrouver tous là-haut. Je t'embrasse mille fois de loin, ainsi que ma petite Marguerite-Marie.

J'ai prié beaucoup ma petite Monique qui m'attend là-haut et me soutient. Adieu, ma chérie, tu pourras bientôt être fière d'être la femme d'un Français et n'oublie jamais que ma petite Marguerite-Marie, plus tard, doit tout savoir.

Adieu à tout le monde et bons baisers, l'on se retrouvera tous là-haut.

Henri.

Né en 1914 à Ascq (Nord), Henri Gallois travaille pour les chemins de fer. Résistant dans le mouvement « Voix du Nord », réseau « Gallia », il a le grade de sous-lieutenant dans les FFI[1].

Dans la nuit du 1er au 2 avril 1944, un train militaire allemand déraille dans la commune d'Ascq. En représailles, une unité de la 12e SS-Panzerdivision Hitlerjugend *massacre quatre-vingt-six habitants. L'événement suscite une grande émotion à l'échelle nationale. Pour se dédouaner, la* Feldkommandantur *de Lille fabrique un procès afin de prouver la responsabilité de cheminots « terroristes » dans ce déraillement. Huit personnes, dont six cheminots d'Ascq et des ateliers d'Hellemmes agissant pour le réseau « Alliance*[2] *», sont arrêtées. Henri Gallois est du nombre. Le 30 mai, il est condamné à mort par un tribunal militaire allemand. Il est fusillé avec ses camarades au fort de Seclin, le 7 juin 1944.*

---

[1] Sur le mouvement « Voix du Nord », fondé en 1941 par un socialiste et un catholique social lillois, voir *infra*, p. 353. Sur les Forces françaises de l'Intérieur, voir *infra*, p. 349.

[2] Voir *infra*, p. 347

Étienne Cariou à sa femme, à sa fille et aux siens
Prison de Pont-l'Abbé (Finistère) – 23 juin 1944

Pont-l'Abbé, le 23 juin

Chère femme et surtout Mimi,
Chers tous, Marie et Jean,

Je viens de passer devant le tribunal militaire avec Julien, Corentin, Armand Primot, Albert Larzal et Quéméner Prosper. J'ai la tristesse de vous dire qu'on est tous les six condamnés à mort.

Chère femme, n'aie pas honte de personne car tu sais *[une ligne censurée]*. Pour la maison, tu tâcheras de l'achever, tâche d'élever aussi Mimi et de faire attention à elle. Il y a le rôle d'équipage et le livret rouge de la Ga. qui sont au menez sur le buffet[1].

Dis à Gabriel et à Donnard de ma part d'être des hommes vis-à-vis de vous, j'ai confiance en eux.

Pour mes habits, puisque je dois mourir, donne-les à Jean.

Et arrangez-vous bien, puisque la vie est courte.

Le cahier des comptes pour le bateau est dans le buffet – tout est en ordre, les sous sont dans une boîte en haut sur le buffet.

Il y a [le] baromètre que je n'ai pas marqué, donc c'est à voir. Pour la maison, tout est réglé, sauf Corentin Marcel à qui l'on doit tout son travail, moins 30 francs dont [la] quittance est en haut.

Toi, Mimi, avec qui j'ai eu tant de peines et tant de joies, sois courageuse et aie la certitude que ton père est condamné à mort pour avoir tent[é] de sauver la vie des autres. Sois bonne envers ta mère, ta tante Marie et Jean. Donne aussi un baiser à Hélène et à Yvonne de ma part. J'espère aussi que Grand-père se porte mieux et qu'il sera encore pour vous une aide.

---

[1] Étienne Cariou est marin-pêcheur (voir la notice *infra*): il indique où sont conservés le rôle d'équipage et le livre de bord de son bateau, le «menez» désignant probablement une résidence.

Maintenant, puisque je dois finir avec la vie, donnez le bonjour aux camarades *[une ligne censurée]* de ne jamais faire de mal à qui que ce soit.

Chère enfant, puisque je n'avais que toi et ta mère, Prends courage, fais le bien pour tout le monde. Je ne peux pas t'expliquer combien je t'aimais.

Encore une fois, je dois mourir, victime d'un manque de courage de ne pouvoir dire non.

Prenez courage chers parents *[une ligne censurée]*.

Maintenant, tout ce que vous avez à faire, tâchez de vous arranger pour le mieux, ne cherchez pas des histoires entre vous – donnez à Jean tous mes habits.

Et pour terminer, j'embrasse ma fille Mimi, ma femme Bernadette, ma sœur Marie, mon neveu Jean, ma mère Marie Charlot, mon père Michel Le Roux, ma sœur Marie Le Roux, et Louis, Hélène et Yvonne ma filleule, et Marie-Louise Quénet, Louis Cariou et Marie Quénet et Marcel Cariou, toute la famille et tous les camarades.

Je dois mourir, ne me pleurez pas *[une ligne censurée]*.

Je vous envoie tous mes adieux et pensez à moi – à toi, Bernadette et Mimi, ne m'oubliez jamais.

Je vous embrasse une dernière fois, mais pas une larme ne coule de mes yeux *[quelques mots censurés]*. C'est à vous que je pense toujours. Adieu la vie et Vive la France Libre.

Cariou Étienne.

Bon baisers à tous et surtout Mimi que j'aimais tant.

(Ne faites pas de grimaces à l'église, parce que je suis un honnête travailleur.)

J'ai 42 ans et demi et toi, Mimi, j'ai pensé au 19 juin dans la prison, à ton anniversaire, tu as eu 17 ans, t'es devenue grande;

Pense à moi.

Étienne Cariou naît à Lesconil (Finistère), en 1902. Parallèlement à son travail de marin-pêcheur, il est adhérent et militant du PCF du pays bigouden. Durant l'Occupation, il joue un rôle très actif dans la diffusion des impressions clandestines du PCF et du « Front national de lutte pour la liberté et l'indépendance de la France[1] *». Ayant rejoint les FTP*[2]*, il prend part à de nombreuses actions contre l'occupant, et c'est au cours de l'une d'elles qu'il est arrêté, le 9 juin 1944. Emprisonné à Pont-l'Abbé, condamné à mort par un tribunal militaire allemand, il est conduit le 23 juin 1944 à La Torche, près de Penmarc'h, où il est fusillé.*

Edmond Le Merrer à sa famille
Angoulême (Charente) – 3 juillet 1944

Angoulême, le 3 juillet

Bien chère famille,

Quand vous recevrez cette lettre, je ne serai plus de ce monde. Ne vous en faites pas de trop, car cela devait arriver, mon cas était trop grave. Je meurs en bon Français : comme beaucoup de camarades, j'aurai lutté pour une cause qui, j'espère plus que jamais, triomphera, car sûrement la guerre tire à sa fin. Mais il est écrit que je ne reverrai plus les êtres qui me sont chers, j'aurai à peine connu Michel et Danielle, parlez-leur souvent de moi, et Lette, j'espère, suivra un bon chemin ; pauvre grand-mère, si elle était encore de ce monde. Quand vous recevrez cette lettre, elle qui aura tant peiné pour

[1] Voir *infra*, p. 349.
[2] Francs-Tireurs et Partisans. Voir *infra*, p. 349.

nous élever… enfin, c'était écrit, je mourrai courageusement en ayant rien de mal à me reprocher.

Écrivez à Marcel et Jean Mensa, et à M. R. de Pontivy car il a été très chic avec moi, ainsi qu'à Jean Camat (Cde[1] du Nord).

Je termine ma lettre d'adieu en embrassant toute la famille bien fort, je penserai à vous jusqu'à la dernière minute.

Vive le parti SFIC[2]
et la France.

Edmond.

Bien chers tous,

Je continue ma lettre d'adieu, que je remets à un camarade qui vous la remettra après la guerre, je remets les photos de *[passage censuré]*, de papa et de maman, ainsi que 2 fleurs qu'une camarade m'a remises. J'espère qu'Arsène reviendra sain et sauf à la maison et qu'il reprendra la lutte pour la cause auquel *(sic)* il était tant attaché avant, car c'est une belle cause. On est 5 camarades dans le même cas et on passe aujourd'hui, 3 juillet, devant la cour martiale allemande, enfin cela devait arriver.

Je termine ma lettre en vous embrassant tous fort et adieu.

Edmond.

Edmond Le Merrer est né en 1924 à Lannion (Côtes-du-Nord[3]). Arrêté le 7 août 1943 à Saint-Brieuc, il est condamné à mort comme franc-tireur le 3 juillet 1944, par le tribunal militaire allemand d'Angoulême. Il est fusillé le même jour.

---

[1] Camarade.
[2] Le PCF (Section française de l'Internationale ouvrière).
[3] Aujourd'hui Côtes-d'Armor.

Maurice Le Fol aux siens
Camp de Biard (Vienne) – 4 juillet 1944

À monsieur Le Fol Joseph
16, rue Stephenson
Nantes.

Je meurs en Français, le 4 juillet 1944, que mon fils vive et soit fier de son père. Je vous embrasse tous une dernière fois.

Signé : Le Fol Maurice.

À Mademoiselle Pascal,
24, rue de Lorraine,
Courbevoie (Seine[1]).

Mouhair, Saint-Jean.
Marsac (Landes).

Aux personnes qui trouveront ce papier, qu'ils veulent bien l'envoyer à l'adresse suivante [:]

Madame Daguenet Odette
2, rue Thomas Corneille
Petite-Couronne
(Seine-Inférieure[2]).

[1] Aujourd'hui Hauts-de-Seine.
[2] Le Petit-Couronne (Seine-Maritime).

Maurice Le Fol, né en 1899 à Gond-Pontouvre (Charente), habite Nantes. Il est mécanicien au dépôt SNCF de Blottereau. Résistant au sein de l'OS, du FN puis des FTP[1]*, il devient responsable du groupe des cheminots de Nantes, puis du «Front national» dans les Deux-Sèvres. Il a été arrêté et interné une première fois du 23 octobre au 3 décembre 1941. Le 30 avril 1944, le Service de police anti-communiste (SPAC*[2]*) l'appréhende à Niort. Après quelques semaines de détention, il est transféré à Poitiers, où le tribunal militaire allemand* (Feldkommandantur 677) *le condamne à mort le 23 juin 1944, pour aide à l'ennemi et détention d'armes. Il est fusillé le 4 juillet suivant au camp de Biard, près de Poitiers, et inhumé à Ponthierry, au cimetière Pierre-Levée.*

Pierre Chaumeil à ses parents
Brive-la-Gaillarde (Corrèze) – 17 juillet 1944

Brive, le 17 juillet 1944.

Mes chers parents,

L'heure est enfin arrivée, je suppose que l'exécution va avoir lieu ce soir. J'attends un prêtre, mais, malgré tout, je suis prêt. J'ai beaucoup pensé à vous, à toi, ma petite maman chérie, à qui j'ai causé tant de chagrin, ainsi qu'à toi mon pauvre papa, à toi ma sœur, à toi Marius, en un mot à vous tous. Je n'ai pas oublié mes chers tout petits, mon Christian chéri et mon Jean-Claude qui aimait beaucoup son tonton.

---

[1] L'Organisation spéciale, formation du PCF, voir *infra*, p. 351. Le mouvement «Front national de lutte pour la liberté et l'indépendance de la France», voir *infra*, p. 349. Les Francs-Tireurs et Partisans, voir *infra*, p. 349.

[2] Voir *infra*, p. 357.

À toi ma sœur, je confie mes parents, car c'est à présent que je vois l'immensité des efforts et des peines qu'ils ont eus pour nous. Je vous demande pardon de toutes les fautes que j'ai pu commettre envers vous.

Ne pleurez pas sur moi car je pars content; si j'ai un chagrin, c'est de vous laisser et c'est celui que je vous cause, (le chagrin n'est pas pour celui qui part, mais pour ceux qui restent): ne pleurez donc pas, je vous le demande. Du haut du ciel, je vous verrai, je serai en compagnie de nos aïeux et nous intercéderons auprès de Dieu pour que vous ayez à votre tour une bonne place dans son ciel. Monsieur le Curé m'a souvent mal jugé, j'espère qu'à présent qu'il aura compris quels étaient mon but et mes désirs. Adieu à tous mes amis, à tous mes voisins, je demande expressément à mon père d'être calme et digne. Je pardonne à tous ceux qui m'ont offensé, si j'ai eu des torts envers quelqu'un, qu'on veuille bien me les pardonner. Priez et travaillez pour une France plus belle, je suis heureux de lui sacrifier toute ma jeunesse et ma vie. Chère petite maman, mon cher papa, toi ma sœur, mon Marius et mes chers anges, mon Christian et mon Jean-Claude, recevez mon plus doux et mon plus tendre baiser d'adieu.

Tous les jours de ma cellule, je regardais le clocher de ce doux pays où j'ai vu [le jour]. Si j'avais pu supposer ma vie aussi courte, je ne vous aurais jamais quittés, je serais resté auprès de vous un paysan.

Tous mes baisers, mes derniers sont à vous, je penserai à vous jusqu'au dernier moment.

Adieu, Adieu.

Chaumeil Pierre.

Je veux espérer que ma lettre vous parviendra.

J'ai souffert de voir ma sœur. J'ai beaucoup pensé à vous, à toi ma petite maman, à toi mon père, à mon petit Christian, à mon Jean-Claude. À toi ma sœur, à toi Marius: Je vous confie nos parents. Je vais mourir, Dieu m'acceptera dans son ciel où nous [nous] reverrons.

C'est le gendarme qui a tout dit. Mes derniers baisers.

Adieu.

Pierre Chaumeil.
Je dis Chaumeil,
né à Sainte-Féréole.

Pierre Chaumeil naît en 1917 à Sainte-Féréole (Corrèze), où il devient représentant d'une compagnie d'assurances, Le Phénix espagnol. Il sert en 1939-1940 au 2e Bureau (renseignements de l'armée). Résistant de la première heure, il dirige, sous le pseudonyme de « Chocho », le service de renseignements du « Groupement Gao[1] » de la Corrèze. Le 4 juillet 1944, la Gestapo l'arrête en gare de Brive, avec quatre autres membres du mouvement. Interrogé et torturé à l'hôtel Terminus, il est condamné à mort par un tribunal militaire siégeant au collège Cabanis[2]. Il est fusillé par les Allemands à la carrière des Perrières, le 17 juillet 1944.

---

[1] Mouvement de résistance créé par René Jugie, dit le «commandant Gao». Il est intégré aux Mouvements unis de la Résistance (MUR).

[2] Aujourd'hui lycée d'Arsonval.

Paul Élie Casanova à ses parents
Prison de Loos-lès-Lille (Nord) – 7 août 1944

Loos, le 7 Août 1944
16H

Ma dernière lettre[1]

Monsieur le Commissaire,

Je vous compte parmi mes meilleurs amis,

Je dois être fusillé dans quelques instants. En fumant la dernière cigarette, j'écris ces quelques lignes que vous voudrez bien transmettre à ma famille dès que vous le pourrez.

Adressez cette lettre à M[r] le Capitaine Casanova – La Tour – Sollacaro (Corse[2]).

Adieu, pensez à moi – Vive la France.

Casanova P.E.

Papa et Maman Chéris,

Je vais mourir tout à l'heure. J'espère avoir suffisamment de courage pour bien le faire. Je tâcherai de mourir en Chrétien et en Français. Je n'emporte que le regret de n'avoir pas revu mon beau

---

[1] Souligné dans l'original.
[2] Aujourd'hui Corse-du-Sud.

pays, son ciel radieux et sa lumière éclatante. Je regrette aussi de n'avoir pas pu vous presser sur mon cœur une dernière fois, vous, et tous ceux que j'[ai] aimés[1].

J'ai été arrêté le 21 Juillet 1944, à 5 h du matin. Depuis, je n'ai pas trop souffert. J'ai toujours eu l'espoir d'en sortir. À la Grâce de Dieu !

Dites à François que je lui cède la place. Donnez-lui ma bague.

Le Commissaire de Police de Denain vous donnera tous les détails que vous voudrez, ainsi que la logeuse, Mme Cappelle, 25, Boulevard Caraman, à Denain. Le Docteur Vaincourt de Denain pourra aussi vous parler de moi. Ma dernière pensée sera pour vous, Pour la Corse et pour la France.

Adieu, que Dieu ait pitié de moi. Soyez heureux. Vive la Corse, Vive la France !

Votre Fils qui vous aime,

Élie.

Né en Corse en 1917, Paul Élie Casanova est officier de la paix à Denain (Nord). Membre du mouvement « Libération-Nord[2] », il fournit pièces d'identité et informations à un groupe animé par Robert Verrier (vol de tickets d'alimentation dans les mairies, sabotages, planque de prisonniers soviétiques, actions armées, etc.) Il est arrêté le 21 juillet 1944, condamné à mort et fusillé par les Allemands au fort de Seclin, le 7 août 1944, avec Robert Verrier et Oscar Desmaretz.

---

1 Souligné dans l'original.

2 Voir *infra*, p. 350.

Jacques Perrutel à son père
Prison de Millau (Aveyron) – Début août 1944

Monsieur le Commissaire de Millau.

Je vous fais parvenir cette lettre, d'abord pour vous dire que la plupart des pièces qu'on produit dans mon affaire sont fausses. J'ai un nom et un matricule des F.F.I[1].

Monsieur le Commissaire, je vous saurais gré de bien vouloir faire parvenir cette lettre à mon père, M. Perrutel, enclos St Louis, route de Montréal, Carcassonne (Aude).

Bien cher père et toute la famille,

Je vais mourir. C'est pour la France. Mais je t'assure que je ne comptais pas mourir dans des conditions aussi odieuses. Ici on m'accuse de tout, de l'Armée de Staline *(sic)*, alors que je n'ai servi que dans les Forces Françaises de l'Intérieur. Ceci leur permet de me tuer comme un chenapan sans Patrie ni drapeau. Sans doute, je vais mourir écharpé, mais qu'à cela ne tienne, ma conscience est propre. Ici, on me reproche les sabotages. À mon avis, il vaut mieux cela que l'aviation qui détruit tout et manque souvent le but. Pour ma part, de toutes les actions auxquelles j'ai participé, aucune vie n'est à regretter, et cela me réconforte. Eux font comme s'ils ne faisaient [pas] de victimes. Voilà huit jours que j'attends la mort ; enfin elle vient, Je l'en remercie, mais c'est sous la forme de martyre. Rose est certainement morte aussi. Ici, la foule a manifesté pour moi, c'est tout ce qui me réconforte, car elle ne croit pas aux mensonges et me prend pour un de ses fils. Cher père, tu ne peux comprendre combien, de loin, j'ai pensé à toi. Encore ici, lorsque la foule

[1] Forces françaises de l'Intérieur. Voir *infra*, p. 349.

manifestait, je pensais à toi et je te voyais te traînant dans la foule. C'est avec cette pensée que je vais mourir. Ici, on se refuse à me prendre pour un soldat des F.F.I. Pourtant, c'est bien avec honneur que j'ai servi pour la France, car les sabotages qu'on nous reproche nous sont enseignés par des Officiers parachutés d'Algérie. Ceci c'est pour te mettre au courant de ce que faisait ton fils.

Je termine en t'embrassant bien fort, ainsi que toute la famille, n'oublie pas d'aller apporter la nouvelle aux parents de Rose.

Pour la France, pour le Drapeau.

Adieu, mon père.

Perrutel.

Sous le pseudonyme de « Durand », Jacques Perrutel est chef de groupe FTP[1] *du maquis de Coudols, très actif dans la région de Millau (Aveyron). Il est arrêté avec deux camarades, Henri Froment et René Verdier, le 26 juillet 1944, au cours d'une mission. Tous trois sont exécutés, le 8 août suivant, en contrebas de la Borie-Blanche, près de Millau. Cette lettre, découverte sous sa chemise, est reproduite et diffusée sous forme de tract clandestin.*

---

[1] Francs-Tireurs et Partisans. Voir *infra*, p. 349.

POSTFACE

Robert Hossein à son oncle Lova Minevski
Juillet 1943

La dernière nuit

Je suis allongé dans une cellule de pierre.
Ma tête est appuyée contre la pierre,

Mon corps est appuyé contre la pierre,
Comme de la colle.
Ma main caresse le mur rugueux et lisse,
Ma main caresse le mur qui glisse,
Le mur humide comme de la colle.
Je vais mourir dans quelques heures.
Cette dernière nuit est la plus courte
Naturellement...
Je vais mourir et je pense au futur,
J'ai cessé de me souvenir,
J'ai si peur de regretter.
Je demande pardon aux hommes de ma patrie
Morts pour ma liberté.
Je meurs pour les hommes de ma patrie
Et pour leur liberté.
C'est bon.
Ô serons-nous vengés ?
Ô seront-ils punis ?
Je crois en Dieu.
Je crois !
Je suis allongé dans une cellule de pierre,
Je suis allongé dans un carré de nuit.

Toute chose est sans valeur pour moi à présent.
Je ne suis plus que nuit à présent.
Et je ferme les yeux,
Je dors,
Je rêve,
Le petit Poucet avec ses larges bottes,
Les bottes, les bottes, les bottes,
Déjà !

Alors je songe aux campagnes de France
Les soirs d'été.
Je songe aux nuages violets
Les soirs d'orage.
Je songe aux herbes mouillées
Les soirs de pluie.
Je songe
Aux chants des insectes,
Aux lumières dans les fermes,
Aux silences dans les bois,
Aux enfants dans les blés,
Et c'est un grand calme.
La porte de la cellule est ouverte.
Je suis sorti...
Parmi les bottes,
Je suis allé dans un monde meilleur.

Robert Hossein.

Un soir de juillet 1943, nous étions dans un village près de Dampierre, ma mère en pleurs m'apprend l'exécution de mon oncle Lova Minevski. Bouleversé par cette nouvelle, dans la nuit, j'écris ce poème.

Lova Minevski était venu en France après la révolution en Russie. Il s'était installé à Paris comme libraire. Avec lui, les jeudis après-midi, je découvrais le cinéma et il me gâtait avec des confiseries.

Durant l'Occupation, il aide, autant par amour que par conviction, sa compagne : une résistante hollandaise. Un soir d'été, en 1943, alors qu'il revenait de Londres, il est pris dans le métro lors d'un contrôle. Il avait sur lui plein de papiers, de faux-papiers. Il sera fusillé sous une fausse identité. Je ne sais rien d'autre et de lui je ne conserve qu'une photo et ce poème. Je cherche et, soixante après, ce souvenir me hante, comme certainement des milliers d'autres enfants et adolescents… orphelins d'un être cher.

À mon oncle et à tous ceux qui, dans la nuit des prisons et des camps, nous ont légué l'amour de la liberté et de la vie, comme seuls héritages.

Robert Hossein.

Annexe I

LEXIQUE DES ORGANISATIONS ET DES MOUVEMENTS

«Action immédiate»: mouvement de résistance né de l'Action ouvrière de «Combat» (voir *infra*), animée par Marcel Degliame, à partir de juillet 1942. Ses objectifs sont notamment la reconstitution du mouvement syndical et l'organisation de la Résistance sur les lieux de travail.

«Alliance»: réseau établi en zone sud en décembre 1940, notamment par Marie-Madeleine Fourcade, à la fois service de renseignements et filière de passage à l'étranger. Il est d'abord en liaison avec les services britanniques puis avec ceux de la France libre.

ARAC, voir **Association républicaine des anciens combattants.**

Armée secrète (AS): structure commune de lutte armée, commandée d'abord par le général Charles Delestraint, dont se dotent en janvier 1943 les Mouvements unis de la Résistance (voir *infra*).

Association républicaine des anciens combattants (ARAC): association d'anciens combattants pacifistes et républicains, proche du PCF, fondée au lendemain de la Première Guerre mondiale par les écrivains Henri Barbusse et Paul Vaillant-Couturier.

«Bataillons de la jeunesse»: groupes des Jeunesses communistes menant à partir de l'automne 1940 des manifestations publiques, puis des sabotages. Entraînés par Pierre Georges (futur colonel Fabien), ils passent à la lutte armée en août 1941.

Brigades internationales: unités de volontaires étrangers venus défendre la République espagnole attaquée par l'armée franquiste, soutenue par l'Italie fasciste et l'Allemagne nazie (1936-1939).

Brigades spéciales, voir *infra*, p. 355.

Chantiers de jeunesse: organisation fondée le 30 juillet 1940 par le gouvernement de Vichy, sous le commandement du général de La Porthe du Theil. Les jeunes de vingt ans en zone libre étaient astreints à un service de huit mois. L'objectif était l'encadrement idéologique de le jeunesse et la préparation du retour à la conscription. Ils furent supprimés par les Allemands en 1944.

CGT, voir **Confédération générale du travail.**

CGTU, voir **Confédération générale du travail unitaire.**

«Combat»: mouvement de résistance, né en novembre 1941 de la fusion entre le Mouvement de libération nationale d'Henri Frenay et le groupe réuni autour de la revue *Liberté*. Outre l'édition et la diffusion du journal homonyme, le mouvement structure dès 1942 les bases d'une armée secrète. Avec l'Action ouvrière, il noue aussi des liens en Languedoc et en région lyonnaise avec le monde ouvrier et ses militants syndicaux. «Combat» forme les MUR (voir *infra*) en janvier 1943, avec «Libération-Sud» et «Franc-Tireur». Membre fondateur du Conseil national de la Résistance en mai 1943.

Comités populaires : structure informelle, initiée à partir de l'été 1940 par le PCF pour renouer avec le mouvement social et en structurer l'action : comités de chômeurs ; comités d'anciens combattants ; comités de travailleurs dans les entreprises ; comités de ménagères, etc.

Commandant du Grand-Paris (*Kommandant von Gross-Paris*), voir *infra*, p. 354.

Commandant militaire en France (*Militärbefehlshaber in Frankreich*), voir *infra*, pp. 353-354.

Compagnies de travailleurs étrangers (CTE) : statut créé en 1939, après la déclaration de guerre, pour les étrangers de vingt à quarante-huit ans relevant du droit d'asile et n'ayant pas contracté d'engagement dans l'armée française. Majoritairement espagnols, ils sont placés dans l'agriculture ou l'industrie par le ministère du Travail. Certains sont envoyés au front ; pris dans la débâcle, ils ne seront pas considérés comme prisonniers de guerre et seront envoyés en camp de concentration.

Confédération générale du travail (CGT) : centrale syndicale française fondée en 1895. Divisée en 1921 entre un courant « réformiste » (CGT), proche de la SFIO et un courant « révolutionnaire » (CGTU) proche du PCF, elle est réunifiée en 1936. Le Pacte germano-soviétique (août 1939) provoque une nouvelle division entre réformistes (Jouhaux) et anciens dirigeants unitaires (Frachon), ceux-ci étant expulsés. Certains cégétistes se rallient au régime de Vichy. La centrale syndicale, dissoute en novembre 1940, se reconstitue dans la clandestinité. Elle retrouve son unité le 17 avril 1943 et participe à la fondation du Conseil national de la Résistance en mai 1943.

Confédération générale du travail unitaire (CGTU) : centrale syndicale de tendance révolutionnaire, proche du PCF, née d'une scission de la CGT en 1921. Elle est réunifiée avec la CGT en 1936.

« Confrérie-Notre-Dame-Castille » (CND) : réseau de renseignements de la France libre, créé et dirigé dès novembre 1940 par Gilbert Renault (« Rémy »).

« Défense de la France » : mouvement de résistance en zone nord, regroupant essentiellement de jeunes étudiants parisiens, autour du journal clandestin homonyme, fondé en juillet 1941 par Philippe Viannay et sa future épouse Hélène Mordkovitch. À partir de 1943, *Défense de la France* est le plus fort tirage par numéro de la presse clandestine. Au printemps 1944, le mouvement crée deux maquis.

2e Bureau : service de renseignements de l'armée française. La France libre dispose également d'un 2e Bureau ou Service de renseignements (SR), dirigé par le colonel Passy (André Dewavrin). Chargé du renseignement, de missions de sabotage et des liaisons avec la Résistance intérieure, le SR devient le BCRAM (Bureau central de renseignements et d'action militaire), puis le BCRA (Bureau central de renseignements et d'action). Il fusionne en 1943 avec les services du général Giraud pour former la DGSS (Direction générale des services spéciaux).

Fédération sportive et gymnique du travail (FSGT) : organisation créée en 1934 à l'initiative de la CGTU. Issue de la Fédération sportive des travailleurs (FST), elle promeut la pratique sportive en milieu ouvrier (à l'usine et dans la cité). Ses adhérents seront nombreux à s'engager dans les Brigades internationales, puis dans la Résistance (FTP). Son dirigeant Auguste Delaune, membre de l'état-major national des FTP, est exécuté par les Allemands le 12 septembre 1943.

Feldgendarmerie, voir *infra*, p. 354.
Feldkommandantur, voir *infra*, p. 354.
Forces françaises de l'Intérieur (FFI) : nom donné à partir du 1er février 1944 aux formations militaires de la Résistance intérieure (Armée secrète, FTP, etc.), placées sous le commandement du général Koenig et sous l'autorité du général de Gaulle.
Forces françaises libres (FFL) : forces de volontaires de la France libre (devenue en juillet 1942 la France combattante). Elles sont créées à Londres par le général de Gaulle à l'été 1940, en vue de la reconstitution d'une armée française participant à la guerre au côté de la Grande-Bretagne. Elles comprennent les Forces navales françaises libre (FNFL), les Forces aériennes françaises libres (FAFL), la 1re division française libre de Kœnig et la Force L de Leclerc. S'illustrant sur tous les fronts, elles s'intègrent à l'Armée d'Afrique à l'été 1943.
Francs-Tireurs et Partisans (FTP) : organisation nommée en référence aux francs-tireurs de la guerre de 1870 célébrés par Victor Hugo. Les FTP unifient au début de 1942, sous la direction de Charles Tillon, les différents groupes d'action initiés par lc PCF (Organisation spéciale, « bataillons de la jeunesse », groupe de combat de la MOI). Ils rassemblent dans les deux zones des Français partisans de l'action immédiate dans une lutte de guérilla à la ville et à la campagne. Ils se distinguent aussi des autres mouvements par leur organisation spécifique de groupes de combat, qui intègre, à côté des partisans français (FTPF), des immigrés (FTP-MOI). Ils éditent un journal, *France d'Abord*, et se dotent d'un service de renseignement (FANA).
« Front national de lutte pour la liberté et l'indépendance de la France » ou « Front national » ou FN : mouvement initié en mai 1941 par le PCF en vue de rassembler les Français de tous horizons refusant l'occupation allemande et la collaboration. Dans les deux zones, il se distingue des autres mouvements par une organisation à base professionnelle et par le très large éventail politique et confessionnel de son comité directeur et des membres de ses différents groupements. Membre fondateur du Conseil national de la Résistance en mai 1943.
FSGT, voir **Fédération sportive et gymnique du travail.**
FTP, voir **Francs-Tireurs et Partisans.**
Geheimfeldpolizei **(GFP)**, voir *infra*, p. 354.
« Georges-France 31 » : réseau de renseignements et filière d'évasion en liaison avec les services britanniques, spécialisé notamment dans l'espionnage des défenses côtières.
Gestapo *(Geheimstaatspolizei)*, voir *infra*, p. 354.
Groupes de sabotage et destruction (GSD) : une des nombreuses formes d'organisation à base ouvrière et syndicale initiée par le PCF, destinée à l'action dans les usines.
JC, voir **Jeunesses communistes.**
Jeunes du Rassemblement national populaire : organisation de jeunesse du RNP, parti collaborationniste fondé par Marcel Déat en février 1941.
Jeunesse agricole chrétienne (JAC) : mouvement de jeunesse fondé en 1929 par l'Église catholique pour l'action en milieu rural, devenu en 1964 le Mouvement rural de la jeunesse chrétienne. Malgré l'adhésion de la JAC aux grands thèmes de

la Révolution nationale de Vichy et la tolérance de l'occupant, nombre de ses membres rejoignent les maquis de la Résistance, sur la base des valeurs chrétiennes et du refus du STO (voir *infra*).

Jeunesse ouvrière chrétienne (JOC) : mouvement de jeunesse de l'Église catholique en milieu urbain et ouvrier, fondé en Belgique par le père Joseph Cardijn en 1925 et implanté en France par l'abbé Georges Guérin l'année suivante. La JOC, malgré son adhésion de départ aux grands thèmes de la Révolution nationale, est tout juste tolérée par l'occupant. De nombreux membres rejoignent la Résistance, notamment les FTP (voir *supra*), par respect des valeurs chrétiennes, par refus de la mise au pas des ouvriers et par rejet du STO (voir *infra*). Les Allemands tentent de faire pression sur l'organisation en arrêtant l'abbé Guérin à l'été 1943.

Jeunesses communistes (JC) : organisation de jeunesse du PCF. Interdites en septembre 1939, en même temps que le Parti communiste, elles sont reconstituées dans la clandestinité à l'été 1940, sous la direction notamment de Danielle Casanova. Elles s'implantent en premier lieu en milieu urbain et ouvrier, dans les lycées et les universités (Union des étudiants et des lycéens communistes), parmi les jeunes filles (Union des jeunes filles de France, UJFF) et les jeunes issus de l'immigration juive d'Europe centrale (Union de la jeunesse juive). Elles impriment et diffusent un grand nombre de publications, dont l'organe central *L'Avant-Garde*.

Komintern : Internationale communiste ou Troisième Internationale, fondée en 1919 à Moscou et dissoute en 1943.

Kommandant von Gross-Paris, voir *infra*, p. 354.

Kommandantur, voir *infra*, p. 354.

« Libération-Nord » : mouvement de résistance, fondé en zone occupée en décembre 1940, autour du journal *Libération* (que crée un groupe de syndicalistes de tendance réformiste, notamment le socialiste et dirigeant de la CGT Christian Pineau). L'organisation se lance dans le renseignement au profit des services de la France libre, dans des actions de sabotage, puis dans la création de maquis. Membre fondateur du Conseil national de la Résistance en mai 1943.

« Libération-Sud » : mouvement de résistance, fondé en zone non occupée, à Clermont-Ferrand, dans l'été de 1941, autour du journal homonyme créé par Emmanuel d'Astier de la Vigerie, Raymond Cavaillès et les époux Aubrac. Il édite et diffuse de nombreuses publications clandestines, structure des groupes de renseignements et de lutte armée sous la forme de maquis. « Libération-Sud » forme les MUR (voir *infra*) en janvier 1943, avec « Combat » et « Franc-Tireur ». Membre fondateur du Conseil national de la Résistance en mai 1943.

« Lorraine » : mouvement de résistance dans l'Est, créé à Nancy en mai 1941 par Nicolas Hobam, Marcel Leroy (un syndicaliste chrétien) et Fallas (un étudiant agrégatif), autour du journal *Lorraine*. L'activité du groupe, outre un réseau de passage, sera essentiellement éditoriale.

Main-d'œuvre immigrée (MOI) : une des structures créées par le PCF dans les années 1920 (d'abord sous le nom de Main-d'œuvre étrangère) pour organiser par groupe de langue les ouvriers immigrés, appelés en nombre pour la reconstruction de la France après la Première Guerre mondiale. Elle dépend directement de la direction centrale du PCF. Dans la clandestinité, la MOI joue un rôle important dans la participation des immigrés et des étrangers (anciens des Brigades internationales, exilés antinazis allemands et autrichiens, prisonniers de guerre soviétiques, etc.) à la Résistance. Elle édite une presse en langue étrangère et de nombreuses publications antiracistes.

Milice française : organisation politique créée par le gouvernement de Vichy le 30 janvier 1943, sous la direction de Joseph Darnand et le parrainage du maréchal Pétain. Elle joue le rôle d'une police supplétive à partir de la fin de 1943. Ses groupes, et particulièrement ses formations armées (la Franc-Garde), se distinguent par leur sauvagerie contre les résistants.

Militärbefehlshaber in Frankreich, voir *infra*, pp. 353-354.

MOI, voir **Main-d'œuvre immigrée**.

Mouvement contre la guerre et le fascisme, dit mouvement Amsterdam-Pleyel : une des nombreuses organisations agissant en France pour la défense et la solidarité envers les victimes des régimes fascistes. Il naît dans les années 1932-1933, dans la mouvance du Comité de vigilance des intellectuels antifascistes, avec comme figures dominantes Henri Barbusse, Paul Langevin et Romain Rolland.

Mouvements unis de la Résistance (MUR) : fusion en un seul mouvement, le 26 janvier 1943, des trois grands mouvements de résistance de la zone sud, « Combat », « Franc-Tireur » et « Libération-sud » (voir *supra*).

Musée de l'Homme (réseau du) : groupe de résistance, né à Paris, dans l'été de 1940, autour de l'équipe scientifique du musée de l'Homme et de ses amis, notamment Boris Vildé, le colonel Hauet, Anatole Lewitsky, Yvonne Oddon, Paul Rivet, Germaine Tillion… De fait, le premier mouvement de la Résistance dans sa forme, ses activités et ses buts : édition et diffusion d'un journal, *Résistance* ; filière d'évasion ; renseignement ; action politique et intellectuelle ; organisation de manifestations publiques, notamment le 11 Novembre 1940. La plupart des membres du réseau sont arrêtés en février 1941. Leur procès débute le 6 janvier 1942. Ils sont condamnés à mort le 15 février suivant et exécutés le 25. Les femmes sont déportées en Allemagne.

« *Nacht und Nebel* » (« Nuit et Brouillard ») : décret du maréchal Keitel (7 décembre 1941) visant à faire disparaître sans laisser de trace les résistants européens dans les camps de concentration nazis.

« Nemrod » : réseau de renseignements de la France libre, mis sur pied à l'automne 1940 par Maurice Barlier et Yan Doornik, réorganisé par Honoré d'Estienne d'Orves.

Organisation de la Résistance de l'Armée (ORA) : d'abord appelée Organisation métropolitaine de l'Armée, elle regroupe les militaires qui refusent l'occupation allemande. Le mouvement s'étoffe après l'invasion de la zone sud en novembre 1942. Au début de 1944, sous le commandement du général Frère, l'ORA passe à la lutte armée et structure des maquis.

Organisation spéciale (OS) : structure initiée par le PCF pour la protection des militants engagés dans des actions publiques et des cadres. Elle devient dans l'été 1941 un instrument de la lutte armée.

Parti communiste français (PCF) : fondé au congrès de Tours (décembre 1920), par une scission de la SFIO (voir *infra*), il porte d'abord le nom de Section française de l'Internationale communiste (SFIC). Suite à la signature du Pacte germano-soviétique (23 août 1939), le gouvernement français interdit la presse communiste

(26 août), dissout le PCF et ses organisations (26 septembre), arrête de nombreux parlementaires (octobre 1939) ; les élus communistes sont déchus de leurs mandats en février 1940 et quarante-quatre députés sont jugés par un tribunal militaire en mars-avril 1940. Le PCF est cependant le seul parti politique existant avant-guerre qui parvienne à se reconstituer en tant que tel dans la clandestinité, et dans les deux zones. Il s'emploie à reconstituer le mouvement social, notamment par la reconstruction des syndicats. Dès le mois de mai 1941, il lance un appel à la constitution d'un mouvement patriotique, le « Front national de lutte pour la liberté et l'indépendance de la France ». L'entrée en guerre de l'Union soviétique le 22 juin 1941 entraîne le passage à la lutte armée sur le sol français dans l'été – stratégie qu'il développera au printemps 1942 en créant les FTP (voir *supra*). Il appuie son action par l'impression et la diffusion d'un nombre impressionnant de publications clandestines, dont son organe central, *L'Humanité*. Membre fondateur du Conseil national de la Résistance en mai 1943.

Révolution nationale : idéologie officielle de l'État français (gouvernement de Vichy), énoncée par le maréchal Pétain dans ses messages des 8 et 11 octobre 1940 (abolition du régime parlementaire ; insistance sur la hiérarchie sociale ; organisation corporatiste du travail, avec l'interdiction des syndicats et des grèves ; économie organisée par l'État ; exaltation de la famille ; valeurs chrétiennes, etc.).

« Saint-Jacques » : un des premiers réseaux de la France libre, dirigé par Maurice Duclos (« Saint-Jacques ») et par le commandant Jean Vérines.

Section française de l'Internationale communiste (SFIC), voir **Parti communiste français.**

Section française de l'Internationale ouvrière (SFIO) : parti socialiste français, créé en 1905. Il est interdit à l'été 1940, après que nombre de ses députés ont refusé de voter les pleins pouvoirs à Pétain le 10 juillet. Certains de ses dirigeants sont internés, tel Léon Blum (procès de la République et du Front populaire à Riom en 1942), ou assassinés, comme Marx Dormoy. Il tente de se reconstituer dans la clandestinité sous la forme de Comité d'action socialiste (CAS) et, malgré des difficultés, il édite et diffuse son organe central, *Le Populaire*. Nombre de ses cadres, tel Pierre Brossolette, et de ses militants entrent œuvrent à la fondation des mouvements de résistance. Membre fondateur du Conseil national de la Résistance en mai 1943.

Sections spéciales, voir *infra*, p. 355.

Service de police anti-communiste (SPAC), voir *infra*, p. 355.

Service du travail obligatoire (STO) : travail forcé de la main-d'œuvre en Allemagne, institué par la loi allemande du 16 février 1943. Il fait suite à une loi de Vichy du 4 septembre 1942 mettant en place le recensement de la main-d'œuvre.

SFIO, voir **Section française de l'Internationale ouvrière.**

Sipo-SD, voir *infra*, p. 354.

SPAC, voir *infra*, p. 355.

STO, *voir* **Service du travail obligatoire.**

Tribunal d'État, voir *infra*, p. 355.

Union des jeunes filles de France (UJFF), voir **Jeunesses communistes.**

« Voix du Nord » : mouvement de résistance et journal clandestin, fondé en avril 1941 dans la zone interdite par Natalis Dumez, catholique et ancien maire de Bailleul, et Jules Noutour, socialiste et brigadier de police à Lille. Il résiste sur tous les fronts : renseignements, filières d'évasion, faux-papiers, impressions clandestines, lutte armée, etc.

***War Office* (WO) :** ministère britannique de la Guerre. Le terme désigne aussi les très nombreux réseaux de renseignements contrôlés par le WO en France occupée.

Yask (*Yidishe Arbeiter Sport Klub*, Club sportif des travailleurs juifs) : union de clubs sportifs, créée par la section juive de la MOI et affiliée à la FSGT (voir *supra*). La plupart de ses membres participeront à la Résistance, notamment au sein des groupes de lutte armée de l'Union de la jeunesse juive (jeunes communistes juifs).

Annexe II

QUELQUES NOTES COMPLÉMENTAIRES

Les appareils répressifs

Des situations variant avec le lieu et le temps

Depuis juin 1940, la France est divisée en plusieurs zones. Les départements du Haut-Rhin, du Bas-Rhin et de Moselle sont annexés *de facto* par l'Allemagne nazie. Le Nord et le Pas-de-Calais sont isolés de la France. Inclus dans une zone dite « zone interdite », ils sont rattachés au Commandement militaire allemand de Bruxelles *(Militärbefehlshaber in Belgien und Nord-Frankreich)*. L'Italie fasciste occupe quelques cantons frontaliers dès juin 1940 ; cette zone est étendue en novembre 1942 à la Corse et aux départements du Sud-Est jusqu'au Rhône, jusqu'en septembre 1943.

Le territoire restant est divisé en deux zones par une ligne de démarcation, véritable frontière intérieure. La zone au nord de cette ligne est occupée et administrée par un haut Commandement allemand installé à Paris *(Militärbefehlshaber in Frankreich,* MBF*)*, représentant les intérêts du Reich en France. Celle au sud de cette ligne et l'Empire, jusqu'en novembre 1942, sont sous l'autorité unique de l'État français, dont le siège se trouve à Vichy. Cet État dirigé par le maréchal Pétain a mis à bas la République en juillet 1940. La Constitution garante des droits et des libertés, individuelles et collectives, est abrogée. Les Français ne sont plus des citoyens, mais des sujets soumis à des pouvoirs discrétionnaires et dictatoriaux.

Pour autant, à l'exception des départements annexés, de l'été 1940 à l'été 1944, l'État français exerce tous les pouvoirs d'État sur l'ensemble des zones. En conséquence, en zone occupée d'abord, puis sur tout le territoire national, vont se superposer, se compléter et s'épauler deux forces de répression.

Les forces de répression de l'occupant nazi

Pour faire respecter «les intérêts du Reich allemand» et assurer l'exercice de «tous les droits de la puissance occupante», les Allemands disposent en France de moyens importants. Ils sont en premier lieu militaires. L'administration militaire, ayant à sa tête un haut Commandement à Paris (*Militärbefehlshaber in Frankreich*) et à Bruxelles (*Militärbefehlshaber in Belgien und Nord-Frankreich*), édicte sa loi dans des «ordonnances». La désobéissance à ces ordonnances est sanctionnée par des tribunaux militaires[1].

La zone nord est divisée en trois grandes régions militaires *(Bezirke)*, avec leurs commandements respectifs à Saint-Germain-en-Laye, Angers et Dijon; la région parisienne relève du Commandant du Grand-Paris *(Kommandant von Gross-Paris)*. Sur le terrain, ce sont les *Feldkommandanturen* (au niveau des départements) et les *Kreiskommandanturen* (au niveau des arrondissements) qui mettent en œuvre les directives du *Militärbefehlshaber*. Elles s'appuient sur les forces armées *(Wehrmacht)* et sur la police militaire *(Feldgendarmerie)*. S'ajoutent à ces forces militaires deux structures spécifiques: une police secrète, la *Geheimfeldpolizei* (GFP, sécurité militaire) et l'*Abwehr* (service de renseignements de l'armée).

Enfin agissent, de manière moins visible, les services de la police politique, la Sipo-SD (*Sicherheitspolizei*, police de sécurité). Celle-ci dépend directement du RSHA (*Reichssicherheitshauptamt*, Office principal de sécurité du Reich) à Berlin. Elle coiffe les deux principales polices de l'État nazi: la Gestapo (*Geheimstaatspolizei*, police secrète d'État) et la Kripo (*Kriminalpolizei*, police criminelle). Les services de la Sipo-SD s'installent dès le début de l'occupation allemande, mais de façon discrète. Ils prennent en main l'ensemble des polices allemandes en France avec l'installation en France de Karl Oberg (mai 1942).

Les forces de répression de l'occupant fasciste

Dans la zone d'occupation italienne, l'OVRA (la police politique fasciste) traque toutes les oppositions.

Les forces de l'État français

Dans un vaste pays comme la France, et face à des résistances croissantes, l'occupant nazi ne dispose pas de la logistique indispensable: l'aide de Vichy et de toute l'administration de l'État français lui est indispensable.

La législation répressive de Vichy ne cesse de se développer durant l'Occupation. Cependant, l'État français hérite de la «drôle de guerre» une mesure qui sera une des bases essentielles du processus répressif: le décret-loi du 18 novembre 1939 qui permet l'internement dans un «centre» «d'individus dangereux pour la Défense nationale ou pour la sécurité publique», sur simple décision préfectorale; ce décret est repris

---

[1] D'où la mention dans les lettres et les notices biographiques de la *Feldkommandantur*. Sur les recours en grâce, voir *infra*, p. 356.

le 3 septembre 1940, en supprimant les quelques précautions prises pour empêcher l'arbitraire : le 15 octobre 1941, c'est le secrétaire d'État à l'Intérieur qui est habilité à prendre la décision d'internement. Cette législation d'exception introduit la notion de « suspect », exclut tout recours à une procédure judiciaire normale et s'apparente à la « détention de sécurité » qui est à l'origine des camps de concentration nazis. Les camps d'internement français, jusque-là sous la tutelle du ministère de la Guerre, passent à partir du 21 novembre 1940 sous celle du ministère de l'Intérieur, ce qui souligne leur fonction de répression politique.

Avec l'attaque allemande contre l'Union soviétique (22 juin 1941), l'institution de juridictions d'exception, dépendant directement du gouvernement, complète le dispositif. Envisagé dès le 25 juin 1941, le projet de création des « sections spéciales » est soumis aux autorités allemandes le 20 août 1941. La loi sera publiée quelques jours après, antidatée du 14 août pour coïncider avec l'Avis allemand sur le PCF. Créées auprès des tribunaux militaires en zone sud et des cours d'appel en zone nord, elles jugent sans appel « les auteurs des infractions commises dans une intention d'activité communiste ou anarchiste ». Leurs jugements sont immédiatement exécutoires. Pour les épauler, la loi du 7 septembre 1941 crée un Tribunal d'État, avec deux sections (Lyon et Paris), destiné à réprimer les actes « de nature à troubler l'ordre, la paix intérieure, la tranquillité publique, les relations internationales ou à nuire au peuple français ». À Riom, en février 1942, s'ouvre devant une Haute Cour de justice le procès contre les « responsables de la défaite », qui se veut surtout celui du Front populaire. À partir de 1944 vont se multiplier les « cours martiales », aux jugements et aux exécutions expéditives, dont la Milice[1] est le maître d'œuvre. Dans les mois qui précèdent la Libération, l'appareil judiciaire n'est plus, pour l'essentiel, qu'une machine à liquider le plus grand nombre possible de résistants.

Ces dispositifs répressifs exceptionnels dirigés contre la Résistance complètent et renforcent le cadre ordinaire déjà existant des tribunaux (civils et militaires) et des prisons (maisons d'arrêt et centrales).

Le zèle du personnel chargé de gérer la répression – préfectoral, policier, judiciaire – est garanti par un serment personnel au maréchal Pétain et par une épuration impitoyable. La police et la gendarmerie sont l'objet de toutes les attentions. Les structures d'organisation sont profondément modifiées sous le ministère Darlan (1941) et perfectionnées par le ministre de l'Intérieur Pierre Pucheu. Le rôle des policiers en tenue et des gendarmes pour la surveillance quotidienne de la population et le maintien de l'ordre public demeure important, quoique de moins en moins sûr. Ce sont les forces spéciales qui mènent pour l'essentiel la lutte systématique contre les résistants. Au premier rang, les Renseignements généraux (RG) avec les Brigades spéciales (BS) de la préfecture de police de Paris. Elles tissent leurs fils depuis les commissariats de quartier jusqu'aux préfectures, mettent au point un remarquable système de filature, capable d'enfermer tout un groupe de résistance dans leurs filets. Enfin, Pucheu crée deux autres polices spécialisées : la Police aux questions juives (PQJ) et le Service de police anti-communiste (SPAC). Les GMR (groupes mobiles de réserve), institués en mars 1942, vont se spécialiser dans la lutte contre les maquis.

---

[1] Sur la Milice, voir le texte de François Marcot, *supra*, p. 14

De plus, Brigades spéciales et GMR sont de plus en plus épaulés par des polices parallèles, en premier lieu la Milice qui est officialisée en 1943.

Dès l'automne 1941, une collaboration officieuse s'établit entre services français et allemands. Elle est ouvertement officialisée après la rencontre Oberg-Bousquet d'avril 1942. En 1944, l'action conjointe contre la Résistance, qualifiée de «terrorisme», des BS et de la Gestapo, des GMR, de la Milice et des unités de la Wehrmacht deviendra la règle.

Le régime de l'arbitraire : les condamnés et leurs familles

Sujets insoumis, les résistants internés et leurs familles sont à la merci de tous les arbitraires que seules la solidarité et l'action de groupe peuvent limiter (protestation, grève de la faim, révolte, etc.).

Les visites

Les visites ne sont pas un droit, elles sont tolérées suivant les circonstances et le bon vouloir des différentes autorités.

Le recours en grâce

Après une condamnation à mort prononcée par un tribunal allemand, un résistant peut théoriquement, par l'intermédiaire de son avocat, le plus souvent un soldat commis d'office, faire un recours en grâce. Suivant les circonstances et la notoriété du condamné, le recours est examiné soit par le Commandant militaire à Paris ou à Bruxelles, soit par le RSHA à Berlin. Interviennent dans la décision, outre l'appréciation du contexte, les renseignements fournis par les services de police français et allemands et par l'administration française (préfectures et sous-préfectures), parfois des interventions de la Délégation générale dans les territoires occupés[1]. Au mieux, quelques peines sont commuées en condamnation aux travaux forcés, ce qui signifie la déportation en Allemagne dans un camp de concentration. Les jeunes de moins de seize ans ne sont jamais condamnés à mort, mais sont déportés. Les femmes sont rarement condamnées à mort, encore plus rarement exécutées en France. Le plus souvent, elles sont transférées en Allemagne dans une forteresse et décapitées sur place[2].

Pour l'essentiel, les condamnations à mort prononcées par des tribunaux français sont le fait des juridictions spéciales, sans recours et exécutoires immédiatement.

---

[1] Dirigée par Fernand de Brinon, délégué général du gouvernement de Vichy dans les territoires occupés, avec le rang d'ambassadeur.

[2] Comme c'est le cas de France Bloch-Sérazin en 1943 (voir sa lettre *supra*, pp. 213-215) ou d'Olga Bancic, condamnée du procès de «l'Affiche rouge» en 1944 (voir *supra*, p. 290).

La censure

La famille du condamné apprend l'exécution par voie d'affiche ou par la presse. Elle n'a jamais la possibilité de lui dire un dernier adieu. La dernière lettre, quand il y en a une, ne parvient que quelques jours voire quelques semaines après l'exécution. Entre-temps, elle a été remise aux autorités allemandes, à la *Feldkommandantur*. Traduite en allemand, elle est visée par un censeur. Suivant son appréciation, elle est portée ou non à la connaissance de la famille, par l'intermédiaire des services préfectoraux français. Ce peut être la lettre originale, mais aussi une transcription manuscrite ou dactylographiée soumise à des coupes.

La restitution du corps et des effets

Avec la dernière lettre, la famille reçoit les informations concernant la restitution des effets et des biens du condamné (à reprendre à la prison ou au camp) et des indications sur le lieu d'inhumation du corps (un nom de cimetière, un numéro de section, d'allée, de tombe). Avec courage, parfois les familles doivent engager des démarches auprès des autorités pour obtenir satisfaction. Des interdictions sévères et nombreuses sont données : rassemblements et manifestations sont interdits, de même que la diffusion de la dernière lettre, la pose d'une plaque ou d'un nom sur la sépulture, et le transfert du corps. Soixante ans après, les circonstances de certaines exécutions « sauvages » et ce système de substitution de l'identité par un numéro rendent impossibles le recensement et l'identification de très nombreux résistants fusillés et enterrés dans des fosses communes.

Problèmes matériels et juridiques

Plus encore qu'en toute autre période, la disparition d'un parent, souvent le chef de famille, pose de graves difficultés, sans aborder celles, affectives, liées au deuil. Elles sont d'abord matérielles. Il faut faire face aux dépenses journalières, à l'éducation des enfants dans cette nouvelle situation : un revenu et des tickets de rationnement en moins, alors que l'épouse devenue veuve est souvent mère au foyer ou au chômage, etc. Mais les problèmes sont aussi d'ordre juridique et touchent aux questions de propriété et de transmission des biens, les femmes étant alors considérées comme des sujets mineurs : droit sur les dépôts en banque ; droit de garde des enfants en cas de remariage ; pensions et retraites ; héritage de la maison et des autres propriétés…

Pour régler toutes ces questions touchant au respect des volontés du disparu, à sa mémoire et aux conditions de survie de ceux qui restent, les familles doivent entreprendre de nombreuses démarches administratives auprès des autorités, en particulier pour obtenir des certificats de décès. Démarches cruciales pour le conjoint en cas d'exécution sans jugement.

Ces raisons expliquent que certaines dernières lettres sont aussi des testaments en bonne et due forme ou que d'autres, faute de mieux, sont certifiées conformes.

Annexe III

BIBLIOGRAPHIE INDICATIVE

Ouvrages généraux sur la France occupée

BURRIN (Philippe), *La France à l'heure allemande*, Paris, Éd. du Seuil, 1997.

DELACOR (Regina), *Attentate und Repressionen. Ausgewählte Dokumente zur zyklischen Eskalation des NS-Terrors im besetzten Frankreich 1941/42 [Attentats et répressions. Documents sur l'escalade de la terreur nationale-socialiste dans la France occupée, 1941-1942]*, Stuttgart, Thorbecke, 2000.

JÄCKEL (Eberhard), *La France dans l'Europe de Hitler*, Paris, Fayard, 1968.

KERBAUL (Eugène), *1 270 militants du Finistère (1918-1945). Dictionnaire biographique de militants ouvriers du Finistère élargi à des combattants de mouvements populaires de résistance, 1 640 militants du Finistère*, Bagnolet, chez l'auteur, 1985.

LABORIE (Pierre), *L'Opinion française sous Vichy*, Paris, Éd. du Seuil, 1990.

MAITRON (Jean) et PENNETIER (Claude), dir., *Dictionnaire biographique du mouvement ouvrier français, 1914-1939*, Paris, Éd. de l'Atelier, 45 volumes depuis 1964.

MARTENS (Stefan) et VAÏSSE (Maurice), dir., *Frankreich und Deutschland im Krieg (November 1942-Erbst 1944). Okkupation, Kollaboration, Résistance [La France et l'Allemagne en guerre (novembre 1942-début 1944). Occupation, collaboration, Résistance]*, actes du colloque franco-allemand, Bonn, Bouvier, 2000.

MEYER (Ahlrich), *L'Occupation allemande en France*, Toulouse, Privat, 2002.

NOGUÈRES (Henri), *Histoire de la Résistance en France*, Paris, Robert Laffont, 1961-1985, 5 volumes.

PAXTON (Robert), *La France de Vichy*, Paris, Éd. du Seuil, 1973.

PESCHANSKI (Denis), *La France des camps. L'internement, 1938-1946*, Paris, Gallimard, 2002.

Ouvrages généraux sur la Résistance

AGLAN (Alya), *La Résistance sacrifiée. Le mouvement Libération-Nord*, Paris, Flammarion, 1999.

ALARY (Éric), *Un Procès sous l'Occupation au Palais-Bourbon. 1942*, Paris, Assemblée nationale, 2000.

ARZALIER (Francis), *Jean Nicoli : un instituteur républicain, de la Colonie à la Résistance, 1925-1943*, Bamako, Éd. Donniya, 2000.

AZÉMA (Jean-Pierre), PROST (Antoine) et RIOUX (Jean-Pierre), dir., *Le Parti communiste français des années sombres, 1938-1941*, actes du colloque de Paris (octobre 1983), organisé par l'IHTP, la FNSP et le CRHMSS, Paris, Éd. du Seuil, 1986.

BLUMENSON (Martin), *Le Réseau du musée de l'Homme*, Paris, Éd. du Seuil, 1979.

CORDIER (Daniel), *Jean Moulin. La République des catacombes*, Paris, Gallimard, 1999.

COURTOIS (Stéphane), *Le PCF dans la guerre*, Paris, Ramsay, 1980.
COURTOIS (Stéphane), PESCHANSKI (Denis), RAYSKI (Adam), *Le Sang de l'étranger. Les immigrés de la MOI dans la Résistance*, Paris, Fayard, 1989.
DIAMANT (David), *Jeune Combat. La jeunesse juive dans la Résistance*, Paris, L'Harmattan, 1993.
DOUZOU (Laurent), *La Désobéissance. Histoire du mouvement Libération-Sud*, Paris, Odile Jacob, 1995.
GUILLON (Jean-Marie) et LABORIE (Pierre), dir., *Mémoire et Histoire : la Résistance*, Toulouse, Privat, 1995.
MARCOT (François), dir., *La Résistance et les Français. Lutte armée et maquis*, actes du colloque international de Besançon, 15-17 juin 1995, organisé par l'Université de Franche-Comté, l'Université de Bourgogne et le Musée de la Résistance et de la Déportation de Besançon, Paris, Les Belles Lettres, 1996 (Annales littéraires de l'Université de Franche-Comté).
MICHEL (Alain-René), *La JEC (Jeunesse étudiante chrétienne) face au nazisme et à Vichy (1938-1944)*, Lille, Presses universitaires de Lille, 1988.
MICHEL (Henri) et GRANET (Marie), *Combat*, Paris, PUF, 1957.
MONTDARGENT (Robert), *Gabriel Péri, la double loyauté*, Pantin, Le Temps des cerises, 2002.
MONTETY (Étienne de), *Honoré d'Estienne d'Orves. Un héros français*, Paris, Perrin, 2001.
Le Mouvement syndical dans la Résistance, actes du colloque de Paris VIII, Musée de la Résistance nationale, Paris, Éd. de la Courtille, 1975.
PESCHANSKI (Denis), *Des étrangers dans la Résistance*, Paris, Éd. de l'Atelier-Musée de la Résistance nationale, 2002.
PROST (Antoine), dir., *La Résistance, une histoire sociale*, Paris, Éditions de l'Atelier, 1997.
SAINCLIVIER (Jacqueline) et BOUGEARD (Christian), dir., *La Résistance et les Français. Enjeux stratégiques et environnement social*, Rennes, Presses universitaires de Rennes, 1995.
VEILLON (Dominique), *Le Franc-Tireur*, Paris, Flammarion, 1977.

Études et témoignages sur les groupes de résistance des condamnés à mort et sur les dernières lettres de fusillés

AMICALE CARMAGNOLE-LIBERTÉ, *F.T.P-M.O.I., Carmagnole-Liberté*, 1996.
AMICALE CHÂTEAUBRIANT-VOVES-ROUILLÉ, *Lettres de fusillés de Châteaubriant*, 1989.
– *Les Barbelés de Vichy*, 1994.
AMICALE DE LA 35e BRIGADE, *35e Brigade Marcel-Langer: Francs-Tireurs et Partisans de la Main-d'œuvre immigrée. Toulouse, 1940-1944*, Paris, 1994.
ASSOCIATION DES ANCIENS ÉLÈVES DU LYCÉE ANATOLE-LE BRAZ, *De la nuit à l'aurore. Des lycéens dans la guerre, 1939-1945*, Saint-Brieuc, 1995.
ASSOCIATION « SOUVENIR DE LA RÉSISTANCE ET DES FUSILLÉS DU FORT DE BONDUES », *Les Fusillés du fort de Bondues. Leurs derniers messages*, 1994.
BASSE (Pierre-Louis), *Guy Môquet, une enfance fusillée*, Paris, Stock, 2000.
BORWICZ (Michel), *Écrits des condamnés à mort sous l'occupation nazie*, Paris, PUF, 1973 ; Gallimard, 1996.

CADRAS (Mary), *Les Enfants de la tourmente*, Paris, Éd. Graphein, Fondation pour la mémoire de la déportation, 1995.

CALET (Henri), *Les Murs de Fresnes*, Paris, Viviane Hamy, 1973.

CARDON-HAMET (Claudine), *Les 45 000. Mille otages pour Auschwitz. Le convoi du 6 juillet 1942*, Paris, Éd. Graphein, 1997.

COLLIN (Claude), *Jeune Combat. Les jeunes juifs de la MOI dans la Résistance*, Grenoble, Presses universitaires de Grenoble, 1998.

CONQUÈRE (Maurice) et SALOMON (Pierre), *Les Cinq Lycéens de Buffon fusillés par les Allemands*, Paris, Conseil du lycée Buffon, Impr. Lacer-Rambaut, Guiot, 1965.

DIAMANT (David), *Par-delà les barbelés. Lettres et écrits des camps et des prisons de France, lettres jetées des trains de déportation, écrits d'Auschwitz*, Paris, A. Erlich, 1986.

ELEK (Hélène), *La Mémoire d'Hélène*, Paris, Maspéro, 1977.

FAVRE (Pierre), *Jacques Decour. L'oublié des Lettres françaises (1910-1942). Biographie*, Paris, Éd. Farrago, 2002.

FOSSIER (Jean-Marie), *Nord – Pas-de-Calais, Zone interdite, mai 1940-mai 1945*, Paris, Éditions sociales, 1977.

FOURCADE (Marie-Madeleine), *L'Arche de Noé. Le réseau Alliance (1939-1945)*, Paris, Plon, 1998.

GAZAGNAIRE (Louis), *Dans la nuit des prisons*, Paris, Éditions sociales, 1973.

GEORGES-PICOT (Grégoire), *L'Innocence et la Ruse. Des étrangers dans la Résistance en Provence (1940-1944)*, Paris, Éd. Tirésias, 2000.

HONORÉ-D'ESTIENNE D'ORVES (Rose et Philippe), *Honoré d'Estienne d'Orves*, Paris, France-Empire, 1985.

Ils aimaient la vie. Lettres de fusillés, préface d'Étienne FAJON, Paris, Messidor, 1985.

Lettres de fusillés, préface de Lucien SCHELLER, Paris, France-d'Abord, 1946.

Lettres de fusillés, préface de Jacques DUCLOS, Paris, Éditions sociales, 1958.

KLARSFELD (Serge), *Le Livre des otages*, Paris, Les éditeurs français réunis, 1979.

KLARSFELD (Serge) et TSEVERY (Léon), *Les 1007 Fusillés du Mont-Valérien parmi lesquels 174 juifs*, Paris, Association «Les fils et les filles des déportés juifs de France », 1995.

MANOUCHIAN (Mélinée), *Manouchian*, Paris, Éditeurs français réunis, 1974.

OUZOULIAS (Albert), *Les Bataillons de la jeunesse*, Paris, Éditions sociales, 1967.

RAVANEL (Serge), *L'Esprit de Résistance*, Paris, Éd. du Seuil, 1995.

ROCHAT (Claude), *Les Compagnons de l'espoir*, Comité ANACR de Saône-et-Loire, 1987.

ROSSEL-KIRSCHEN (André), *Le Procès de la maison de la Chimie (7 au 14 avril 1942). Contribution à l'histoire des débuts de la Résistance en France*, Paris, L'Harmattan, 2002.

TILLON (Charles), *Les FTP*, Rennes, Ouest-France, 1991.

TOURRAIN (Raymond), *L'Histoire du Groupe Guy Mocquet: la première unité de résistance organisée en Franche-Comté*, Besançon, Amicale du Groupe Guy Mocquet, 1974.

VILLERÉ (Hervé), *L'Affaire de la Section spéciale*, Paris, Fayard, 1973

Annexe IV

TABLE DES ILLUSTRATIONS

15. Derniers messages de Félix Cadras (prison de Fresnes, avril-mai 1942), inscrits sur un mouchoir et cachés par lui dans le pardessus remis à la famille après l'exécution. © Archives municipales d'Ivry-sur-Seine, fonds Thorez, donation des héritiers (Photo R. Noury/MRN).
16. Transcription de la dernière lettre de Paul Libermann à sa femme et sa fille (prison de Fresnes, 20 mai 1942) ; dactylographiée et certifiée conforme par la mairie de Montauban, le 21 avril 1944. © Musée de la Résistance nationale, Champigny-sur-Marne.
17. Manuscrit de la dernière lettre de Jacques Baudry à ses parents (prison de Fresnes, 8 février 1943), verso de l'enveloppe-lettre. © Musée de la Résistance nationale, Champigny-sur-Marne, fonds Baudry.
18. Manuscrit de la dernière lettre de Jacques Baudry à ses parents (8 février 1943), recto de l'enveloppe-lettre. © Musée de la Résistance nationale, Champigny-sur-Marne, fonds Baudry.
19. Photo de Jean Arthus. © Archives nationales, donation Arthus-Rajon.
20. Manuscrit de la dernière lettre de Jean Arthus à son père (prison de Fresnes, 8 février 1943), recto. © Archives nationales, donation Arthus-Rajon.
21 et **22.** La tombe fleurie des seize jeunes résistants fusillés par les Allemands à la citadelle de Besançon, le 26 septembre 1943. © Besançon, musée de la Résistance et de la Déportation.
23. Manuscrit de la dernière lettre de Szlomo Grzywacz à sa femme (prison de Fresnes, 21 février 1944). © Musée de la Résistance nationale, Champigny-sur-Marne.

Annexes V

LISTE ET SOURCES DES PIÈCES

N.B. : MRN = Musée de la Résistance nationale.

Annexe VI

REMERCIEMENTS

Ce livre n'aurait pu voir le jour sans les riches fonds du musée de la Résistance nationale, collectés depuis 1945 et conservés dans ses différents sites (Bourges, Champigny-sur-Marne, Châteaubriant, Givors, Nice, Varennes-Vauzelles) et des structures en projet (Châteauroux, Dordogne, Montluçon, Villeneuve-sur-Lot). La collection dévolue au Centre historique des Archives nationales est sous la tutelle de la direction des Musées de France et de la direction des Archives de France, sous convention avec le ministère de l'Éducation nationale. Le musée de la Résistance nationale remplit ses missions auprès de tous les publics grâce au soutien de nombreuses collectivités territoriales, par une politique de partenariat ou de convention avec un grand nombre d'institutions et de musées français et étrangers, notamment l'Office franco-allemand de la Jeunesse et The United States Holocaust Memorial Museum, à Washington.

La parution de cet ouvrage aurait également été impossible sans les soutiens et les apports de différentes institutions (musées, archives, centres d'études et fondations): la direction des Archives de France et le Centre historique des Archives nationales, Section du XXe siècle ; le Ministère de la Défense et ses services: la direction de la Mémoire, du Patrimoine et des Archives (DMPA), la sous-direction des Archives et des Bibliothèques, le Bureau des mentions et le Bureau des archives du monde combattant ; les Archives départementales de la Loire-Atlantique; les Archives municipales d'Ivry-sur-Seine; le musée de la Résistance et de la Déportation, Besançon; le musée de la Résistance en zone interdite, Denain; le musée de la Résistance et de la Déportation, Vénissieux; le Centre d'études Edmond-Michelet, Brive-la-Gaillarde; le Centre d'histoire de la Résistance et de la Déportation, Lyon; le Centre régional «Résistance et Liberté», Thouars; l'Association «Souvenir de la Résistance et des fusillés du fort de Bondues». Qu'ils en soient remerciés.

Toute notre gratitude va également à la Fondation de la Résistance, à la Fondation pour la mémoire de la déportation, à l'Amicale Châteaubriant-Voves-Rouillé, à l'Association des familles de fusillés, à l'Association des familles d'otages fusillés à Nantes et à Paris le 22 octobre 1941.

Ces remerciements s'étendent naturellement aux familles et aux ayants droit, pour avoir autorisé la publication et apporté des précisions sur les lettres, en particulier à: Dominique Arthus-Rajon; Rose de Beaufort d'Estienne d'Orves et la famille Honoré-d'Estienne d'Orves; Mary Cadras ; Brigitte Decourdemanche; Raymond Granet; Michel Jost ; Francette Nicoli ; Odette Nilès; Simone Oguier; Claude Poulmarch' ; Simon Rayman; Anne-Marie Saffray-Môquet; Pierre Thorez; Jacqueline Timbaud; ainsi qu'à Robert Hossein.

Nous ne saurions oublier le Centre de la mémoire d'Oradour et les Amis du Vieil-Harnes - musée d'Histoire et d'Archéologie.
Nous exprimons également notre sincère reconnaissance aux Archives municipales de Châteauroux ; à l'Association départementale du Souvenir de la Résistance et de la déportation et d'histoire de la Seconde Guerre mondiale, Forges-les-Eaux ; à la Bibliothèque de documentation et d'information contemporaine (BDIC), Nanterre ; au Centre historique minier, Lewarde ; à La Coupole, Centre d'histoire et de mémoire Nord – Pas-de-Calais ; à la direction interdépartementale des Anciens Combattants d'Alsace ; à la Maison d'Izieu, mémorial des enfants juifs exterminés ; au Mémorial du Maréchal Leclerc de Hautecloque et de la Libération de Paris-Musée Jean-Moulin ; au musée d'Art et d'Histoire, Saint-Denis ; au musée de la Résistance et de la Déportation, Toulouse ; au musée de l'Ordre de la Libération ; au musée de la Résistance, Auch ; au musée de la Résistance, Fontaine-de-Vaucluse ; au musée de la Résistance, Fussy ; au musée de la Résistance et de la Déportation de l'Isère, Grenoble ; au musée de la Résistance, Mussy-sur-Seine.

Enfin, nous tenons à remercier tous ceux qui nous ont aidés dans nos recherches : M. Agulot ; Paul Astier ; Francis Arzalier ; Pierre Berenguer ; Édouard Carron ; Estelle Charles ; Virginie Daudin ; Virginie Debrabant ; Isabelle Doré-Rivé ; Geneviève Erramuzpé ; Pierre Favre ; Thomas Fontaine ; Fabien Garrido ; Sandra Gibouin ; Patricia Gillet ; Thierry Heidmann ; Philippe Henwood ; Anne Hélène Hoog ; Charles Jeannin ; Chantal Jorro ; Émily Jourde-Baësa ; Yves Le Maner ; Bruno Leroux ; Christine Levisse-Touzé ; Jacques Loiseau ; Pierre Maringue ; Vivienne Miguet ; Robert Montdargent ; Isabelle Neuschwander ; Jean-Louis Panicacci ; Elizabeth Pastwa ; Jean Philippe ; Michèle Rault ; Pierre Rebière ; Patricia Reymond ; Odile Rivière ; André Rossel-Kirschen ; Valérie Roux ; Arsène Tchakarian ; Daniel Tollet ; Rolande Trempé ; Vladimir Trouplin ; Léon Tsevery ; ainsi que la Commission histoire et le personnel du musée de la Résistance nationale.

Qu'ils soient tous ici remerciés.

Imprimé en France
N° d'éditeur : 2973 – N° d'impression : 64059
ISBN : 2-84734-079-3
Dépôt légal : avril 2003